南シナ海問題総論

齋藤道彦 著

中央大学
学術図書
97

中央大学出版部

南シナ海問題総論——目　次

はじめに　1

第一章　南シナ海の前近代史……19

1．前近代各王朝時代の関連史料
——中国側提出「証拠」は何を語っているか　19
1–1．秦代（前二二一～前二〇六）　21
1–2．漢朝（漢朝／前二〇二～後八、二五～二二〇）　22
1–3．三国時代（三国時代／二二〇～二六五）　23
1–4．魏晋南北朝（二六五～五八九）　25
1–5．隋朝（隋／五八一～六一八）　31
1–6．唐朝（唐／六一八～九〇七）　32
1–7．宋朝（宋／九六〇～一二七）　34
1–8．モンゴル元（一二七一～一三六八）　49
1–9．明朝（明／一三六八～一六四四）　56
1–10．マンジュ清朝前期（清／一六四四～一八四〇）　77
1–11．「南シナ海島・礁＝中国の固有領」論の検討結論　97

2. 欧米の到来と前近代ベトナム王朝 101
2-1. 欧米の到来 101
2-2. 前近代ベトナム王朝 102
3. 第一章小結 111
第二章 「近代」の南シナ海……113
1. 一八四〇年から一九四五年の英、仏 114
1-1. イギリス（十九世紀中葉~十九世紀後半） 114
1-2. フランス（十九世紀後半~第二次大戦前） 116
2. マンジュ清朝後期から中華民国へ 127
2-1. マンジュ清朝後期（一八四〇年~一九一一年） 127
2-2. 中華民国北京政権（一九一二年~一九二八年） 148
2-3. 中華民国「南部の政権」（一九一七年~一九二八年） 151
2-4. 日中戦争終結まで――中華民国後期政権1（一九二八年~一九四五年） 154
3. 第二章小結 159

第三章　日本による南シナ海諸島・礁の領有

第三章　日本による南シナ海諸島・礁の領有……161
1．領有以前（十七世紀～一九三八年）　161
1-1．江戸幕府期（十七世紀～十九世紀）　161
1-2．明治期（一九〇二年～一九〇九年）　162
1-3．大正、昭和初期（一九一三年～一九二九年）　166
1-4．日仏対立期（一九三三年～一九四一年）　171
2．日本「新南群島」領有（一九三九年～一九五二年）　175
2-1．台湾総督府「告示第百二十二号」（一九三九年三月三十日）　176
2-2．仲裁裁判付議提案、仏、英の抗議、米の拒否およびオーストラリア紙の分析　179
2-3．『官報』第三六八三号（一九三九年四月十八日）による公告　181
2-4．一九三九年四月十八日『朝日新聞』記事　182
2-5．日本軍仏印進駐からサンフランシスコ平和条約へ　185
3．第三章小結　187

第四章　南シナ海の島・礁名……189
1. 中華民国「南海諸島訳名表」三種　190
1-1. 中華民国「南海諸島訳名表」　190
1-2. 中華民国「南海諸島名称一覧表」　190
1-3. 中華民国「南海諸島命名表」（一九四七年十二月決定）　197
2. 群島名　205
2-1. 群島名対照　205
2-2. 南シナ海の歴史的群島名　206
3. 島・礁数　208
4. 南シナ海の島・礁名の「命名」者は誰か
南シナ海諸島・礁名の「命名」者はイギリス　210
5. 第四章小結　216
第五章　南シナ海をめぐる領有権対立の戦後史……217
1. 中華民国／台湾（一九四五年～現在）　217
1-1. 日中戦争終結以後——中華民国後期政権2（一九四五年～一九四九年）　217

1-2. 「院令南海諸島協助接収事案協議記録」（ペン書き。「中華民国外交部檔案」） 219
1-3. 「団沙群島（すなわち新南群島）事件に関する会議記録」（ペン書き。「中華民国外交部檔案」） 221
1-4. 「中華民国空軍司令部写真情報処判読結果報告」 224
1-5. 中華民国による南シナ海諸島行政区画 226
1-6. 「第一期南沙群島移民計画」 229
2. 戦後フランスの復帰、イギリスの主張および南ベトナム 232
2-1. フランスの復帰 235
2-2. 南ベトナム――コーチシナ共和国／ベトナム臨時中央政府／ベトナム国 237
2-3. 「中華民国外交部檔案」中のベトナム関係資料 240
2-4. ベトナム共和国（一九五五年十月～一九七五年四月） 249
3. 台湾中華民国（一九五〇年～現在） 254
4. フィリピン 255
4-1. フィリピン（一九四六年～一九五六年） 256
4-2. 「中華民国外交部檔案」中のクロマ「自由国」運動関係 260
4-3. フィリピン（一九五七年～現在） 276
5. ベトナム民主共和国（北ベトナム）／ベトナム社会主義共和国 282
5-1. ベトナム民主共和国（北ベトナム／一九四五年～一九七五年） 282

5-2. ベトナム社会主義共和国成立（一九七五年六月～現在） 284
6. 中華人民共和国（一九四九年～現在） 292
7. マレーシア 310
8. ブルネイ 314
9. インドネシア 314
10. アメリカ 316
11. 第五章小結 317

終 章 …… 319

注 324
付 記 343
参考文献 344
【付録】南シナ海仲裁裁判所判決（要旨） 毎日新聞二〇一六年七月十五日 東京朝刊 348
索 引 *1*

南シナ海問題総論

はじめに

二十一世紀十年代の今日、南シナ海で緊張が高まっている。南シナ海をめぐる問題とは何か。それは、中華人民共和国が現在、主張しているように「中国が発見し、命名した」ものなのか、南シナ海の領有権をめぐる歴史をどう見るか、中華人民共和国が現在、占拠している礁《しょう》／岩礁・暗礁の上に建設している人工島とその軍事利用をどう見るか、という問題である。

南シナ海の位置　南シナ海と言っても、現代日本人にはほとんど知識がない。南シナ海の範囲はと言えば、東、西、南はベトナム、フィリピン、ブルネイ、マレーシア、インドネシアなどの陸に囲まれており、北の場合はだいたい台湾の南ぐらいという認識である。

世界地図で確かめようとしても、日本の高等学校の世界地図『新高等地図』（東京書籍　二〇〇四年一月）では、「東沙群島」、「西沙群島（ベトナム名：ホアンサ群島）」、「南沙群島」、「ナトゥナ諸島」の名は記されているが、その中の島、礁の名はほとんど書かれていない。（**図1―(1)**『新高等地図』東アジア、南アジア）。『基本高等地図』（二宮書店　一九九八年二月）では、西沙諸島、南沙群島の名はあるが、各島、礁名はなく、インドネシア領としてナトゥナ諸島が入っているだけである（**図1―(2)**『新高等地図』東南アジア）。松田寿男、森鹿三編『アジア歴史地図』（平凡社　一九六六年四月）には、南シナ海島、礁についての記載はまったくない。

イギリスの世界地図『THE TIMES CONCISE ATLAS OF THE WORLD』（1972）のうち、いわゆる「係争海域」で

図１－(1)『新高等地図』東アジア、南アジア

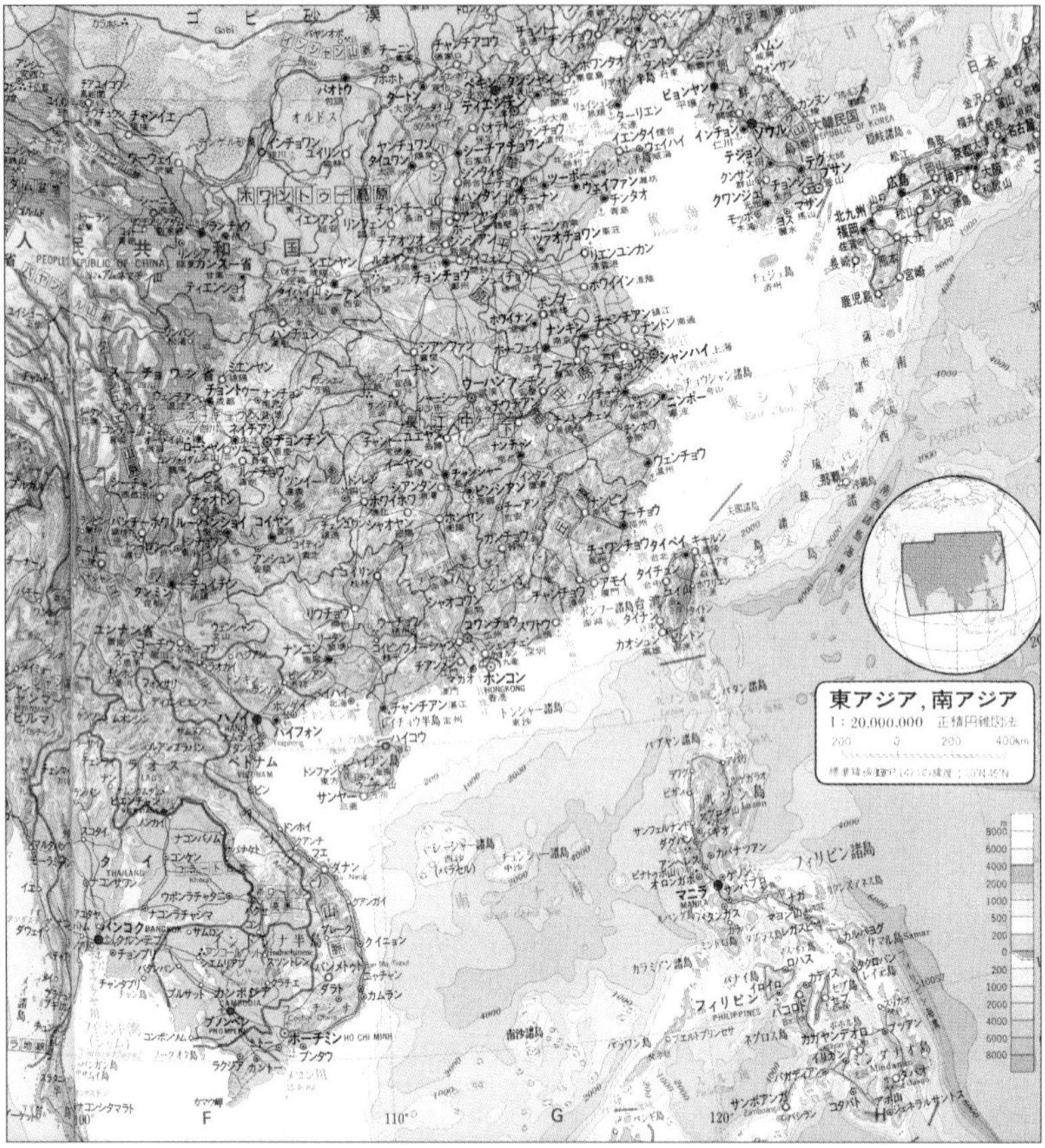

出典：東京書籍　2004年　34頁

図1-(2) 『新高等地図』東南アジア

出典：東京書籍　2004年　43頁

図 2-(1) 『THE TIMES CONCISE ATLAS OF THE WORLD』
中国、東南アジア

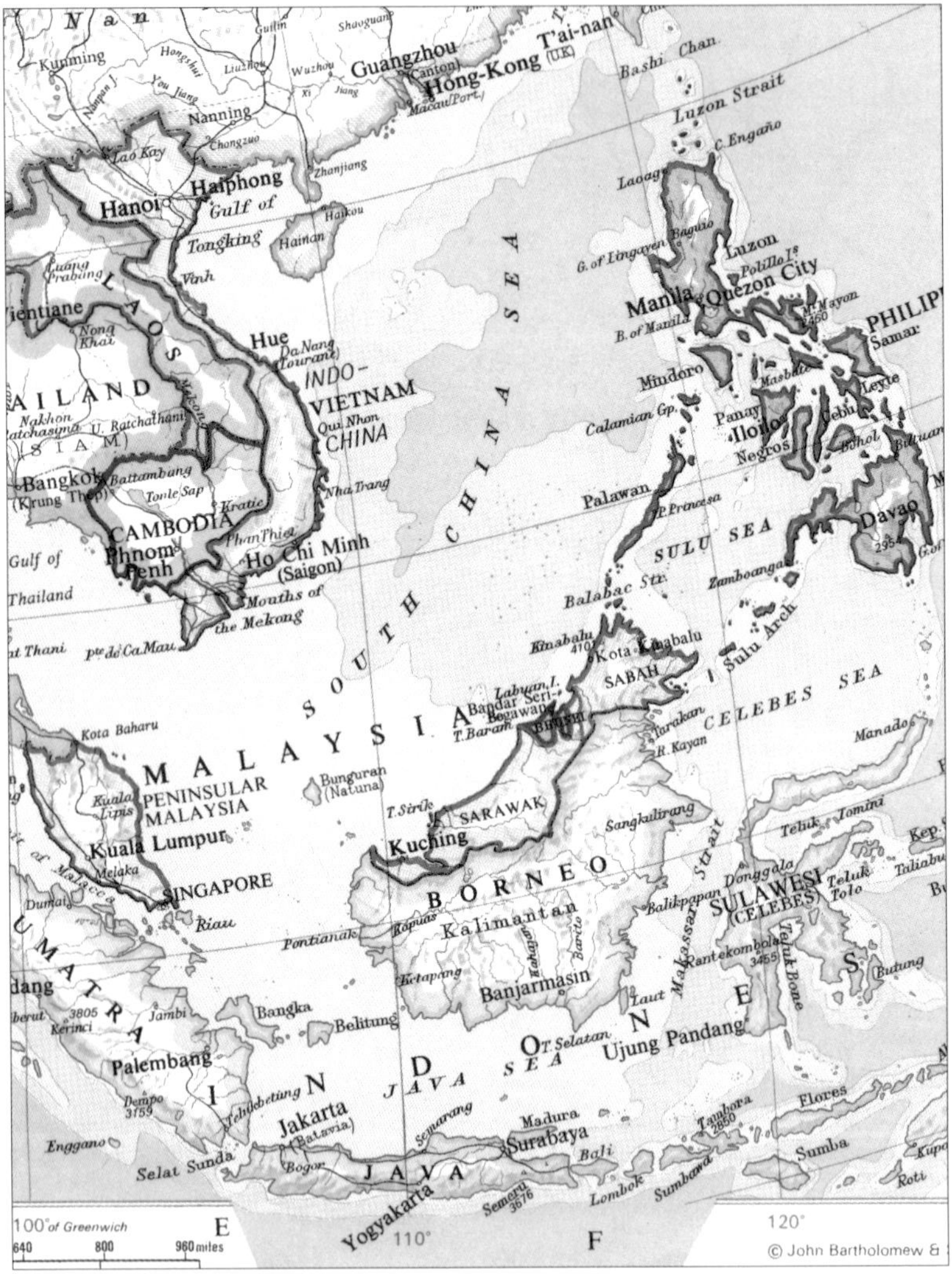

出典：TIMES BOOKS 1972 年 68 ～ 69 頁

図2-(2)『THE TIMES CONCISE ATLAS OF THE WORLD』
インドシナ：ビルマ、マレーシア

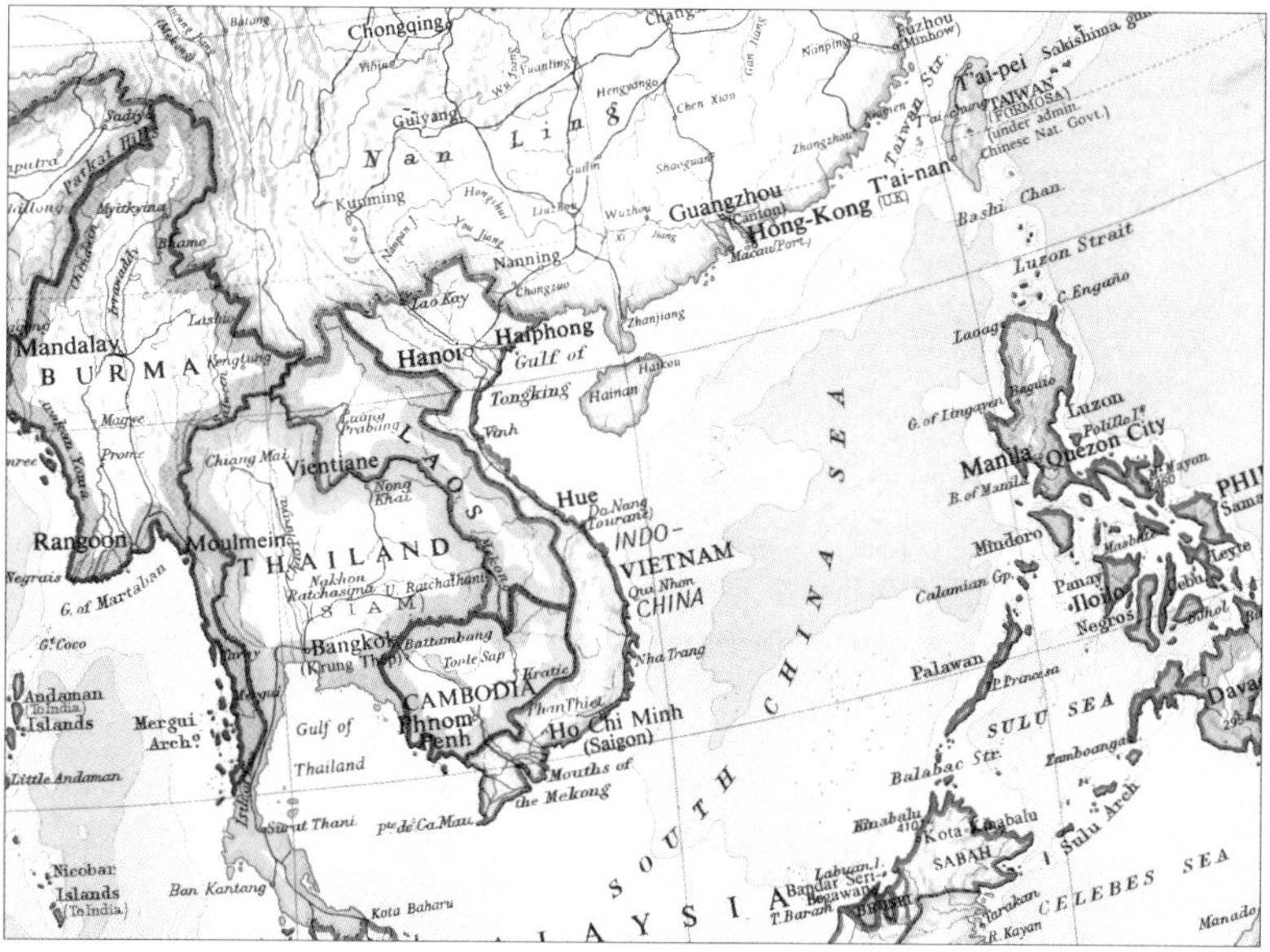

出典：TIMES BOOKS 1972年64頁

は、ブルネイの西北にSwallow Reef、Royal Charlotte Reef、Louisa Reef、North Luconia Shoals、Seahorse Shoal、South Luconia Shoal という六礁名があり、ベトナム南東部にScroefell Shoal、Charlotte Bank、Vanguard Bank、Prince Consort Bank、Prince of Wales Bank、Grainer Bankがあり、インドネシアの北にBungran (Natuna Besar) という六礁名が見られるが（図2『THE TIMES CONCISE ATLAS OF THE WORLD』(1)中国、東南アジア、(2)インドシナ：ビルマ、マレーシア、(3)インドシナ：ボルネオ、セレベス)、それほど詳しいわけではない。(中国名との対照は、本書第四章を参照されたい。)

浦野起央《たつお》『南海諸島国際紛争史 研究、資料、年表』(刀水書房 一九九七年九月。以下、浦野1997と略称)は、南シナ海を「中国の海」であったと呼び、南沙群島はフィリピンのパラワン島から「四〇〇キロメートル」、ベトナムのホーチミ

図 2-(3)『THE TIMES CONCISE ATLAS OF THE WORLD』
インドシナ：ボルネオ、セレベス

出典：TIMES BOOKS 1972 年 69 頁

ン市から「八〇〇キロメートル」、中国の海南島南端から「一、一〇〇キロメートル」である（はしがき）、という。中国からは最も遠く、多分ブルネイ、マレーシアからは最も近いだろう。

その位置は、北緯三度五八分から二一度〇四分の間、東経一〇九度三六分から一一七度五〇分の間に位置し、その中の島嶼群は二百八十余の珊瑚礁からなる島礁沙洲である（浦野 1997 一一頁）、という。

「南シナ海島嶼」は、中国名で東沙群島、中沙群島、西沙群島、南沙群島の四群に分かれる。「群島」と言っても、「南沙群島」では島嶼、沙洲ともにそれぞれ十程度、「中沙群島」では「島嶼」と呼べるのは中国名＝黄岩島のみで、黄岩島も「高さ九メートル、縦一二メートル、横一〇メートルの北岩と高さ三メートルの南岩」だ（浦野 1997 一一頁）、という。浦野はここでは書いていないが、西沙群島、東沙群島に至っては高潮時にはほとんど水没するとのことであり、人間が住めるところではないようだ。

海域名　問題の海域名は、日本名で南シナ海、英語名でSouth China Sea、中国名は南海または南中国海、ベトナム名は東海、フィリピンは二〇一二年九月五日から西フィリピン海と呼ぶようになった。ただし、「南シナ海」と言っても「南シナ海問題」というときの「南シナ海」は領有の係争海域なので、周辺諸国の周辺海域、つまり領海部分とそこに属する島々は含まれていないはずである。

「南シナ海」の「シナ」は「中国」同様、地理名称として使用されているが、国名と混同されやすく、また「南海」は「中国」という国家の南の海、「東海」はベトナムという国家の東の海、「西フィリピン海」もフィリピンという国家の西の海という名の付け方であり、やはり不適切であるが、便宜的に使用するしかない。日本名＝東シナ海、中国名＝東海や日本名＝日本海、韓国名＝東海も同様である。国家名から離れた地理名称が考案されるべきであろう。これは、筆者の問題提起である。

南シナ海問題の時期区分　南シナ海の領有権をめぐる歴史を検討する場合、第一期は中華人民共和国が、南シナ海は古来、中国が領有していたと主張し、ベトナムも古来領有していたと主張している前近代の時期（本書第一章）、第二期はフランス、イギリスなどの「近代」諸国家が南シナ海に登場した時期および中国国民党政権成立後、中華民国が領有を主張した時期（本書第二章）、第三期はフランスが一九三三年に領有を主張し、日本が一九三九年から一九五二年まで統治した時期（本書第三章）、第四期は日本の一九四五年の敗戦後、中華民国が領有権を主張し、フランスが東南アジアに復帰して南シナ海の領有権を主張し、一九五〇年代以降、中華人民共和国が中華民国の主張を引き継ぎ、領有権を主張しているが、フィリピン、ベトナム、マレーシア、ブルネイ、インドネシアなども領有権を主張し、中華民国も台湾政権として領有権を主張しつづけ、対立して今日に至っている時期（本書第五章）、に区分できる。それぞれの時期に関しては、本書が収集した手がかりを掘り下げて、今後さらに詳細な検討が行なわれる必要がある。

南シナ海問題資料、著書　南シナ海問題の資料、著書は、実は少なくないが、筆者が今回、検討対象としたものは次の通りである。

まず、二十世紀には南シナ海に関して必見の四資料がある。

第一は、外務省編集『日本外交文書　昭和期Ⅲ　第三巻（昭和十二年―十六年　移民問題、雑件）』（白峰社　二〇一四年十月。以下、『日本外交文書　昭和期Ⅲ』と略称）、『官報』第三六八三号（昭和十四年／一九三九年四月十八日）、一九三九年四月十八日『朝日新聞』記事である。[1]

『日本外交文書　昭和期Ⅲ』は、「新南群島の日本領土への編入問題」について二十九件の外交資料を収めており、フランスによる領有行為関係、および現在の南シナ海問題とは直接関係はないが中華民国による「U字線／十一段線」主張、それを引き継いだ中華人民共和国による「九段線」主張の前史となっている日本による領有との関係を示す重要資料である。

第二に、中国では林金枝、呉凤斌編著《我国南海诸岛史料汇编》（『わが国南海諸島史料匯《わい》編』、東方出版社　一九八八年七月。以下、『史料匯編』と略称）が「内部発行」で出ている。「内部発行」とは、対外的に公開しない書籍ということで、中国国外への持ち出しは禁止されているが、中国国内の書店では一般的に販売されていたりする。

同書は、古代の関係史料、近代の関係史料および中華人民共和国の態度表明、国際条約、国際会議関係、外国刊行南海物、地図などの記載、付録からなっており、七九五頁に及ぶ大著である。同書は、史料の網羅性という点では優れており、必見の史料集である。しかし、同書は採録しているすべての史料を基本的に中華人民共和国の「南シナ海＝中国固有の領土、領海」論の「証拠」として提供しているという視点の問題がある。史料を読むときは、編集された史料、資料と編集者の視点を区別し、史料が語っている事実を歪みなくそこから引き出す分析的アプローチが欠かせない。そのためには、可能な限り関連する他史料との突き合わせなどが求められる。

なお、同書で言う「南海」とは「南シナ海」を指しているが、中国の歴史的諸史料では「南海」ははじめは中国地域南部の地名であったのであり、その後は東南アジア、インド地域、西南アジアなどの海域を指している。

また、同書に限らないが、中国では「古代」とは「アヘン戦争以前まで」を指している。「アヘン戦争」は、一八四〇年～一八四二年で、それまでが古代だというのだから、日本の常識的観念とは異なる。

第三に、第一資料とも関連するが、台湾の中央研究院近代史研究所檔《とう》案館は二〇一四年四月現在公開している南シナ海に関する「中華民国外交部檔案（「中国、フィリピン南沙群島事案、中華民国四十五年〔一九五六年〕五月～六月）」の電子資料を公開している。筆者は、同年同月にこれを閲覧したので、南シナ海問題検討材料の一部としてこれを紹介する。なお、同研究所檔案館にはコピー枚数制限があることなどにより、筆者が入手できた資料はその全部ではないなどのため、調査結果は不完全である。檔案の多くはタイプ印刷だが、一部に活字印刷、ペン書きがある。

第四に、すでに触れた浦野1997である。同書は、漢代から清代前期にわたる中国側史料の紹介、日本を含む列国による航海、測量、関係文書、第二次世界大戦後の国際紛争史に関わる膨大な史料、資料の紹介からなり、一二〇一頁に及ぶ大作である。中国側史料の大部分はおおむね『史料匯編』と『史料匯編』による解釈に依拠して中国側の「南シナ海＝中国固有の領土、領海」論に肩入れしているという問題があるが、中には『史料匯編』は客観叙述に止めているのに浦野は「南シナ海＝中国領」論の根拠と解釈しているものもある。

次に、中国とベトナム、フィリピン、インドネシアなどとの対立および米中対立が重大化してきた二十一世紀になると、必見の最新資料が少なくとも五つ出ている。

第一に、ウリセス・グラナドス・キロス『共存と不和：南シナ海における領有権をめぐる紛争の分析　一九〇二―一九五二年』[2]（松頼社　二〇一〇年二月。以下、キロス2010と略称）である。同書は、多数の資料、著書を渉猟している点で、大いに参照すべきだが、中国側研究書の記述に直接そのまま依拠しているところもあり、中国側史料の根拠記述についての吟味、検討が必ずしも行なわれていないという問題を含んでいる。

同書第一章第一節は、「明清代における南シナ海」としている。キロスは、『嶺外代答』（一一七八年）、『諸蕃志』（一二二五年。キロスは「諸」を「註」と誤記）、『大徳南海志』（一三〇四年）、『島夷志略』（一三四九年）、『瀛涯勝覧』（一四五一年）、『星槎勝覧』（一四三六年）、『西洋朝貢典録』（一五二〇年）、『東西洋考』（一六一七～一六一八年。なお、キロスは二九頁〜三三頁、二一一頁で「万里」「千里」を「万裡」「千裡」と誤記）、『武備志』（一六二一年）、『海国聞見録』（一七三〇年）、『順風相送』、『指南正法』、『海録』など主要な史料の大部分を視野に収めているが、中国側が主張する根拠部分の正面からの検討はしていない。キロスが「東洋」と「西洋」の範囲という問題に着目しているのは慧眼であるが、この問題の研究史を検討していない（本書第一章表3参照）。

同書は、いくつかの問題点を含んでいるものの、中国側の諸史料の記述は「不明瞭な地理的描写」（三一頁）になっており、「明清期においては、中央政府や広東省政府が海域を支配したのは、海洋を対象としようとしたのではなく、むしろ沿岸線やその隣接する島や群島などだけに限ったという状態」（三二頁）だったとし、「明代の代表的な記録では、南、西、東、中沙群島が中国の版図に編入されていたという主張は正当化できない」、とキロスは的確な観察を行なっている。

（なお、キロスは「清代の康熙帝による台湾の回復（一六八三年）」（三三頁）と書いているが、台湾が康熙帝による台湾獲得以前に中国地域王朝領であったことはなく、「回復」は誤りである。ついでに言えば、三船恵美『中国外交戦略　その根底にあるもの』（講談社メチエ　二〇一六年一月。以下、三船2016と略称）も一九四五年に「台湾住民は『中華民国』の国籍を回復」（一二一頁）したとしているが、台湾が「中華民国」に属していたことはなく、同様に「回復」は誤りである。）

キロス2010の主要テーマは一九〇二年から一九五二年までの時期の検討であり、中国とフランス、ベトナムの関係、日本と南シナ海の関係、アメリカ、イギリスの南シナ海への関与、第二次世界大戦後の中国の領有権主張、英、仏の南シナ海への関心、フィリピンの主張、サンフランシスコ平和条約、一九〇二年から一九五二年にかけての南シナ海における社会・経済的な共存関係、と網羅的な力作である。しかし、紛争の激化した二十世紀五十年代以降が検討対照外になっているのは残念である。

第二に、Bill Hayton, The South China Sea : The Struggle for Power in Asia, Yale University Press, 2014（安原和見訳ビル・ヘイトン『南シナ海――アジアの覇権をめぐる闘争史』、河出書房新社、二〇一五年十二月。以下、ヘイトン2014と略称、本書引用頁数は訳書）は、南シナ海問題の全体像をわかりやすく論じている。同書は、国際法関係、ナショナリズム、資源問題、政治外交関係、軍事問題など、多面的に言及している。ヘイトン2014は、ジャーナリストとしてのフットワークの軽さを活用し、現地確認を行なっており、視野の広さにおいて優れている。

同書には第一に、南シナ海の前近代においては国境、国籍、民族的アイデンティティといった意識は存在せず、「ヌサンタオ」と名付けられた南の島々の人びとが活躍していたという鋭い指摘がある。そのほか、「中国地域(3)」王朝とベトナム王朝との間に存在した朝貢関係とは「封建的主従関係ではなく、交易のパートナー関係」（ヘイトン三四頁）だったという的確な指摘、「中国地域王朝」が南シナ海を領有していたという「歴史的根拠」と言えるものが皆無であるという重要な指摘、国際法問題、国家の継承関係問題などの指摘がある。これらの優れた視点にまったく触れない書評があるが、ピンぼけと言わざるをえない。ただし、同書副題の「アジアの覇権をめぐる闘争史」というのは言い過ぎ、ないし言葉足らずで、現在、「アジアの覇権」をめざしているのは中華人民共和国のみである。（なお、中華民国の台湾移転が一九四七年六月の「数カ月後」（ヘイトン九二頁）というのは、二年半後の誤りである。）

第三の資料として、再び浦野起央著『南シナ海の領土問題【分析、資料、文献】』（三和書籍　二〇一五年六月。以下、浦野2015または浦野と略称(4)）が出た。浦野2015は、浦野1997に続くもので、内容的には浦野1997と重なる点が多い。同書は、豊富な資料集であり、今後、南シナ海問題を検討する上で重要な手がかりを多数提供してくれている。視点の点では、浦野2015はヘイトン2014と対極にあり、前近代の南シナ海は中国の「疆域」（領域）であったと認定している。ヘイトン2014も浦野2015も「中華民国外交部檔案」（本書第三章）には言及しておらず、見ていないのだと判断してよいだろう。

第四に、中華人民共和国はフィリピンが実効支配していたスカボロー礁（中国名：黄岩島）を二〇一二年四月、奪取したのをうけ、フィリピンは二〇一三年一月、中国をオランダ、ハーグの仲裁裁判所に提訴した。ハーグ仲裁裁判所は二〇一六年七月十二日、中華人民共和国の主張する「南シナ海諸島は中国の領土であり、中国は南シナ海に管轄権を持っている」という「九段線」（本書第五章）主張には根拠がないという的確な裁定を下した（本書付録参照）。中華人民共和国が建設している人工島は国際法上違法であるという結論を下したわけである。なお、判決全文を入手したかったができなかったので、憶測にとどまるが、同裁定は南シナ海には島はないと言っているとのことだが、少数ながら島はある。とりあえず、二〇一六年七月十五日『毎日新聞』が掲載した要旨を付録とする。

第五に、中華人民共和国国務院新聞弁公室はハーグ仲裁裁判所の裁定が出た翌日の二〇一六年七月十三日、《中国堅持通過谈判解决中国与非律宾在南海的有关争议》と題する「白書」[5]（「中国は談判を通じて中国とフィリピンの南海における関連争いを解決することを堅持する」。以下、「二〇一六年七月中国国務院白書」と略称）を発表した。同「白書」は、全百四十三項目からなり、中華人民共和国の南シナ海に関する主張を全面展開し、「この裁定は無効である」と主張し、この裁定を無視し続けている。

領有の法的根拠

ヘイトン2014は、「南シナ海に関しては国際法には明快にはほど遠い、相反する二種類の法が存在している」。一つは領有の『歴史的根拠』を規定する古い法体系であり、もう一つは国連海洋法条約（UNCLOS）で定められた新しい法体系であり、こちらは領土に基づいて領海の範囲を規定している」とする。「『歴史的根拠』を規定する古い法体系」には、一四五五年のローマ教皇大勅書、一四九三年のトルデシラス条約、一五二九年のサラゴサ条約および一八八四年のベルリン会議があり、国際連盟が設立されるまで領土を得るには「征服、譲渡、無主地の占拠、取得時効、領土の増加」という五つの方法があった（一三四～一三五頁）という。

ヘイトン2014は、これらの行為がいずれも基本的に武力を通じての帝国主義的領土取得であるという事実を明確に指摘している。さらに、遅くとも十九世紀後半までに南シナ海を征服したり、譲渡されたり、占拠したり、「取得時効」があったり、「増加行為」を行なった国々は一つもないこと、つまり今日振り返って「歴史的根拠」を主張できる国家は一つもないと指摘している。中国による南シナ海領有の「歴史的根拠」は成り立たないのである。

前近代においては、中国地域各王朝の南シナ海の島々との関わりは、航海の目印にしたり、漁民が休憩所として利用したりしたなどのことはあっても各王朝が領有意思を表明したことはなく、実効支配したこともないと見てよく、「古来、中国の領土、領海」などという謬論によって認識を曇らせてはならない。中華民国および中華人民共和国は、「南シナ海は秦、漢以来、中国の領土、領海」と主張しているが、領有の根拠となる証拠は皆無なのである（後述）。

国際法／国際海洋法条約　国連は一九八二年十二月十日、「海洋法に関する国際連合条約」（国際海洋法条約）を決定した。海洋に関する国際法とされる。アメリカはこの条約を批准しなかった三十カ国（内陸国を含む）の一つである。中華人民共和国はこの条約を批准した百六十三カ国の一つであり（ヘイトン2014二八八頁）、この条約に縛られる。

「島」とは　ところで「南シナ海諸島」と言うが、「島 island」とは何だろうか。国連海洋法条約は、「島とは、自然に形成された陸地であって、水に囲まれ、高潮時においても水面上にあるもの」（海洋法条約第一二一条1）と規定している。つまり、「島」とは自然地理的概念であって、人間が住んでいるかどうかなどということは関係がない。しかし、「領有」しているかどうかを判断するさいには、「実効支配」しているかどうか、つまり無人でも恒常的に資源の採掘が行なわれたり、住民がいれば国家が徴税や徴兵を行なったりすることが「領有」しているかどうかの判断の目安となるだろう。

諸国家が領有する島も、領海、EEZ（排他的経済水域）を主張する基線とすることができるとされる（海洋法条約第一二一条2）。それゆえ、南シナ海中の「島」と認定される島をどの国家が領有するかによって、領海、EEZの範囲が変化することになる。誰が「島」の領有権を持つかということが鍵となり、南シナ海問題を複雑化、深刻化させている。

島、礁の名は誰が付けたのか　南シナ海島、礁の名は誰が付けたのか、この点については「中華民国外交部檔案」およびヘイトン2014が解答を用意している（本書第四章）。

「礁《しょう》」、「暗礁」、「人工島」　では、「南シナ海諸島」はすべて「島」の概念に合致するのだろうか。そして、「南シナ海諸島」の中国名である「西沙、東沙、中沙、南沙」群島の「沙」とは何だろうか。「沙」は、「砂」である。「沙」が「砂洲」を指すなら、いわゆる「島」とは異なる印象があるが、実態はどうなのか。

国連海洋法条約には、「環礁の上に所在する島または裾礁を有する島」（第六条）という表現があり、「礁」と「島」の区別がややあいまいではないかと思われる。「礁」の概念は、日本語では一般に「礁」とは水面に見え隠れする岩、「暗礁」は海中に隠れて見えない岩を指し、岩礁も暗礁と同義である。国際法では、「礁」を根拠として領海を設定することはできないとされる。当然、岩礁／暗礁、浅瀬、砂洲なども同じであろう。また、国連海洋法条約は排他的経済水域（EEZ）内における「人工島」などの設置を認めているが（第五六条）、この「人工島」などは「島の地位を有せず、それ自体の領海を有しない」（第六〇条）とされる。

「領海」、「接続水域」、「排他的経済水域（EEZ）」　国連海洋法条約によれば、「領海」は海岸基線から一般に十二海里（約二二キロメートル）（第三条）、「接続水域」は海岸基線から一般に二十四海里（約四四キロメートル）（第三三条）、「領海」の外側十二海里とされ、「排他的経済水域（EEZ）」は海岸基線から一般に二〇〇キロメートル以内（第五七条）とされる。

国家継承関係問題　ヘイトン2014は、南シナ海の領有権に関して、中華人民共和国が清朝から中華民国への継承、中華民国から中華人民共和国への継承関係を当然視し、現ベトナムはフランスから南ベトナムへの継承、南ベトナムから現ベトナムへの継承関係を当然視しているが、それを当然視してよいか、そこには国際法上の問題が関連すると指摘している。

本書では、筆者なりの問題関心に即して問題の整理を行ない、今後の検討の深化の手がかりとしたい。各国の領有権主張、領有行動を中心とし、発砲事件、非難の応酬、交渉、石油利権などは、基本的に省略する。

なお、漢字は書名等は原文通りを原則とし、地の文、訳文では日本常用漢字を用いる。『日本外交文書』のカタカナ書きはひらがなにし、わかりやすくするため、句読点を補う。判読不能ないし判読困難な文字は□とし、筆者の推定がある場合は〔　?〕を付し、間違いないと思われる場合は?を付けない。原文には改行がなくても、わかりやすくするため、引用にあたっては改行することがある。数字表記は原文に従って漢数字、アラビア数字を使い分ける。資料中の判読不能文字は□とし、推測がある場合は（　?）を付ける。引用文中に注を入れる場合は〔　〕を用いる。

表1「略称一覧」は、本書で用いる略称の一覧である。

表1　略称一覧

略称	書名、資料名
『日本外交文書昭和期Ⅲ』	外務省編集『日本外交文書　昭和期Ⅲ　第三巻（昭和十二―十六年　移民問題、雑件）』（白峰社 2014 年 10 月）
「一九七九年ベトナム文書」	1979 年 9 月 28 日付けベトナム社会主義共和国文書「ホワンサ群島及びチュオンサ群島に対するベトナムの主権」
「一九八〇年中国外交部文書」	1980 年 1 月 30 日付け中華人民共和国外交部文書「中国の西沙群島及び南沙群島に対する主権は議論の余地がない」
『史料匯編』	林金枝、呉凤斌编著《我国南海诸島史料汇编》（東方出版社 1988 年 7 月）
浦野 1997	浦野起央『南海諸島国際紛争史　研究、資料、年表』（刀水書房 1997 年 9 月）
キロス 2010／キロス	ウリセス・グラナドス・キロス『共存と不和：南シナ海における領有権をめぐる紛争の分析　一九〇二―一九五二年』（松籟社 2010 年 2 月）
『アジア史入門』	斎藤道彦『アジア史入門　日本人の常識』（白帝社 2010 年 11 月）
『ホアンサ・チュオンサ主権』	Ministry of Foreign Affairs National Boundary Commission、Viet Nam's Sovereignty over Hoan Sa and Truong Sa Archipelagoes、National Political Publishing House. October 2012（外務省国境委員会『ベトナムのホアンサ・チュオンサ群島に対する主権』　国家政治出版部　2012 年 10 月）
楊中美 2013／楊中美	楊中美『中国新軍国主義崛起　中国即将開戦』（時報出版 2013 年 2 月）
『尖閣問題総論』	齋藤道彦『尖閣問題総論』（創英社／三省堂書店 2015 年 4 月）
ヘイトン 2014／ヘイトン	Bill Hayton, The South China Sea: The Struggle for Power in Asia, Yale University Press. 2014. 安原和見訳ビル、ヘイトン『南シナ海―アジアの覇権をめぐる闘争史』（河出書房新社、2015 年 12 月）
浦野 2015／浦野	浦野起央著『南シナ海の領土問題【分析、資料、文献】』（三和書籍 2015 年 6 月）
三船 2016	三船恵美『中国外交戦略　その根底にあるもの』（講談社メチエ 2016 年 1 月）
「二〇一六年中国白書」	中華人民共和国国務院弁公室新闻《中国堅持通過谈判解决中国与非律宾在南海的有关争议》 2016 年 7 月 13 日 http://www.gov.cn/zhengce/2016-07/13/content_5090812.htm

第一章　南シナ海の前近代史

「前近代」とは　日本史では、原始古代、中世、近世、近現代と時期区分されており、「前近代」と言う場合、必ずしも明確な合意があるわけではないが、一般に明治維新（一八六八年）以前を指す。中国史、中国共産党史では、アヘン戦争（一八四〇年〜一八四二年）以前は「古代」でくくられ、アヘン戦争から五・四運動（一九一九年）までを近代史とし、五・四運動以後現在までを現代とする（最近では近代を一九四九年中華人民共和国まで、それ以降を現代とする見解もある）。中国が「南シナ海は古来、中国の領海、領土」と言うとき、「古来」とはアヘン戦争以前までを含んでいるのである。

「戦前」とは、東アジア太平洋戦争／第二次世界大戦終結（一九四五年）以前の意で用いる。前近代から南シナ海を領有していたと主張しているのは中国とベトナムだけであるが、本章では、南シナ海と中国地域王朝、ベトナム王朝には「歴史的根拠」について、十九世紀における英、仏の登場、および日本と南シナ海との関係を検討する。

1．前近代各王朝時代の関連史料
――中国側提出「証拠」は何を語っているか

現在、中華人民共和国は南シナ海諸島は「秦、漢以来、わが領土」、ベトナム社会主義共和国も「古来、わが領土」と主張しているが、その「歴史的根拠」はあるのだろうか。

一九八〇年一月三十日付け中華人民共和国外交部文書「中国の西沙群島及び南沙群島に対する主権は議論の余地がない」（以下、「一九八〇年中国外交部文書」と略称）は、その根拠として①『島夷志略《とういしりゃく》』、②『東西洋考』、③『順風相送』、④『指南正法』、⑤『海国聞見録』、⑥『更路簿《こうろぼ》』など六点の文献名をあげている。『史料匯編』は、これ以外にも南シナ海関係の中国側史料を多数提示している。浦野1997は、引用している史料も観点もおおむね中国の『史料匯編』に従っていると見られる。

「二〇一六年中国白書」は、「一九八〇年中国外交部文書」があげている根拠文書のほかに①『扶南伝』、②『夢梁録』、③『嶺外代答』をあげている。

これらの史料に南シナ海は歴史的に中国領であったことの証拠能力があるのかどうかを検討する。それとともに、南シナ海に関係するかもしれない諸史料にも目を通してみよう。

しかし、李勇先『《輿地紀勝》研究』（巴蜀書社　一九九八年五月）によれば、中国の「歴史地理文献」は「二十四史」（「二十五史」とも）と呼ばれる「正史」の中に地理志十六部、河渠志《かきょ》六部、中華人民共和国成立前の地方志は八千種に達すると言う。(6) そのすべてを確認することはさしあたりできないし、南シナ海とは関係がない中国大陸内陸部の河渠志（河川、水路史）は関係がなく、中国大陸内陸部の地方志（地方史）の大部分は見る必要がない。本テーマは、南シナ海諸島が中国領であったと見なせる記述があるかどうかであるからだ。見るべきは、中国の言う「南海」関係史料およびそれと関係しそうな地方志ということになる。

中国大陸から東南アジア、南アジア、西南アジア、アフリカなどへの航海を行なうさい、南シナ海を通過するとすれば、南シナ海への記述がありうるわけだが、そのさい、目的地の国名、地域名を確定する必要がある。(7)

なお、「歴史地理」書の記述には各地の地理、地形のみならず、歴史、産業、産物、風俗、人物その他への記述の広がりがある。

『史料匯編』所収史料を点検した結果を先走りして言うと、南シナ海への言及のあるものもあり、ないものもある。また、南シナ海への言及のあるものでも実際に航海をして現地を見たと見られる史料と聞き書きにとどまる史料とがある。

『史料匯編』は、東漢（前漢）の楊孚《ふ》『異物志』、三国時代の万震『南州異物志』、朱応《しゅおう》『扶南伝《ふなんでん》』、『更路簿』などに南シナ海に関する記述があるとし、島名が命名されているが（二頁）、現在、中華人民共和国が呼んでいる名称とは異なると言い、南シナ海の島の中には中国人民が居住していたところもあり、開発してきたのだ（三頁）と述べている。

　では、なるべく時代順に史料を見てゆこう。

1-1. 秦代（前二二一～前二〇六）

「一九八〇年中国外交部文書」は、南シナ海は「秦代から」中国領と言っているが、根拠文献名はあげていない。

司馬遷《しばせん》『史記』　そこで、二十四史（ないし二十五史）の筆頭、司馬遷（紀元前一四五／一三六?～紀元前八七／八六?）の『史記』を見ると、その巻五「秦本紀第五」には南シナ海の島々に関する記述はない。巻六「秦始皇本紀第六」には「象郡」（日南）、「南海」（広州南海県）、「百越」の名は記入されているが、南シナ海の島々に関する記述はない。巻百十三「南越列伝第五十三」、巻百十四「東越列伝第五十四」にも、南シナ海の島々に関する記述はまったくない。

1−2．漢朝（漢朝／前二〇二～後八、二五～二二〇）

中華人民共和国の『史料匯編』を見てみると、秦代についての史料はあげておらず、漢代から始めている。

①楊孚『異物志』（『嶺南《れいなん》遺書』による）**と「漲海」**　楊孚『異物志』は失われているが、清朝の曽釗《そうしょう》『嶺南遺書』には「漲《ちょう》海の崎頭は水浅く、磁石が多い」という『異物志』からの引用があり、そこに「漲海」の名がある。『史料匯編』は、「漲海」は「南中国海」（南シナ海）、「崎頭」は「礁嶼《しょうしょ》、浅い灘《なだ》の呼称」（二三頁）であるという。しかし、「漲海」の範囲は示されておらず、不明である。

浦野1997は、『異物志』には「漲海中の珊瑚礁」への言及があるが、これは「南海諸島」のことだ（六九頁）と言っている。『史料匯編』を踏襲していると見られる。

『史料匯編』の史料編集のやり方には「南シナ海＝中国領」論を主張したげな太い文脈があることは否めない。しかし、『史料匯編』はこれが「南シナ海＝中国領」の証拠であるとは言っていない。

②班彪《はんぴょう》、班固、班昭『漢書』（前二〇二～後八についての記述）　班彪（紀元後三～五四）、班固（三二～九二）、班昭による「二十四史」のうちの、『漢書』巻九十五「西南夷、両粤、朝鮮伝第六十五」には、漢朝によって「南粤《えつ》はすでに平らげた。ついにその地を儋耳《せんじ》、珠崖《しゅがい》、南海、蒼梧《そうご》、鬱林《うつりん》、合浦《ほ》、交趾《し》、九真、日南の九郡とした」と記述している。この場合の「南海」は海のことではなく、「南粤」の一部の地のことである。南シナ海が漢朝領であったと読める記述はまったくない。

浦野1997は、「南海諸島に関する最初の記述」は『漢書』だ（六八頁）、と言っている。浦野は、『漢書』に「漢代当時から南海の航海がなされていたことは想像できる」（六八～六九頁）としているが、「南海の航海」が行なわれていたにしても（『漢書』はそんなことは書いていないのだが）、だからと言って「南海」が漢朝領だということにはならない。

浦野2015は、「漢の武帝時代に南沙群島と西沙群島が発見され」た（四〇頁）と断定しているが、その根拠は述べていない。また、漢代に「南沙群島」「西沙群島」という呼称は存在しない。

③『後漢書《ごかんじょ》』（二五〜二二〇についての記述）　南朝、宋の范曄（三九八〜四四五）による「二十四史」、『後漢書』巻二十三「郡国五」には、「南海郡」、「交趾」、「九真郡」、「日南郡」、「象林」などの行政区画は記入されているが、南シナ海への言及はない。

なお、『後漢書』巻二十三「郡国五」注には「象林」は「今の林邑国」であるとしている。『晋書』巻九十七「列伝第六十七」「四夷」は、「林邑国はもと漢の象林県」であるが、「孫権以来、中国に朝（朝貢）していない」としている。

『後漢書』巻八十六「南蛮、西南夷列伝第七十六」には、南シナ海に関する記述はない。

しかし、浦野1997は宋代の李昉《ほう》らの手になる『太平御覧《ぎょらん》』が『後漢書』に「漲海」を記述していると引用し、これは「南海」を指しており、これは「後漢の時代から、南シナ海は南洋諸国への通路としてひらかれていたことが分かる」（六九頁）と述べている。

「南シナ海は南洋諸国への通路」という点はその通りだが、それは南シナ海が漢朝領であることの証明などではない。

1-3. 三国時代（三国時代／二二一〜二六五）

漢朝の崩壊後、中国地域は魏、呉、蜀の三国鼎立時代となった。

『史料匯編』は、「三国、晋時代の南海諸島の地理と航路に関する記載」例として、『南州異物志』、康泰『扶南伝』、康泰『外国雑伝』、張勃『呉録』をあげている（二五〜二六頁）。

④万震『南州異物志』（『太平御覧』による）　『史料匯編』は、三国時代呉の万震『南州異物志』は失われているが、宋代の李昉の『太平御覧』に引用されているところによれば「極大な崎頭から漲海に出、中は浅く、磁石が多い」とある（二五頁）、と記述しているが、別に中国領だったと言っているわけではない。

⑤康泰『扶南《ふなん》伝』（『太平御覧』による）　『史料匯編』は、「（康泰）『扶南伝』にいわく、漲海中より珊瑚洲に至る」とあることが、宋の李昉の『太平御覧』に引用されており、「珊瑚洲」とは、「西沙群島、南沙群島を指す」（二五頁）、と記述している。

この記述からわかることは、「珊瑚洲」がこのとき中国領であったということではない。この記述からわかることは第一に、「西沙群島、南沙群島」という呼称はこのとき、存在しなかったということであり、第二に、『扶南伝』は「珊瑚洲」がこのとき中国領であったことの証拠ではないということである。

「扶南」は、『晋書』によれば、「西に林邑を去ること三千余里、海の大湾の中にある」とあり、方向関係がやや不明である。

⑥『外国雑伝』（『初学記』による）　『史料匯編』は、唐代の徐堅『初学記』に「案ずるに、南海、大海の別に漲海あり。（原注：謝承『後漢書』にいわく：交阯七郡は貢献するに皆漲海より出入りする。また、『外国雑伝』に言う：大秦の西南の漲海の中に七、八百里で珊瑚洲に到達する……）」と『外国雑伝』が引用されている（二六頁）。

この「大秦」がどこを指すのか筆者は確認できていないが、その「西南」に「漲海」があるという位置関係もよくわからない。

『扶南土俗』『呉時外国伝』『扶南異物志』『南州異物志』『呉録』　浦野1997は、「三国時代の『扶南土俗』『呉時外国伝』『扶南異物志』などの呉の文献や唐代の『初学記』に引用された『外国雑伝』には「漲海」および『南州異物志』あるいは『呉録』などには「南海諸島」に関する記述」がある（七〇～七一頁）という。

これらの記述も、南シナ海が中国の領土であったことの証明ではない。

1-4．魏晋南北朝（二六五～五八九）

中国地域は魏に統一支配されたのち、晋王朝に継承された。その後、五世紀から六世紀にかけて長江（揚子江）をへだてて諸王朝が成立し、交代していった。これを南北朝と称し、長江北部に成立した諸王朝を北朝、南部に成立した諸王朝を南朝と称する。

⑦郭璞《かくぼく》『爾雅《じが》』注　『史料匯編』は、晋の郭璞（二七六～三二四）が編纂したとされる字書、『爾雅』注に次のように書かれているという。

「郭璞言う：螺《ら》の大なる者は斗のごとくであり、日南の漲海の中に出《い》で、酒盃とすることができる。按ずるに、今のいわゆる鸚鵡《おうむ》杯は南海に出《いず》る」（『史料匯編』二五頁）

『史料匯編』は、日南は「当時の中国の最南端の郡である」「日南の漲海」は、「海南島から日南に行くのに通過しなければならない漲海――西沙群島およびその海面を指している」（二七頁）としている。

「日南」は、漢朝以来の領土であったとはいえ、だからと言って「漲海」、「南海」が漢朝領／晋朝領の証拠と主張できるものではない。

なお、『爾雅』には永懐堂本による中華書局版（一九六六年三月）があるが、『史料匯編』の言う文面は見あたらず、別の版本によるものであろう。

⑧**沈**《しん》**懐遠『南越志』**　『史料匯編』は、東晋、沈懐遠の「『南越志』に言う：江鷗は一名を海鷗と言い、漲海の中で潮に従って上下する」（二八頁）とある、と記述している。

（『史料匯編』は、「南朝晋の沈懐遠」と書いているが、「南朝」に「晋」王朝はない。）

浦野 1997 も、『南越志』の「江鷗」について記述しているが（七四頁）、「江鷗」が「領海」の範囲を知らせるわけではあるまい。

房玄齢《ぼうげんれい》**『晋書』**（二六五～四一九についての記述）　「二十四史」の一つ、房玄齢『晋書』全百三十巻は、晋朝（西晋二六五～三一六、東晋三一七～四一九）についての記述で、唐朝六四八年の作である。『晋書』巻九十七「列伝第六十七」の「四夷」に南シナ海に関する記述はない。

⑨**裴淵**《はいえん》**『広州記』**（『太平寰宇記』による）　『史料匯編』は、「裴淵『広州記』に言う：……珊瑚《さんご》洲は（東莞《とうかん》）県の南五百里で、昔、海中で魚を捕り、珊瑚を採る人がいた」とあり、この「珊瑚洲はだいたい今の東沙群島を指す」（二七頁）と説明している。

東莞《とうかん》県は、現在の広東省珠江の入江に近く、東沙群島は南ではなく、方角は東南なので、やや無理がある。『広州記』の記述からわかることは、第一にこのとき「東沙群島」という呼称は存在せず、第二に『広州記』の記述は「珊瑚洲」が中国領である証拠にはならないということである。

浦野 1997 は、三国時代に続く晋代には、裴淵『広州記』があるが、失われており、『太平寰宇記』に引用されているところによると、「珊瑚州」についての記述があり、それは東沙群島を指すと思われる（七二頁）、と述べている。『広州記』には、中国人民が南海諸島で魚をとっていた記述がある（三頁）、と述べている。

このとき、「東沙群島」という名称はなかったということになるし、この「東沙群島」が中国領であることを意味するものでもない。

⑩張勃《ぼつ》『呉録』(『太平御覧』による)　宋の李昉の『太平御覧』に、晋の「張勃『呉録』にいわく：嶺南盧賓県漲海の中の玳瑁は亀に似て大きい」との引用がある(『史料匯編』二六頁)。

⑪謝霊運「武帝誄《るい》」　東晋王朝(三一七〜四二〇)の武人、劉裕は、淝《ひ》水の戦のときは劉牢の部下の下級軍官だったが、戦功により将領になり、四〇四年に桓玄が東晋王朝を簒奪したとき、劉裕は桓玄軍を破って東晋政権を掌握した。四一〇年に盧循《ろじゅん》は、首都建康に迫ったが、劉裕に破られ、交州(晋朝支配下ベトナム北部地域)沿岸各地に逃れた。交州刺史《しし》杜慧度《とけいど》は、四一一年に盧循を攻め、盧循軍は海外に逃れた。南朝宋(四二〇〜四七九)の詩人、謝霊運(三八五〜四三三)は作品「武帝誄」で、劉裕が海外に逃れた盧循を追って海軍を率い「漲海」で戦ったことを記述している(『史料匯編』二八〜二九頁)。

『史料匯編』は、この戦闘について「南海諸島は東晋の時代にはわが国の海軍の巡轄下にあったことを説明している」と述べている(『史料匯編』二九頁)。

「誄《るい》」は、弔辞の意である。『史料匯編』の記述では、「海外」に逃れた盧循を追って劉裕が「漲海」で戦ったと言っているのだから、「漲海」が「東晋」の「巡轄下にあった」と断定するのは飛躍があり、無理である。なお、劉裕が帝位についたのは、四二〇年のことであった。

浦野1997も、「武帝誄」に「漲海」の表記があり、「南朝宋代にも、引き続き南海諸島が宋海軍の巡轄下にあったことを示している(七三頁)と述べている。浦野1997は、『史料匯編』に追随したものと思われる。東晋の海軍が「漲海」(南シナ海)を航行することがあったとしても、「領海」という前提で「巡轄」を行なっていたとまで言うのは言い過ぎで不正確である。

⑫**鮑照《ほうしょう》「蕪城賦《ぶじょうふ》」**　『史料匯編』は、南朝宋の詩人、鮑照《ほうしょう》（四一四頃～四六六）「蕪城賦《ふ》」に、「南は蒼梧《そうご》、漲海に馳《は》せ、北は紫塞《しさい》、雁門《がんもん》に走る」という句がある（二九頁）と記述している。

浦野1997は、鮑照「蕪城賦」に「南は蒼梧《そうご》、漲海に馳せる」という句があるが、『漲海』が『南の要害の地』だったためだ」（七三頁）と解釈しているが、こじつけである。

鮑照の「賦」（詩の一ジャンル）の一句が「南シナ海＝中国領」の証明にならないことは言うまでもあるまい。

李延寿『北史』（北朝／三八六～六一八についての記述）　「二十四史」の一つ李延寿（生没年不詳）『北史』（三八六～六一八についての記述）全百巻は、南北朝時代の北朝魏、北朝斉、北朝周、隋の四王朝を扱う。北朝は、地理的に南シナ海とは関係がなさそうだが、『北史』巻九十五「列伝第八十三」は「蛮」、「獠」、「林邑」（ベトナムの一部）、「赤土」（カンボジアの一部）、「真臘」（カンボジア）、「婆利」（バリ）について記述しているが、南シナ海には言及していない。

なお、『北史』によれば、『礼』に言う「南方に言う蛮は火食しない者である」としている。

李延寿『南史』（南朝／三八六～五八九についての記述）　「二十四史」の一つ李延寿（生没年不詳）『南史』全八十巻は、南北朝時代の南朝（四二〇～五八九）、南朝宋、南斉、梁、陳の四王朝を扱う。

『南史』巻七十八「列伝第六十八　夷貊上」「海南諸国」によれば、「海南諸国は、だいたい交州の南および西南大海の洲上にあり、あい去ることあるいは四、五千里、遠い者は二、三万里である。その西は西域諸国と接している。漢朝は元鼎年間に伏波将軍路博徳を派遣し、百越を開き、日南郡を置いた。」しかし、「晋代には中国と通ずる者は少なく」なったが、「宋、斉から梁に至って」往来の航海は盛んになったと歴史をふり返り、「林邑国」、「扶南国」などとの関係を述べている。

まず、「林邑はもと漢の日南郡象林県」であるとし、漢朝領として扱っている。「扶南国」（カンボジア）は、日南郡の南で、海西の大湾中にあり、「日南郡を去ること七千里、林邑の西南三千余里」と外国扱いである。このほか「婆達国」、「闍婆達国」、「槃槃国」、「丹丹国」、「干陁窅利国」、「狼牙脩国」などがあるが、これらはすべて外国で、『南史』の中に南シナ海への言及はない。

沈約《しんやく》**『宋書』**（南朝宋／四二〇～四七九）　「二十四史」の一つ、沈約（四四一～五一三）『宋書』全百巻は、南北朝時代の宋、斉、梁を扱う。

『宋書』巻九十七「列伝第五十七　夷蛮」は、「南夷、西南夷は、だいたい交州の南および西南にあり、大海中の洲上にあり、あい去ることあるいは三千～五千里、遠いものは二、三万里、船に乗り帆を挙げ、道里〔道筋〕は詳しくはわからない」と述べており、南朝宋はその距離関係はよくわからなかったということがわかる。

この『宋書』巻九十七「列伝第五十七」には、「林邑国」、「扶南国」、「呵羅単国」（ジャワの一部）、「槃皇国」、「槃達国」、「闍婆婆達国」、「師子国」、「天竺迦毗黎〔カピラ〕国」（現インドの一部）などを取り上げているが、南シナ海に関連する記述はない。

朱銘盤『南朝宋会要』（四二〇～四七九を扱う）　清朝の朱銘盤（咸豊二年／一八五二年～光緒十九年／一八九三年）による『南朝宋会要』は、四二〇年から四七九年までの劉宋王朝の典章制度を記述しており、『宋書』、『南斉書』、『梁書』、『陳書』、『南史』、『隋書』から劉宋王朝の政治、法律、軍事、経済、文化などを扱っているとされる。しかし、『南朝宋会要』の「蕃夷」の項には「林邑」、「扶南」、「西南夷訶羅陁匋国」、「呵羅単国」、「婆皇国」、「婆達」、「婆利〔バリ〕国」、「闍婆達国」、「槃槃国」、「天竺迦毗黎国」、「師子国〔現スリランカ〕」などがあるのだが、南シナ海への言及は見られない。

『南朝宋会要』には、上海世紀出版股份有限公司、上海古籍出版社（二〇〇六年十二月）刊がある。

蕭子顕『南斉書』（南朝斉／四七九〜五〇二についての記述）　蕭子顕（四八九頃〜五三七）による二十四史、『南斉書』全六十巻は、南朝斉についての記述で、現存五十九巻である。『南斉書』巻五十八「列伝第三十九」には、「蛮」、「東南夷」があり、「南夷林邑国」、「扶南国」、「交州」の記述があるが、南シナ海に関連する記述はない。

⑬**姚思廉『梁書』**（南朝梁／五〇二〜五五七についての記述）　「二十四史」の一つ、姚思廉（五五七〜六三七）『梁書』全五十六巻は、巻五十四「列伝第四十八　諸夷」に「海南」がある。

「海南諸国とは、だいたい交州の南および西南大海洲上にあり、あい去ること近きは三、五千里、遠きは二、三万里で、その西および西域諸国と接している。漢の元鼎年間、伏波将軍路博得をつかわし、百越を開き、日南郡を置いた」とある。漢の武帝から後漢の桓帝までに、「大秦、天竺に至るまで皆この道を通って使いをつかわし、貢を献じてきた。」

「海南」には、「林邑」、「扶南」、「盤盤」、「丹丹」、「干陁利」、「狼牙脩」、「婆利」（バリ）、「中天竺」、「師子国」（スリランカ）があり、「扶南」には次の記述がある。

「扶南の東界には大漲海があり、海中に大洲があり、洲上には諸薄国があり、国の東に馬五洲があると伝えられる。」

「大漲海」「諸薄国」（「諸薄国」は「諸蕃国」の誤記か）の存在が「伝聞」として記載されていることからわかるように、これらが梁朝領だという主張ではない。

魏収『魏書』（五五四年成書）　「二十四史」の一つ、魏収（五〇六〜五七二）『魏書』（五五四年成書）百三十巻

（子巻を分けなければ百十四巻）は、「五胡十六国」のあとをうけた北朝魏に関する記述であり、巻百一「列伝第八十九」には「蛮」、「獠」があり、巻百二「列伝第九十」には「波斯」、「安息」、「大秦」があるが、いずれも南シナ海への言及はない。

令狐徳棻『周書』（五三四～五八一を記述）　二十四史の一つ、令狐徳棻（五八三～六六六）『周書』（五三四～五八一を記述）全五十巻には、巻四十九に「蛮」、「獠」など、巻五十には「安息」、「波斯」（ペルシア）などがあるが、南シナ海への言及はない。

1-5．隋《ずい》朝（隋／五八一～六一八）

⑭魏徴《ぎちょう》『隋書』　二十四史、魏徴（五八〇～六四三）『隋書』巻八十二「列伝四十七」の「南蛮」のうちに「赤土国」の記述があり、「赤土国は扶南（カンボジア）の別種」とし、「大業三年（六〇七年）」、「〔常〕駿らは南海郡から舟に乗り、昼夜二旬（二十日）、ずっと順風で焦石山に至り、そこを過ぎ、東南は陵伽鉢抜多洲《りょうかはつばつたしゅう》に泊まり、西は林邑《りんゆう》（ベトナム中南部）にあい対し、上には神祠《しんし》がある。さらに南行し。師子石に至り、おのずから島嶼が連なっている。また、二、三日行くと西に狼牙須国の山が見え、ここにおいて南に鶏籠島に達し、赤土の界に達する」と書かれている。

その記述によれば、「南海郡」、現広東省から出発し、「焦石山」、「陵伽鉢抜多洲」、「林邑」、「師子石」、「狼牙須国」、「鶏籠島」を経て、「赤土国」に達するのである。

『史料匯編』は、「『焦石』は西洋語プラセル（Prasel）と同じなので、この焦石山は『西沙群島』であり、すなわちその後の万里石塘付近の紅石山である。」「東南」は「西沙群島の東南」である。「陵伽鉢抜多洲」は「陵山」であり、「今のベトナム帰仁《クイニョン》の燕子《えんし》岬」である。「赤土」は「今のマレー半島西岸を含む」（二九頁）、と述べている。航路は、中国地域南部、海南島、同島南方の「焦石山」を経て現ベトナム沿岸をながめながら「林邑」を経てマレー半島の「赤土国」に至ったと見られる。ここにはいわゆる「千里長沙、万里石塘」の記述はない。

浦野1997は、『隋書』に隋の煬帝が「六〇三年」（とされている）にマレー半島西岸と推定されている「赤土国」に使いを派遣したが、彼らは「焦石山に至った」と書かれており、この焦石山は「西沙群島」である（七四頁）、と述べている。

しかし、『隋書』のこれだけの記述で「焦石山」が隋朝領であったことの証拠とすることはできない。また、隋代に「西沙群島」という名称はなかったわけである。

1-6. 唐朝（唐／六一八～九〇七）

⑮賈耽《かたん》『広州通海夷道』

『史料匯編』は、『新唐書』に引用されている賈耽（七三〇～八〇五）『広州通海夷《い》道』に、「広州の東南海を二百里行くと、屯門山に至り、九州石に至り、また南に二日で象石に至り、また西南に三日行けば占不労山に至り、山は環《かん》王国の東二百里の海中にある」（三〇頁）、とある。

これについて、伯希和《はくきわ》『交広印度両道考』が「九州石」は「七洲」、現在の文昌県の七洲列島であり、「象石」は今の万寧県大洲島（旧称：独州嶺）であり、「占不労山」は今のベトナムの中圻の占婆山であり、「環王国」は「占婆国」であるとしている。『史料匯編』は、「象石」は西沙群島であって独州嶺ではないだろう、としている。また、顧炎武（一六一三～一六八二）『天下郡国利病書』が、賈耽の書いている「象石」は北宋の曽公亮の『武経総要』に書かれている「九乳螺《ら》州」だ、と『史料匯編』は述べている（三〇頁）。

これも、『史料匯編』は「九州石」＝「七洲」、「象石」＝「九乳螺州」が唐朝領だと言っているわけではない。

賈耽『皇華四達記』（『新唐書』による）　浦野1997は、唐代徳宗（七八〇〜八〇五）の宰相、賈耽の『皇華四達記』があり、同書は失われたが、『新唐書』（一〇六〇年完成）に『皇華四達記』の中の「広州通海夷道」についての記述があり、この「広州通海夷道」とは広州からマラッカ海峡を経て、インド洋、ペルシア湾に入り、バグダード方面に至る範囲で構成されており、途中の地名、「九乳螺《ら》洲」は広東省「文昌県七洲列島および西沙群島」を指すものとされている（七七〜七八頁）、と述べている。

これまた、「九乳螺洲」が唐朝領であることの証明ではないし、「西沙群島」という名称は唐代にはなかったということになる。

それはともかく、唐代には交易目的で海路に来て広東に滞在していた西南アジア人が十二万人に達していたことが知られているが（『アジア史入門』一〇四頁）、中国地域人も海路で東南アジア、インド地域、西アジアに出かけていた。活発な相互交流があったことがわかる。

劉昫等『旧唐書《くとうじょ》』　劉昫（八八八〜九四七）等撰『旧唐書』巻百九十七「列伝第百四十七」「南蛮、西南蛮」は、「林邑」（ベトナム）、「婆利」（バリ）、「盤盤」、「真臘」（カンボジア）、「陀洹」、「訶陵」（ジャワ）、「堕和羅」、「堕婆登」、「東謝蛮」、「西趙蛮」、「牂牁」、「南平獠」、「東女国」、「南詔蛮」、「驃国」（ビルマ）をあげている。

『旧唐書』には、「外国」の項はないが、「林邑国は漢の日南象林の地で、交州の南千余里である」としているので外国である。

『旧唐書』には、南シナ海への言及はない。

欧陽修、宋祁等『新唐書』（一〇六〇年成書）　「二十四史」の一つ、北宋の欧陽修（一〇〇七〜一〇七二）、宋祁

（九九六～一〇六一）等『新唐書』（嘉祐五年／一〇六〇年成書）の巻二百二十一上「列伝第百四十六上」に「天竺」、巻二百二十一下「列伝第百四十六下」に「師子」、「波斯」、「大食」があり、この「大食」は「タージ」（アラビア）を指していると見られる。

巻二百二十二下「列伝第百四十七下　南蛮下」には、「環王」、「盤盤」、「扶南」、「真臘」、「訶陵」（ジャワ）、「投和」、「瞻博」、「室利仏逝」、「名蔑」、「単単」、「驃」（ビルマ）、「両蛮」、「南平獠」、「西原蛮」がある。

1-7. 宋朝（宋／九六〇～一一二七）

『史料匯編』は、中国地域歴代王朝による「南海諸島に対する主権行使の事実」として、「第一に、水師の派遣、海疆の巡視」をあげ、「中国が水師を派遣し、西沙群島を巡視したのは宋代に始まる」（七頁）とし、第二にこれらを「版図」に入れ、管轄している、第三に天文観測を行なっていた、第四に外国の西沙、南沙群島での調査に抗議していた、第五に外国船舶を救済した、の五点をあげている。

まず第一、「水師（水軍）の派遣、海疆の巡視」を見ていこう。

⑯曽公亮《そうこうりょう》『武経総要』（一〇四四年成書）　『史料匯編』は、宋の仁宗が序を書いた曽公亮『武経総要』（慶歴四年／一〇四四年）が「王師（皇帝の軍）に出戍《しゅつじゅ》（出軍）を命じ、巡海水師営塁を置き」、「屯門山から東風を利用して西南に行き、七日で九乳螺淵（洲）に至った」と記述している、と述べている（七頁、三七頁）。

『史料匯編』は、「『九乳螺淵（洲）』は今日の西沙群島」であり、「宋代海軍が『九乳螺淵』を巡視していた事実は清代の『読史方輿紀要』『防海輯要』『洋防輯要』などに記述されている」（七頁）、と述べている。

清代の書籍については、あとで触れるとして、この記述からわかることは第一に「西沙群島」という名称は宋代にはなかったということであり、第二に水軍が巡邏した海域が宋朝領であるという解釈による「巡邏＝宋朝領の証拠」という断定は短絡的だということである。

浦野1997は、兵書『武経総要』（一〇四四年集成）から十行弱を引用し、「ここでの『九乳螺洲』」は「文昌県七洲列島および西沙群島を指すものとなる」（七七頁）と述べている。

浦野1997は、「ベトナムは、これを西沙群島海域における巡視とはみておらず、あくまで九乳螺洲は航海上の一通過点としか見ていない」とベトナム側の主張を紹介しているが（七八頁）、「南シナ海群島＝ベトナム領」というベトナムの主張を支持しているわけではもちろんない。

これは、「広州通海夷道」同様、「九乳螺洲」が宋朝領であることの証明ではなく、航行の目印であるにすぎない。

また、「西沙群島」という名称は、このとき、なかったということである。

⑰『瓊《けい》管志』（一二〇三～一二〇八頃。『輿《よ》地紀勝』による）　宋の王象之の『輿地紀勝』は、宋の『瓊管志』の次の文を引いている。

「吉陽は、地は多く高山であり……、その外側は烏里、蘇密吉浪の洲であり、占城〔チャンパ〕とあい対し、西側は真臘〔現カンボジア〕、交趾〔現ベトナム〕、東側は千里長沙、万里石塘で、上下渺茫、千里一色、船舶は往来し、飛鳥はその顛頸に付いて〔船頭にとまって?〕驚かず。」（『史料匯編』三三頁）

『史料匯編』は、次のように書いている。

「『瓊管志』は現在、知られている南海諸島を記載しているもっとも早い地方志で、南宋の嘉泰三年～嘉定元年（一二〇三～一二〇八）頃に書かれ、著者不詳で、ながく失われていたが、宋の王象之輿地紀勝』（一二二七年）が『瓊管志』の一部を引用した。『瓊管』とは、瓊管安撫《あんぶ》都監という官職で、『占城』（チャンパ／現ベトナム中部）、『真臘』（カンボジア）、『交趾』（現ベトナム北部）、『千里長沙、万里石塘』（南海諸島）をあげている。」（三三頁）。

『史料匯編』の文では、瓊管安撫都監の「管轄」地域、海域を指しているものと思われるが、『瓊管志』の文面から、「占城〔チャンパ〕に対し、「西側は真臘……」」、「東側は千里長沙、万里石塘」等々の地点、すなわち占城、真臘、交趾は宋朝領域外であり、東側にあると言っているだけの「千里長沙、万里石塘」が宋朝領だと解釈するのは根拠不足だろう。少なくとも、「千里長沙、万里石塘」を「管轄」していたという明確な根拠史料が求められる。

『史料匯編』は、さらに唐胄《ちゅう》『正徳瓊台志』（正徳十六年／一五二一年）は失われた蔡微『瓊海方輿《よ》志』（宣徳六年／一四三一年）を引用しており、その中に「『疆域』（原注：瓊莞古志に言う：外は大海がめぐり、烏里蘇密吉浪の州に接し、南は占城、西は真臘、交趾、東は千里長沙、万里石塘、北は雷州に至る）」との引用がある（三四頁）、と述べている。

「瓊莞古志」とは、『瓊管志』と別のものではなく、『瓊管志』を指すと見られる。『史料匯編』も、「古志」は『宋瓊管志』を指すが、明人は『瓊管志』を『瓊莞古志』と称した。古志は、『瓊莞古志』の略称である（三五頁）、と述べている。文面は、宋代の『瓊管志』と同一である。

さらに、清朝の金光祖『広東通志』（康熙三十六年／一六九七年）が『瓊莞古志』を次のように引用している。

「瓊州府（海南島）疆域　……瓊は都会であり、……外は大海がめぐり、遠く外島諸国に接する。（原注：瓊莞古志に言う：外は大海がめぐり、烏里蘇密吉浪の州に接し、南は占城、西は真臘、交趾、東は千里長沙、万里石塘、北は雷州府徐聞県に至る。）」（『史料匯編』三四頁）。

ここでは、「外島諸国に接する」とあり、「千里長沙、万里石塘」はもちろん「国」ではないが、「占城、真臘、交趾」を「外島諸国」と呼んでいることから、「千里長沙、万里石塘」を宋朝領とはしていないことが一層明確である。清朝の郝玉麟『広東通志』（雍正九年／一七三一年）の『瓊莞古志』の引用は、金光祖『広東通志』と同文である（『史料匯編』三五頁）。

⑱**戴璟**《たいけい》**『広東通志』**（一五三三年成書）　『史料匯編』は、戴璟『広東通志』（一五三三年成書）の原注に「劉深は七星洋まで追った」とあると述べている（四〇～四一頁）。

それはそれだけのことであり、この記述が「七星洋」は宋朝領であることの証拠であったりするわけではない。浦野1997は、戴璟『広東通志』に南宋の皇帝が元の水軍に追われたときの戦場が西沙群島ではないかと推測される（八二頁）、と解釈している。

しかし、戦場を直ちに宋朝領と断定するのは飛躍であろう。

鄭樵《ていしょう》**『通志』**　浦野1997は、「鄭樵『通志』に「日南・漲海」という表現があり、これは西沙群島とその海域を指すものだ」（七二頁）、と述べている。

これは、「日南・漲海」が存在するという認識はあったが、「日南・漲海」が宋朝領であることの証明ではないし、このとき、「西沙群島」という名称はなかったということである。

⑲**『万州志』**　『史料匯編』によれば、『万州志』は次のように記している。

「長沙の海、石塘の海は、共に城東の海、外洋にある。古志にいわく：万州に千里長沙、万里石塘があるが、共に外海にあり、海舟は沙に触れればたちまち砕け、塘に入れば出る理はない。人はあえて近づかず、その実体を確かめることはできない。」（三六頁）

浦野1997は、『万州志』には「南海諸島を示すような地名はみられない」が、この記述の中で「外国船が風に遭い瓊州に至った」とあるのは、『史料匯編』は「西沙群島海域ではないか」と推定している（七八～七九頁）と述べている。

これらも、「石堂」「石塘」が宋朝領であることの証明とは言えない。また、「中沙群島」「西沙群島」という名称はこのとき、なかったということである。

この『万州志』は、『康熙万州志』でも『道光万州志』でもなく、どの版本であるか筆者は確認できていないが、こんな危険なところについて領有を主張することなど考えられないだろう。

⑳周去非『嶺《れい》外代答』（一一七八年成書）　宋の『嶺外代答』[8]（淳熙《じゅんき》四年／一一七八年成書）は、清朝『欽定《きんてい》四庫全書』（一七八二年に完成）に収められており、ほかに商務印書館本（発行年月未記載）がある。なお、『嶺外代答』には楊武泉による『嶺外代答校注』（中華書局　一九九九年九月）がある。

周去非『嶺外代答』は巻一～十からなり、巻一は地理門、辺帥門、巻二は外国門上、巻三は外国門下、巻四は風土門、法制門、巻五は財計門、巻六は器用門、服用門、食用門、巻七は香門、楽器門、宝貨門、金石門、巻八は花木門、巻九は禽獣門、巻十は虫魚門、古跡門、蛮俗門、志異門からなる。「門」とは、分類項目の単位を表わしている。『嶺外代答』の「地理門」に百粤《えつ》故地、天涯海角、三合流、瓊《けい》州兼広があり、天涯海角が南シナ海にもっとも近いが、ここには南シナ海に関する記述はなく、百粤故地には「南海」という文字はあるが、それ以上の記述はない。「百粤故地」、「天涯海角」「瓊州兼広」には南シナ海に関連する記述はない。「外国門」には、二十四カ国・地域の名があげられており、大秦国、大食国、木蘭皮国、西天諸国、西天南尼崑崙層期国、波斯国などとともに東南海上の項があるが、「東南海上」にはやはり南シナ海に関する記述はない。

しかし『嶺外代答』「地理門」の「三合流」には、「伝え聞くところでは、東の大洋海には長沙石塘数万里があるという」との記述がある。

『史料匯編』（四一頁）、浦野1997（七九～八〇頁）も、これを引用している。

「長沙石塘数万里」とは、『島夷志略』、『海語』に言う「万里石塘」のことであり、『史料匯編』は、ここに言う「長沙、石塘数万里」とは「南海諸島の範囲の広きを指す」（四一頁）、としている。

楊武泉校注『周去非《嶺外代答》校注』（中華書局　一九九九年九月）は、これは現在言うところの「西沙および中沙群島の島嶼と礁石」であるとしている。

「伝え聞くところでは」という記述からは、『嶺外代答』は「長沙石塘数万里」が宋朝領であるという認識ではなかったと見られる。また、「西沙、中沙、南沙群島」などの名称はこのときはなかったということである。


王象之『輿《よ》地紀勝』（一二〇八年以降成書）　南宋の王象之撰『輿地紀勝』（江蘇広陵古籍刻印社　一九九一年十一月）は、南宋の地理総志である。『輿地紀勝』の編纂は、寧宗の嘉定元年（一二〇八年）以降だった。

『輿地紀勝』は、全二百巻であったが、李勇先『《輿地紀勝》研究』によれば、うち三十一巻が欠落しており、十七巻にページの欠落があるが、現在読める部分には南シナ海に関する記述はない。『輿地紀勝』は、南宋の百六十六府、州、軍、監について、府州、県の沿革、風俗、形勝、景物、古跡、官吏、人物、仙釈、碑記、詩を記述しているが、南シナ海に関する記述はない。

なお、『輿地紀勝』巻二十校勘記巻二十広南東路巻八十九には、「崑崙山」の地名が見えるが、『海国聞見録』が言うように「崑崙とは、黄河がめぐるところの崑崙ではない」だけではなく、またこの「崑崙山」はベトナム南方の「崑崙山」のことでもないとされ、南シナ海諸島とも無関係である。

㉑**趙汝适《ちょうじょかつ》『諸蕃志』**（一二二五年成書）　趙汝适『諸蕃志』[9]は、宝慶元年（一二二五年）の作で、同書は趙汝适

が福建の泉州で朝散大夫提挙福建路市船という海外貿易の監督官を務めていたときの見聞をまとめたものであり、『欽定四庫全書』に収録されているのはそのうちの一部だという。なお、『諸蕃志』については、石田幹之助『南海に関する支那史料』（生活社　一九四五年四月）がある。

『諸蕃志』は、「巻上」では倭国（日本）から大食国《ター ジ》（アラビア方面）、蘆眉国《ろび》（小アジア）、笏斯里国《こつしり》（エジプト）に至る四十八カ国・地域の情報（うち海上雑国十一国で計五十九カ国）を書いており、この五十九カ国の中に南シナ海に関する記述はない。「巻下」は「志物」となっており、各地の産物に関する記載なのだが、どういうわけか、その中に「海南」の項がある。行政区画と航路に関係するので、やや詳しく見てみよう。

「海南は、漢の朱崖《がい》、儋耳《たんじ》である。武帝は、南粤《えつ》を平らげ、使をつかわし、徐聞（今の雷州徐聞県）より海を渡り、その地を攻略し、朱崖、儋耳二郡を置いた。」「唐の貞観元年、崖、儋、振三州に分け、嶺南道に所属させた。五年、崖の瓊山を分けて郡を置き、万安県を州に昇格させた。今の万安軍である。儋、振は今の吉陽、昌化軍である。貞元五年、瓊《けい》を督府とした。今はこれによる。徐聞には遞《てい》角場（港か？）があり、瓊と対峙し、あい去ること約三百六十余里である。」「外に洲があり、烏里と言い、蘇吉浪と言う。南は占城〔チャンパ〕に対し、西に真臘〔カンボジア〕を望み、東は千里長沙、万里石床である。渺茫として果てしなく天水一色、船舶の往来は、ただ指南針だけを基準として昼夜守り見る。わずかな差があっても生死がかかっている。四郡およそ十一県はことごとく広南西路に属する。」

この場合、「海をわたった」のは大陸から海南島に渡ったということである。「千里長沙、万里石床」は南シナ海であったであろうが、「烏里」「蘇吉浪」がどこであるかは不明である。「広南西路」は宋朝の行政区である。『諸蕃志』

の「烏里」「占城」「真臘」「千里長沙、万里石塘」などの位置関係は、『瓊管志』と同じである。「千里長沙、万里石床」に行政区画は設定されておらず、「南は占城に対し、西に真臘を望」む地点に宋朝の支配権が及んでいたと読むことはできず、『瓊管志』同様、航路を示しているだけである。なお、「軍」とは宋朝の行政単位である。

『史料匯編』は、『諸蕃志』は「中国と東南アジア各国の境界を交洋（交趾洋、今のバックボー湾）と竺嶼《じくしょ》（Pulo Aor）、今のマレー半島東岸以外の海島に定めた」（三八～三九頁）、と述べている。しかし、『史料匯編』は、『諸蕃志』のどの記述が「中国と東南アジア各国の境界」を「定めた」というのか、示していない。

浦野 1997 は、『諸蕃志』にも「千里長沙、万里石塘に主権が及んでいたことを示す記述がある」（八〇頁）と断定している。その根拠ないし傍証として、浦野 1997 は「海南島が当時、宋の領内であったことから、外国の説明としてではなく、付録として掲載したものではないか、と石田幹之助はみている」（八〇頁）、と述べている。

しかし、石田幹之助は『南海に関する支那史料』で次のように説明している。

（『諸蕃志』は）「上下二巻に別れ、上巻には『志国』と称して南海諸地の地理、風俗、産物を挙げ、下巻には『志物』と云って特にその特産物の一々に就いて産地、形状、品質、用途等を記述したもの」と説明したうえで、「下巻の末に海南島の地理、風俗を記した部分が収めてありますが、それは性質から云へば上巻に入れるべきものかもしれませんが、海南島は当時宋の領内でありますから、わざと外国の部に入れず下巻の末に付録したのかも知れません」（一七二頁）

石田幹之助は、南シナ海が宋朝領だと言っているのではない。浦野 1997 が石田幹之助を援用して『諸蕃志』には「千里長沙、万里石塘に主権が及んでいたことを示す記述がある」と読みこむのは誤読でしかない。

なお、浦野 1997 は「諸蕃図」という地図があり、それはいつ頃のものか不明で失われているものの、『諸蕃志』にこの図について言及があり、この図には「石牀、長沙の険」という地名が記載されていた（八一頁）と述べている。

これは、「石牀、長沙」が存在するという認識ではあるが、「石牀、長沙」が宋朝領であることの証明ではないし、また宋代には「南沙群島」などの名称はなかったということである。

『史料匯編』の言う中国地域歴代王朝による「南海諸島に対する主権行使の事実」の第三を見てみよう。

㉒祝穆《ぼく》『方輿《よ》勝覧』（一二三九年成書）　祝穆、祝洙《まつ》撰『方輿勝覧』七十巻（一二三九年成書）は、『欽定四庫全書』に収録されており、ほかに文海出版社刊（一九八一年八月）がある。

『方輿勝覧』には、いにしえの「百越」の地であった横州、藤州、梧州、融州、秦朝の「南海郡」であった潮州、恵州、循州、南雄州、南恩州、新州、邕州、賀州、秦朝の「象郡」であった廉州、象州、慶遠府、化州、雷州、秦朝の「百粵」であった潯州、秦朝の「桂林郡」であった昭州、漢朝の「儋耳郡」であった「昌化軍」、「瓊州」、唐朝の「万安県」であった「万安軍」が記述されているが、南シナ海への言及はない。

ただ、漢朝の「珠崖郡、儋耳郡」であった「吉陽軍」には、「千里長沙、万里石塘」への言及がある。

『史料匯編』は、『方輿勝覧』（祝穆一二三九年撰、祝洙一二六七年増補）が「その外側は烏里蘇密吉浪の洲、南は占城（チャンパ）とあい対しているとされ、東は千里長沙、万里石塘で上下渺茫、千里一色である」と書いている（四一頁）と述べているが、『方輿勝覧』は「千里長沙、万里石塘」が宋朝領だと言っているわけではない。

㉓呉自牧『夢粱録』（一二七五年成書）　『史料匯編』は、南宋の呉自牧『夢粱録』（一二七五年成書）が「もし船を浮かべて外国と売買しようとするなら、泉州から出洋すればよく、七洲洋を渡り、船中で水を測ると約七十余丈である。」「いにしえより船人は言う：『行くときは七洲を恐れ、帰るときは崑崙《こんろん》を恐れる』」と記述している（四三～四四頁）、と述べている。

図3　『両種海道針経』16-17世紀の東西洋

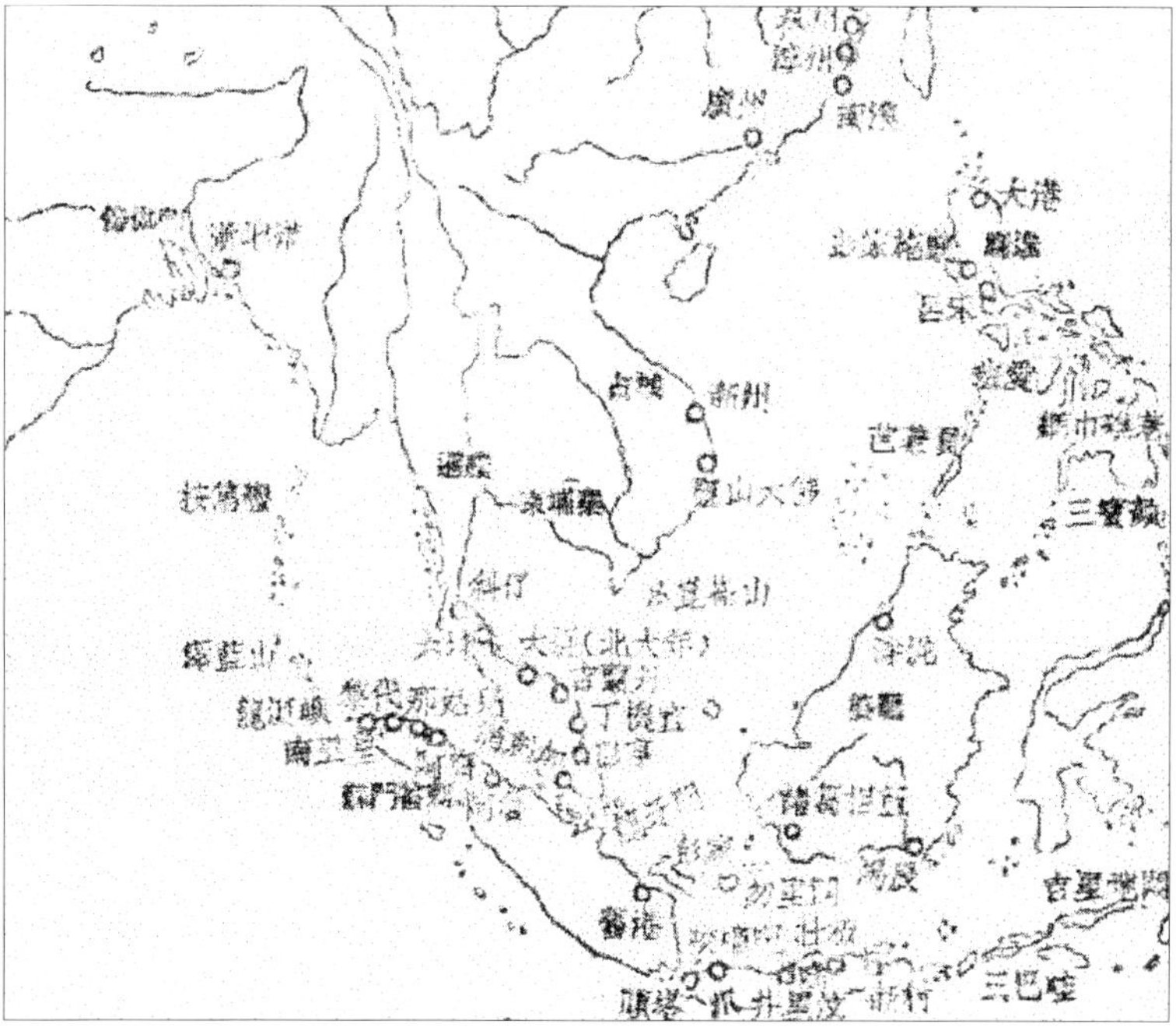

出典：中華書局　1961年　196頁

『史料匯編』は、『夢粱録』中の「七洲は西沙群島を指す」（四四頁）と述べている。「崑崙」（図3参照）は、ベトナム南方の島名である。『史料匯編』は、「七洲」は「西沙群島」を指していると言っている（四四頁）。この記述も、西沙群島が宋朝領であることの証明となっているわけではない。

浦野1997も、呉自牧撰『夢粱録』に「船で外国と売買しに行く」なら「行くときは七洲を恐れ、帰るときは崑崙を恐れる」と書かれている（八三頁）と述べている。浦野1997は、「以上の記述によって、南海諸島の存在についての日常的な理解とその包括的な認識の概要が窺えるが、それぞれの地名をどこに比定しうるかについては、諸説がある」（八四頁）と述べており、あいまいである。「それぞれの地名」が「南海諸島全域」と見ようが「西沙群島ないし西沙群島一帯の海域」を指そうが、ポイントはそれらの海域での中国人の活動があっても、それらの記述は「南海諸島全域」あるいは「西沙群島」が前近代中国地域各王朝の領土、領海であったことの証明にはなりえないということである。

浦野2015は、南シナ海諸島は「宋、元の時代を通じ、『千里長沙、万里石塘《せきとう》』と命名され、そこでの漁民の生活が伝えられていた」（四〇頁）と言う。それはそうだとしても、中国地域の人々がその海域を航行したかもしれず、島々に上陸したかもしれないということを示しているだけで、宋、元が「領有」していたことの証明にはならない。

二〇一六年中国白書も、『夢粱録』を南シナ海島、礁が中国領であったことの歴史的根拠の一つとしている。

ところで、南宋の呉自牧撰、張海鵬訂『夢粱録』二十巻は文海出版社刊（発行年月未記載）がある。それによれば、巻一から巻二十までの冒頭題は次のようになっている。

正月朔日……二月中和節……三月……四月……五月……六月……七月……八月……九月……十月……十一月……
十二月……杭州……大内……三省枢使諫官……諸官舎……諸山嵒《がん》……西湖……両赤県市鎮……祠祭……学校……
茶肆……歴代人物……民俗……園囿《ゆう》……嫁娶

このうち、巻十一「諸山嵒」の中に「……」（省略）には「溪潭澗蒲」があり、「大年郷の石塘」という言葉が出てくるが、南シナ海の「石塘」と言われるものとは別で関係ない。また、同じく巻十一の「……」（省略）の中に「池《ち》塘《とう》」があり、「蔡官人塘」「月塘」などの名が出てくるが、南シナ海の「石塘」とはまったく別で関係ない。「塘」とは、「つつみ、池、いけす、浴槽、いろり」などの意である。

『夢粱録』は、南宋の孟元老『東京《とうけい》夢華録』が北宋の都である東京（汴京《べんけい》／開封）の官庁、市街、風俗、正月から十二月の風習などを描いたのにならって臨安（杭州）の宮闕《きゅうけつ》（宮城）、衣冠、礼楽、典章、制度を書いたものであって、南シナ海には筆は及んでいない。少なくとも文海出版社版景印本には『史料匯編』が引用しているような文面は存在せず、史料の取り違えであり、浦野 1997、浦野 2015 は『史料匯編』を踏襲したものと思われる。

㉔徐松『宋会要』（『永楽大典』による）――「石塘」の初出か　『宋会要』は、宋代に十数回編纂されたが原本は失われており、清の徐松が『永楽大典』収録部分から編集したものである。『宋会要』には、湯中『宋会要研究』（台湾商務印書館　一九六六年十二月）がある。

『宋会要』には、『宋会要輯稿』（民国二十五年〔一九三六年〕十月国立北平図書館蔵）がある。これは、『宋会要』としているものの、『宋会要輯稿』の略称であるらしい。これには、徐松『宋会要輯稿』（新文豊出版股份公司　一九七六年十月）および（上海古籍出版社　一九八六年八月）がある。王雲海『宋会要輯稿考校』（上海古籍出版社版『宋会要輯稿』所収）によれば、『宋会要輯稿』は同じく徐松が十九世紀初葉に『永楽大典』から輯録したものである。

「会要」とは、一般に一王朝の制度、沿革の記録で、『宋会要』とは宋朝の制度、沿革の記録ということである。『宋会要』の前に『唐会要』がある。王徳毅「両宋十三朝会要纂修考」によれば、宋朝の秘書省のもとに修会要所が設けられた。『宋会要』は、何度も修訂が行なわれた。『宋会要輯稿』は、全二百冊であり、王徳毅「両宋十三朝会要纂修考」はその過程を詳述しており、①慶歴国朝会要、②元豊増修六朝会要、③政和重修会要、④乾道続四朝会要、⑤乾道中興会要、⑥淳熙会要、⑦嘉泰寧宗会要などである。『宋会要輯稿』の構成は、帝系、后妃、礼、楽、輿服、儀制、崇儒、運、暦、瑞異、職官、選挙、食貨、兵、道釈、方域、蕃夷からなり、蕃夷は第百九十六冊から第百九十九冊までである。「蕃夷」には、「蕃夷」諸国からの朝貢品が詳細に記載されている。

『宋会要輯稿』第百九十六冊「蕃夷一至三」は、「契丹」で、真臘を含むが、南シナ海に関連する記述はない。

『宋会要輯稿』第百九十七冊「蕃夷四」は、「回鶻　吐蕃　高昌　亀茲　于闐拂菻　交趾　占城　蒲端　天竺国　大

食　闍婆国　真里富国　仏泥国　渤海高麗」、「交趾　占城　蒲端」には「安南、三仏斉」などに関する記述も含んでいる。

「蕃夷四　交趾」の項には、南シナ海に関連すると見られる記述としては「漲海」の語が見えるが、「漲海」は誰が領有しているかなど何も言っていない。

同じく「占城」には、「あるいは風が船を漂わせ、石堂に至り、累年達しなかった」との記述がある。

『史料匯編』は、『宋会要』が「天禧二年〔一〇一八年〕九月、その〔チャンパの〕王尸嘿排摩惵は羅皮帝加等に使いさせ……来貢に行かせた。羅皮帝加が言うには、国人は広州に詣でたが、あるいは船は風に漂い、石堂〔塘〕に至り、累年達しなかった」と記述している（四二頁）と述べている。

『史料匯編』は、「石堂」の「堂」は「塘」の誤りであるとし、「石塘」という名称は『宋会要』で初めて出てくるとし、この「石塘」は中沙群島のことだとしている（四二頁）。

この記述は、「石堂〔塘〕」が宋朝領の証拠と読めるわけではない。

浦野1997も、『宋会要』（一〇四四年着手）には「風は船を石堂に漂わせ」とあり、「石堂」という名称がある（四二頁）と述べている。

しかし、『宋会要輯稿』は「石堂」（万里石塘と見られる）は、危険水域だと言っているだけである。

『宋会要輯稿』「蕃夷四　真里富国」の項には、次の記述がある。

（真里富国から）「中国に至ろうとする者は、その国から放洋〔出航〕し、五日で波斯蘭に至り、崑崙洋を吹きわたり〔?〕、真臘国を経て数日にして賓達椰国に至り、数日にして占城界に至り、十日にして洋のかたわらの東南に石塘があり、その名を万里という。その洋はあるいは深くあるいは浅く、水は急で礁が多く、舟はくつがえり、おぼれる者は十七、八。山岩は絶無でまさに交趾界に至り……」

これは、「石塘」が宋朝領だと言っているわけではない。「石塘」のあたりは航海の危険海域だと言っているだけである。

『宋会要輯稿』第百九十八冊は、「蕃夷五　西南蕃　黎峒／瓊管〔海南島〕南蛮」等であるが、南シナ海に関連する記述はない。

『宋会要輯稿』第百九十九冊は、「蕃夷六至七　唃厮囉　吐蕃」などで、占城、三仏斉、大食国、闍婆、蒲端、注輦、交趾、于闐、安南、真臘などの記述を含むが、やはり南シナ海に関連する記述はない。

なお、『宋会要輯稿総目』では第百九十七冊「蕃夷一至三」、第百九十八冊「蕃夷四」、第百九十九冊「蕃夷五」、最終冊の第二百冊は「蕃夷六至七」となっているが、本文では第百九十六冊「蕃夷一至三」、第百九十七冊「蕃夷四」、第百九十八冊「蕃夷五」、第百九十九冊「蕃夷六至七」、最終冊の第二百冊は「道釈一至二」、つまり僧侶、寺院などに関する記述であり、南シナ海とは関係がない。上海古籍出版社版では、目次と本文は一致している。

㉕**脱脱『宋史』**（一二七七年成書）　「二十四史」、元《げん》朝の脱脱（一三一四～一三五五）等撰『宋史』（一二七七年成書）巻四十七には、モンゴル元の劉深が宋軍を追撃して七州洋に至り、宋軍は十五年（一二七八年）、占城（チャンパ）に逃れようとしたが果たせなかったと記述されている。『史料匯編』は、これについて七州洋は西沙群島で（四〇頁）、あたかも西沙群島が宋朝領であったことの証拠だという印象を与えようとしている。

『宋史』巻二百九十九「外国五」には、占城国王は天禧二年、「羅皮帝加を派遣した。羅皮帝加は、国人が広州に詣で、あるいは風が船を漂流させて石塘に至り、すなわち何年も到着しなかったと述べた」と記述している。

「石塘」の名が出てくるが、「石塘」が宋朝領であったことを証明するものではない。

『宋史』巻二百九十九には、京西転運使、広西路転運使であった胡則は番舶（異国船）が風に遭って瓊州（海南島）に流され、三百万を貸しつけたとの記述がある。清朝の胡端書修、揚士錦纂『万州志』（清、道光八年／一八二八年）にも、『宋史』とほぼ同文がある。

『史料匯編』は、『宋史』および『万州志』の記述について外国船が「西沙群島」方面から瓊州（海南島）に流されたのであり、「海南島の中国官員から救済を受けたのだ」と説明し（三九頁）、あたかも西沙群島が宋朝領であったことの証拠だという印象を与えようとしているが、論理的には飛躍がある。

『宋史』巻四百八十九には、「石塘」の名がある。同「列伝第二百四十八　外国五」占城（チャンパ）の項には、チャンパ王が宋朝に来貢するため「広州をめざしたが、風のため船は石塘にただよい、年を経ても到達しなかった」と述べられている。

その船は、抜け出すことができなかったものと思われる。しかし、ここからわかることは「石塘」が航海の難所だということで、これによって「石塘」が宋朝領であると判断することはできない。

浦野1997は『宋史』（「一三四五年完成」としている）には「風は船を石塘に漂わせ」という記述があり、「石塘（堂）」は『史料匯編』によれば「中沙群島と解されている」（七八頁）と述べている。

ところが、『史料匯編』は、この項について「石塘（堂）」は「中沙群島と解されている」とは書いていない（四二頁）。

浦野1997は、同じく『宋史』にも元の将軍劉深が宋軍を「七洲洋にまで追った」という記述があるが、「七洲洋」は「西沙群島およびその海域を指すと思われる」（八二～八三頁）と述べている。これも、直ちにだから「西沙群島」は宋朝領と言うのは成り立たない。

㉖『宋史紀事本末』　『史料匯編』は、明の馮琦原編、陳邦瞻纂輯『宋史紀事本末』が「元の劉深が井澳《せいおう》を襲い、謝女峡に逃げて再び海に入り、七里洋に至り、占城〔チャンパ〕に行こうとしたが、果たせなかった」と書いている（四〇頁）、と述べている。

浦野1997は、『宋史紀事本末』に「帝は謝女峡に奔り、また海に入り、七星洋に至り、占城にゆこうとしたが、果たせなかった」と書かれており、「南宋艦隊は南シナ海で全滅したといわれる」（八三頁）、と述べている。

『史料匯編』は、明の戴璟『広東通志』（明、嘉靖十四年／一五三五年）にも同じ記述があることを記載している（四〇～四一頁）。

これも、同じで、「七里洋／七星洋」が宋朝領である証拠などではない。

1−8．モンゴル元（一二七一～一三六八）

㉗汪大淵《おうだいえん》『島夷志略《とういしりゃく》』（一三五一年成書）　元朝の汪大淵『島夷志略』[10]（一三五一年完成）には、東洋史研究者、藤田豊八『島夷志略校注』（北平隆福寺街　文殿閣書荘　中華民国二十五年／一九三六年二月）、蘇継廎の校釈『島夷志略校釈』（中華書局　一九八一年五月）、石田幹之助『南海に関する支那史料』（生活社　一九四五年四月）ほかがある。藤田豊八『島夷志略校注』の「校注」は中国語で書かれており、力作である。『島夷志略』は、乾隆《けんりゅう》帝の一七四一年勅命により編纂が開始された『欽定四庫全書』に収録されている。

汪大淵は、字《あざな》は煥章《かんしょう》、南昌の人で、生没年は不詳だが、一三〇九年以前生説、一三一〇または一三一一年生説などがある。（浦野1997が汪大淵の生年を「一三一九」としているのは、誤りであろう。）汪大淵は、貿易に従事し、一三三〇年代から一三四〇年代にかけて海外にわたり、九十九カ国・地域をめぐり、一三四五年に帰国したとされる。

王朝名は「元」であるが、モンゴル帝国の分支であり、モンゴル帝国の支配がアジア全域にまたがる広がりの中で得られた知識と関連していよう。

同書の標題には「島夷」という用語が使われているので、島々のことが書かれていると思いこみやすいが、そうではない。『島夷志略』は「南洋群島を記した書」とするものもあるが、フィリピン以南の東南アジア各地、インド地域、アラビア、東アフリカにまでわたる広い地域の地名九十九および風俗、物産などを叙述している。石田幹之助『南海に関する支那史料』は、「すべて著者〔汪大淵〕の親しく往訪目睹《もくと》した南海諸国の事情を記録したもの」（二〇〇頁）、と述べている。

『島夷志略』には、「いにしえは崑崙《こんろん》山、またの名は軍屯山。山は高くして方〔方型〕、根盤〔ふもと〕は数百里、截然として瀛《えい》海の中にあり、占城〔チャンパ〕、西竺に鼎峙して相望み、下は崑崙洋あり、それゆえこの名がある。西洋に舶販する者は必ずこれを掠し、順風七昼夜で渡ることができる。諺に言う。上に七洲あり、下に崑崙あり。」とある。

『史料匯編』は、「根盤数百里」の「崑崙山は決して今の弾丸小島である崑崙島（Condore）ではなく、今の南沙群島を指す」とし、「崑崙洋は、南沙群島およびその航海危険区を指しているに違いない」（四八頁）、と断定している。しかし、この断定には疑問がある。それなら「崑崙山」は現在の南沙群島のどの島であるのか、島名をあげるべきであるが、『史料匯編』は島名を示していない。

「西洋に舶販する者」とは、「西洋」と交易する者のことであろう（後述。**表5**「東洋、西洋区分」）。「崑崙山」「崑崙洋」は、現ベトナム南方を指すとの理解を否定する根拠はないと考えられる。

『島夷志略』は、「万里石塘」について「石塘の骨は潮州から生まれ、長蛇のごとく曲がりくねって海中に横たわり海を越えて諸国に至っている。俗に万里石塘という」と述べている。

『史料匯編』は、この『島夷志略』の記述から「万里石塘は明確に南海諸島中の東沙、西沙、中沙および南沙の四つの群島を含んでいる」（四九頁）と述べている。

しかし、「万里石塘」は、「海を越えて諸国に至っている」という記述からも明らかだが、現在の中華人民共和国の主張のように「万里石塘」は南沙群島で「中国の固有の領土」だなどとは言っていないのである。

なお、藤田豊八は「七州」は「Paracals《ママ》 islands」（パラセル群島／西沙群島）、「万里石塘」は「Macclesfield Banks」（マックレスフィールド群島／中沙群島）だと述べている（本書第四章参照）。

「一九八〇年中国外交部文書」は、この『島夷志略』が「南シナ海＝中国の領土、領海」の「証拠」文献だとしている。

『島夷志略』には、確かに「万里石塘」の記述があるわけだが、同書の中の二百余の地名（本書注7参照）の中でこれだけは中国領だと読むことはできるわけがない。そのほかにも、南シナ海諸島、礁が「中国」領であると読める記述などは一切ない。

『島夷志略』では「西洋」という用語が使われているが、同書の蘇継廎《そけいけい》注釈（一九六五年）によれば、同書の「西洋」には広い意味と狭い意味があり、広義では「ほとんど西南海域を指」し、狭義の「西洋」は「大食《タージ》海域」を指すという。しかし、次に見る『東西洋考』では、異なる範囲が示されている。「西南海域」はややあいまいだが、東シナ海、南シナ海、インド洋などを含むのだろう。「大食《タージ》」はイスラーム帝国を指す中国語表記であり（『アジア史入門』一三三頁）、もともとペルシア語である。

『島夷志略』には、中国側史料にもベトナム側史料にも出てくる「万里石塘」が記載されているが、『瓊管志』では「千里長沙」と呼んでいる。

東洋史研究者の石田幹之助『南海に関する支那史料』の言う「南海」は、「南シナ海」ではなく、台湾などの東南アジアからスリランカ（石田は「シーラ」と記述）などの南インド地域および西アジア、東アフリカを対象としている。『南海に関する支那史料』には、南シナ海についての言及はない。

㉘**周達観『真臘風土記《しんろうふどき》』**（一二九七〜一三〇〇成書）　周達観（生没年不詳）『真臘風土記』（一二九七〜一三〇〇に執筆と推定）には、三宅一郎、中村哲夫著『考証　真臘風土記』（同朋社　一九八〇年五月）がある。三宅、中村訳によれば、「温州より洋を開きて丁未針に行く。閩《びん》〔福建〕広〔広州〕海外諸州の港口を歴て、七洲洋をすぎ、交趾洋を経て占城に至る」とある。「丁未針」は南南西の方角、「七洲洋」は「たぶんパラセル諸島の最初の浅瀬付近の洲島群」（四三〜四四頁）とする。『真臘風土記』の言う「海外諸州の港口」とは、どこのことなのかは不明である。（「七洲」は史料によっては「七州」と表記される。）

浦野1997は、『真臘風土記』の「七洲洋」がどこを指すか、西沙群島その他の説があることを述べているが、西沙群島その他がモンゴル元朝領であることを証明するわけではないことには触れていない。

『史料匯編』が言う中国地域歴代王朝による「南海諸島に対する主権行使の事実」の第四は、清朝後期の事例なので飛ばし、第五は外国船舶の救済である。

『史料匯編』によれば、清朝前期の乾隆二十年（一七五五年）、「没来由国（？）」の船が「万州九州洋」で遭難し、救助した。「万州九州洋」は「七洲洋」の別名で現在の西沙群島一帯の海域であり、「当時、九州洋は万州の管轄だった」（九頁）という。また、広東巡撫は清の乾隆二十七年（一七六二年）、遭難した暹羅《せんら》（シャム／タイ）の船舶を救助した（九頁）という。

他国の船を「万州九州洋」＝「七州洋」＝西沙群島一帯の海域で救助したことが「万州九州洋」は「万州の管轄」下である証拠とまで言うのは無理というものであろう。

㉙**蔡微『瓊《けい》海方輿《よ》志』**（元末明初成書）　『史料匯編』は、蔡微『瓊海方輿志』（元末明初）には「外は大海がめぐり、烏里蘇密吉浪の洲に接し、南は占城〔チャンパ〕、西は真臘〔カンボジア〕、交趾〔ベトナム〕、東は長沙、万里石塘、東北は遠く広東、閩〔福建〕、浙、近くは欽、廉、高〔高州〕、化〔化州〕」と記述されており、「南海諸島の長沙、石塘はわが国海南島の管轄のもとに入っていた」と書いている（四四頁）。

この記述は、地理的配置が述べられているだけとしか読めず、『史料匯編』のこの断定には無理がある。

陳大震『大徳南海志』　前漢、後漢、晋、宋、隋、唐、宋、元の時期の、地域的に南シナ海に近い南海県、番禺《ばんぐう》県、東莞《とうかん》県、増城県、香山県、新会県、清遠県を扱っている元朝の陳大震纂修『大徳南海志』（中華書局編輯部編『宋元方志叢刊』第八冊所収、一九九〇年五月）があるが、南シナ海に関する記述は見られない。

元王朝は「黄岩島」の測量をしたか？　三船 2016 は、中国が元王朝時代に「『黄岩島』で測量を開始して以来、周辺海域で漁業、開発、調査などの主権を行使してきたと主張した」（二〇一頁）、と述べている。

筆者は、「黄岩島」は小さな岩礁であるにすぎないので、「測量」したなどということはありえないことと思うが、この主張の出所を確認できていない。

㉚**宋濂《れん》等撰『元史』**　宋濂（一三一〇～一三八一）等撰『元史』には、至元二十九年（「至元」は六年までなので「至元二十九年」なら一三三六年）に史弼がモンゴル元の命を受けて泉州を出発したところ、「風急にして波高く、士卒は皆数日食べられず、七洲洋、万里石塘を過ぎ、交趾、占城の界を歴《へ》た」と記述されている。

『史料匯編』は、『元史』のこの記述を引用し、「七洲洋は西沙群島とその海面を指し」、「万里石塘はもと南沙群島を指しているが、ここでは中沙群島を含んでいるようだ」と書いている（四四頁）。

これも、モンゴル軍が「七洲洋、万里石塘」を通過したからと言って、「七洲洋、万里石塘」がモンゴル元の領海であったと言うことはできない。

『史料匯編』は、『瓊《けい》海方輿志』と『元史』『新元史』は「元代にわが国が南海諸島に対する主権行使に関する記載」（四四頁）と記述しているが、極端に無理な断定である。

浦野1997は、『元史』列伝にフビライが史弼に命じてジャワ攻略に向かったさい、泉州を出発し、「七洲洋、万里石塘を過ぎ、交趾、占城の界を歴《へ》た」と記述されていることについて、「七洲洋、万里石塘」は「西沙群島」とする説と「七洲洋」は「西沙群島東部の七島」で「万里石塘」は「南沙群島」とする説があることを紹介している（八四～八五頁）。

どちらであるにせよ、それらが元朝領であることの証明ではないし、また元代には「西沙群島」「南沙群島」という名称はなかったのである。

『史料匯編』が言う中国地域歴代王朝による「南海諸島に対する主権行使の事実」の「第三、天文観測」を見よう。

『元史』巻四十八「天文志第一」には、元の世祖《せいそ》が至元十六年（「至元六年」なら一二四〇年）、太史郭守敬《かくしゅけい》（一二三一～一三一六）に各地での観測を命じ、東は「高麗《こうらい》」、西は「滇池《てんち》」（雲南）、南は「朱崖《しゅがい》」、北は「鉄勒《てつろく》」、四海二十七カ所で観測して新暦を完成させたと記述されている。

『史料匯編』は、この記述について「朱崖」は「海南島以南を指す」（四六頁）と言っているが、『諸蕃志』では「朱崖・儋耳」、『嶺外代答』では「珠崖、儋耳二郡」とは現在の海南島を指しており、「朱崖」は「珠崖」と同一と見られるので、「海南島以南を指す」とする根拠は不明であり、誤りと見られる。

『史料匯編』によれば、元のフビライは至元十六年（一二七九年）、郭守敬《かくしゅけい》を西沙群島に派遣し、天文観測を行なわせた（九頁）。（「一二七九年」は「祥興二年」である。）


天文観測が事実としても、領有の証拠とは次元の異なる話である。

浦野1997は、『元史』天文志に郭守敬が「海南島以南の朱崖」で天文観測を行ない、『史料匯編』は「この南海での観測は西沙群島において行われた」と言及しているが、「ベトナムは、それを国家領域の測量」とは認めていない（八五〜八六頁）と紹介しており、やや客観的な記述となっている。

㉛柯劭忞《かしょうびん》『新元史』　中華民国の柯劭忞（一八五〇〜一九三三）撰『新元史』巻二百五十三「列伝百五十外国五」には、史弼、高興、亦黒が命を受け、泉州を出発し、「七洲洋、万里石塘を過ぎ、交趾、占城の界を歴《へ》た」と記述されている。
『史料匯編』は、『新元史』のこの記述を引用し、「七洲洋は西沙群島とその海面を指し」、「万里石塘はもとは南沙群島を指したが、ここでは中沙群島も含んでいる」（四五頁）としている。

浦野1997も、同じく『新元史』にフビライが史弼、高興に命じてジャワ攻略に向かったさい、泉州を出発し、「七洲洋、万里石塘を過ぎ、交阯、占城の界を歴《へ》た」と記述されている（八五頁）、と述べている。

『新元史』の記述は、『元史』の記述と同じで、「七洲洋、万里石塘」は通過点にすぎず、モンゴル元の領海であることを証拠立てるものではない。

元朝の東南アジア侵略　モンゴル元朝は、日本攻略をめざして二度出兵（一二七四年、一二八一年）し、いずれも失敗したが（『アジア史入門』一五〇頁）、東南アジアにも出兵しており、ビルマ地域のパガン攻略には成功（『アジア史入門』一二八頁）したが、ベトナム地域のチャンパ侵攻（一二八二年）は失敗した（『アジア史入門』一二二頁）。ジャワ島のシンガサリ朝（一二六八〜一二九二年）にも従属を要求したが（『アジア史入門』一二七頁）、拒絶された。いずれにせよ、元朝による南シナ海領有などという行為はなかったのである。

1―9．明朝《みん》（明／一三六八〜一六四四）

『史料匯編』は、「西沙、南沙群島の主権がわが国に属することは、明、清時代の航海図にも官側の輿《よ》図にも明確な図がある」（八頁）とし、「明代の『鄭和《ていわ》航海図』に描かれている「石塘」と「万生石塘」が指しているのは今日の西沙、南沙群島である。清代康熙丙申年《こうきへいしん》（一七一六年）に作成された『大清中外天下全図』、雍正《ようせい》二年（一七二四年）『清直省分図』、乾隆二十年（一七五五年）『皇清直省分図』、乾隆三十二年（一七六七年）黄証孫作成の『大清一統天下全図』、嘉慶《かけい》五年（一八〇〇年）暁峰作成の『清《しん》絵府州県庁総図』および嘉慶二十二年（一八一七年）『大清一統天下全図』などなどはみな西沙、南沙群島をそれぞれ『万里長沙』『万里石塘』と描かれており、清朝の版図の範囲内に入れている」（八〜九頁）と述べているが、どうなのだろうか。

清代の地図はあとで見ることにして、まず明代『鄭和航海図』を見てみよう。

㉜『鄭和《ていわ》航海図』（十五世紀前半成書）　明朝の鄭和は、永楽《えいらく》帝の命により永楽三年（一四〇五年）から宣徳《せんとく》八年（一四三三年）にかけて二十八年間にわたって七回大航海を行なった。鄭和の大航海については、『鄭和航海図』があり、明の茅元儀《ぼうげんぎ》の『武備志』所収「宝船廠より開船し竜江関から直接外国諸番国に至る」があり、『鄭和航海図』と略称されている。十五世紀前半に作成されたと見られている。『鄭和航海図』に関しては、海軍海洋測絵研究所、大

連海運学院航海史研究室編制『新編鄭和航海図集』（人民交通出版社　一九八八年十一月）などがある。

鄭和の航海は、七回行なわれた（**表2**「鄭和航海表」。『星槎勝覧』、石田幹之助『南海に関する支那史料』二六二頁、『新編鄭和航海図集』二頁、小川博『中国人の南方見聞録』二一〇～二二八頁などによる）。

「キロン」は、現インド南部のキロンである。「ケイプコモリン」は、現インド南端のコモリン岬とされる。「ムガディショ」は、現ソマリア首都モガデシュとされる。「ラサ」は、チベットのラサではなく、アラビア半島アデン西の紅海内とされる。「バラアウェ」は、現ソマリア南部のブラヴァとされる。「コタバハル」は、マレー半島東岸コタバハル（コタバル）とされる。「キルワキシワニ」は、現キルワキシワニとされる。

浦野2015は、『鄭和航海図』（一四三三年）に「石《ママ》〔万〕里石塘」とあり、それは東沙群島と中沙群島を指すと言っているが（四〇頁）、「東沙群島、中沙群島」という群島名はいつ付けられたのだろうか。

『新編鄭和航海図集』には、歴史的地名は黒字で印刷され、現在の地名は赤字で印刷されている。「石星石塘」は黒字で書かれており、その上部に赤字で「東沙群島」と書かれている。「石塘」は黒字で書かれており、その上部に赤字で「西沙群島」と書かれている。「万生石塘嶼」は黒字で書かれており、その上部に赤字で「中沙群島」と書かれている。「南沙群島」は赤字で書かれているが、歴史的地名である「万里石塘」は書かれていない。つまり、鄭和の時代に「東沙群島、西沙群島、中沙群島、南沙群島」といった群島名は存在しなかったのである。

この遠征には、馬歓《ばかん》、費信《ひしん》、鞏珍《きょうちん》らが随行しており、それぞれ『瀛涯《えいがい》勝覧』、『星槎《せいさ》勝覧』、『西洋番国志』という見聞録が書かれている。馮承鈞《ふうしょうきん》「瀛涯勝覧校注序」（『瀛涯勝覧』一九三四年序。中華書局　一九五五年）（台湾商務印書館　一九七〇年）によれば、このうち『西洋番国志』は失われており、『星槎勝覧』の大部分は汪大淵『島夷志

表２　鄭和航海表

	奉命	出発	中国の海港を離れた年月	帰着年月	到達した主要国家、地点
第１回	永楽３年（1405年）6月	同年10月以降（推定）	同年10月～12月	永楽５年9月	チャンパ、タイ、パレンバン、ムラカ（マラッカ）、スマトラ、スリランカ（セイロン）、コルカタ（カリカット）
第２回	永楽５年（1407年）9月	同年冬末あるいは翌年春初	永楽７年（1409年）夏末		チャンパ、タイ、ブルネイ、ジャワ、ムラカ、スリランカ、加異勒、コーチン、コルカタ
第３回	永楽６年（1408年）9月	永楽７年（1409年）12月	永楽九年（1411年）6月		チャンパ、シャム（タイ）、ジャワ、ムラカ、アルー、スマトラ、スリランカ、ケイプコモリン、キロン、コーチン、溜山、コルカタ、ホルムズ
第４回	永楽10年（1412年）11月	永楽11年（1413年）	永楽11年	永楽13年（1415年）7月	チャンパ、ジャワ、コタバハル、彭亨、ムラカ、アルー、スリランカ（セイロン）、コーチン、溜山、コルコタ、ムガディショ、ホルムズ、キルワキシワニ 本隊はホルムズまで。馬歓同行。
				永楽14年（1416年）	支隊はスマトラ、モルディヴ、アフリカ東岸、アラビアのアデン、ラサ、ズファール、ホルムズ
第５回	永楽14年（1416年）12月	永楽15年（1417年）秋～冬	永楽15年秋～冬	永楽17年（1419年）7月	チャンパ、ブルネイ、ジャワ、彭亨、ムラカ、スリランカ、沙里湾泥、コーチン、コルカタ、ムガディショ、バラアウェ、アデン、ラサ、ホルムズ、キルワキシワニ 本隊ホルムズまで。

				永楽18年(推定)	支隊はモルディヴ、アフリカ東岸、アラビア、ペルシア湾まで
第6回	永楽19年(1421年)1月	同年秋		永楽20年(1422年)8月	チャンパ、シャム、ムラカ、バングラ、スリランカ、コーチン、溜山、コルカタ、ズファール、アデン、ラサ、モガデシュ、バラアウェ、ホルムズ 本隊アチェ、シャムまで。
	永楽22年1月			21年または22年8月以前(推定)	支隊はスマトラ、モルディヴ、アフリカのアデン、ペルシアまで。 馬歓同行。
第7回	宣徳5年(1430年)6月	宣徳6年(1431年)閏12月	宣徳8年(1433年)7月		チャンパ、シャム、ムラカ、スマトラ、バングラ、スリランカ、キロン、加異勒、コーチン、溜山、コルカタ、ホルムズ、ズファール、アデン、ラサ、天方、ムガディショ、バラアウェ、竹歩 本隊はホルムズまで。 馬歓同行。
					支隊はコルカタ、アラビアのメッカ(マッカ)まで。

略』の文から採られていて費信が書いた部分は簡略なので、もっとも記述が充実しているのは『瀛涯勝覧』であるという。

㉝一四二九年記録（胡端書《こたんしょ》『万州志』による）　『史料匯編』は、「明清代」の『広東通志』『瓊州府志』『万州志』などには「万州に千里長沙、万里石塘あり」と書かれており、千里長沙、万里石塘は「西沙、南沙群島を指し、当時、広東省万州（今の海南島万寧《ばんねい》、陵水《りょうすい》県境）の管轄だった」（八頁）、と述べている。

ここにおける「管轄」という言葉は、史料原文に書かれているわけではなく、『史料匯編』の解釈、説明にすぎない。「管轄」していたという立証はないし、「管轄」の事実を支える証拠が見当たらない。またこのうちの「千里長沙」「万里石塘」が今日のどの群島にあたるかも確認できない。

『史料匯編』は、清朝の胡端書『万州志』（道光九年／一八二九年）巻四「辺海外国」が明の「宣徳四年（一四二九年）」「外番（外国）が貢《みつぎ》物を献じ、暹羅（シャム／タイ）、占城（チャンパ）、満剌加（ムラカ／マラッカ）諸国などは瓊《けい》州（海南島）を経て指揮千百戸鎮撫護を派遣し、京に至った」（五二頁）と書かれていることを引用している。

馬歓《ばかん》『瀛《えい》涯勝覧』（一四一四年成書）　鄭和の大航海七回のうち三回に随行した馬歓には、『瀛涯勝覧』[11]（永楽十四年／一四一四年馬歓序。正統九年／一四四四年馬敬序）がある。馬歓も鄭和同様、イスラーム教徒だが、のち仏教に帰依したという。『瀛涯勝覧』には、二十の国名、地名が含まれている。『瀛涯勝覧』には、馮承鈞校注本などがある。邦訳では、一九六九年に小川博『馬歓　瀛涯勝覧』が出ており、その増補版が小川博編『中国人の南方見聞録　瀛涯勝覧』（吉川弘文館　一九九八年九月）として出版された。小川編『中国人の南方見聞録　瀛涯勝覧』には、費信『星槎勝覧』の対応箇所訳を含んでいる。

『瀛涯勝覧』の内容は、各国の郷土、風俗、服飾、物産等を記述したものである。当然、明朝が南シナ海を領有したと読める箇所はない。

㉞費信《ひしん》『星槎《さ》勝覧』（一四三六年成書）　費信『星槎勝覧』[12]（正統元年／一四三六年成書）には、馮承鈞《ふうしょうきん》校注本『星槎勝覧校注』（中華書局　一九五四年十二月）が四十五カ国・地域名が示されているが、南シナ海についての記述はない。

『史料匯編』は、『星槎勝覧』から「崑崙山」は「占城〔チャンパ〕および東西竺と鼎立してあい望み」、これを「崑崙洋と名づけている」。「上は七洲を恐れ、下は崑崙を恐れる」との文章を引用しているだけで、明朝領云々には触れていない。

㉟憤懋賞《ふんぼうしょう》『海国広記』（一四四一年について記述）　『史料匯編』は、憤懋賞『海国広記』に「正統六年／一四四一年」、「十二月二十三日、東莞県をを発し、二十四日、烏猪洋を過ぎ、二十五日、七淵洋を過ぎた。銅鼓山を望み、二十六日、独豬山に至った。大周山を望み、二十七日、交趾界〔ベトナム〕に至った」という一文を引用している（五四頁）が、明朝領云々には言及していない。

『史料匯編』はさらに、憤懋賞『海国広記』に「〔正統〕七年／一四四二年」、「呉恵は、正統の間に行人〔使者〕となり」、「占城〔チャンパ〕に使いし、海中はるかに青山一抹が見えたが、その時風浪大いに起こり」、「突然その下に至り、それは琅琊《ろうや》山であった。」との一文を引用し、「琅琊山」は「西沙、中沙群島およびその付近の航海危険区である」（五五頁）と述べている。しかし、やはり明朝領云々には言及していない。

㊱王鏊『守渓《しゅけい》長語』（一四四一年について記述）　『史料匯編』は、王鏊（一四五〇〜一五二四）『守渓長語』にある「呉恵。」「正統六年（一四四一年）七月」、「占城〔チャンパ〕に使いし、嗣王を立てた。十二月、東莞を発し、翌日、烏猪洋を過ぎた。また翌日、七洲洋（山）を過ぎた。はるかに銅鼓（山）をながめ、翌日、独豬洋（をすぎた。）

大同山（大周山）を見、翌（日）、交趾洋に至った。山に旧周あり、海中と名づけた。」との一文を引用し、「旧周」山は「西沙、中沙群島」（五五～五六頁）であると述べている。

㊲王鏊『震沢《しんたく》紀聞』　『史料匯編』は、王鏊『震沢紀聞』にある「……翌日、交趾洋に至った。巨洲があり、海中を横断し、怪石が廉利としていて、風は横殴りで、舟は阻まれこわれ、船員は恐れおののいた。しばらくして風は急でここを過ぎ、翌日、占城〔チャンパ〕の外羅洋に至った」との一文を引用し、「巨洲は西沙、中沙群島を指す」（五六頁）と述べているが、それが明朝領云々との言及はない。なお、「廉利」は不詳だが、形状がゴツゴツしていることを表わしたものと思われる。

㊳厳従簡《げんじゅうかん》『殊域周咨録《しゅいきしゅうしろく》』　厳従簡『殊域周咨録』(13)全二十四巻には、故宮博物院図書館（一九三〇年五月）刊がある。

『殊域周咨録』が記述している国名、地名のうち、南シナ海に関連しそうなのは五巻、六巻「安南」、七巻「占城〔チャンパ〕」、八巻「真臘〔カンボジア〕」、暹羅〔シャム〕、満剌加〔ムラカ〕、爪哇、三仏斉、渤泥、瑣里古里」、九巻「蘇門答剌、錫蘭〔スリランカ〕、蘇禄〔スル〕、麻剌、忽魯謨斯〔ホルムズ〕、仏郎機〔スマトラの一部〕、雲南百夷」などである。

『殊域周咨録』中の「安南」には、「漲海」の語が出てくるが、安南に接する海の名として記載されているのであり、中国地域から安南へ行くときの航路の中に出てくるわけではなく、『殊域周咨録』は「漲海」が明朝の領海だと言っているわけではない。

『殊域咨録』中の「占城〔チャンパ〕」には、明朝の行人（使者）に任命された呉恵が正統六年に占城に赴くさいの航路の説明がある。

「行人はこの年〔正統六年〕の冬、十二月二十三日、東莞〔広東省〕を発し、翌日、烏猪洋を過ぎ、また翌日、七州洋を過ぎ、銅鼓山を望み、大周山を望み、翌日、交趾界に至った。巨州があって横たわり、海中に怪石が廉利としていて、風は横殴りで、舟がこれに触れれば砕けてしまう。船員ははなはだ恐れたが、しばらくして風は急になってここを通り過ぎた。翌日、占城の外羅洋校杯墅に至った。」

『史料匯編』は、この一文を引用し、「『七洲洋』は銅鼓山が見えたのだから、文昌県〔海南島内〕以東の七洲列島である。『巨洲《ママ》』は西沙、中沙群島を指す」〔五六～五七頁〕と述べているが、そうであるかどうかは別として、少なくとも『殊域咨録』は「七洲洋」、「巨州」はそれらが明朝領海、明朝領だとの言及はない。

『殊域周咨録』中の「真臘」には、次の記述がある。

「按ずるに、元の成帝のとき、永嘉の周達観を派遣し、真臘を招諭させた。周達観は「『真臘風土記』を著し、その国は甘孛智《かんぼっち》〔カンボジア〕と称し、温州より開洋し丁未針〔東南東〕を行けば、閩広を歴《へ》て、七州洋を過ぎ、交趾〔ベトナム〕、占城を経て真蒲すなわち真臘の境に至る……と述べている。」

これも、「七州洋」は明朝領海と述べているわけではなく、真臘への航路を述べているだけである。ただし、方角には難点がある。

㊴王佐『瓊《けい》台外記』（一四八八年頃成書。正徳『瓊台志』による）　『史料匯編』は、明の成化、弘治年間（一四八八年頃成書）に編纂された『瓊台外記』はすでに失われているが、明の正徳『瓊台志』に引用が見られるとし、「(万)州の東、長沙、石塘は海がめぐる地」であり、強風、高潮のたびに家は浸水し、田畑は水びたしになる、との記述を引用し、この「長沙、石塘」は「南沙、西沙群島」であり、「十五世紀には南海諸島がすでに広東省海南島万州の一部分だったことがわかる」としている（五〇頁）。

この記述によって「長沙、石塘」が「万州の一部分」だったと断定するのは、根拠薄弱であるか、あるいは万州近辺の可能性もある。それには、「万州」の行政記録が示されなければなるまい。また、現在の「南沙、西沙群島」は大部分人が住めない礁である以上、この「長沙、石塘」が現在のどこにあたるかも確認、論証が必要である。

浦野1997は、王佐『瓊台外記』（一四八〇年代）には「漁民が西沙群島において家を建て、田を耕し、農業生産に従事していたとの記述がある」（九四頁）と述べ、『万州志』から「(万)州の東の長沙、万塘」についての原文を引いている。

この記述だけでは、明朝が「長沙、万塘」これらを領有していたという「証拠」とは読めない。なお、「西沙群島」という用語が『瓊台外記』に書かれていたというのは、現物を確認できていないが、ありえないことである。

㊵唐冑《とうちゅう》『正徳瓊台志《せいとくけいたいし》』（一五二一年成書）　唐冑『正徳瓊台志』（正徳十六年／一五二一年成書）には、「番夷諸国の多くは西南海中にあり、くねくねと曲がって崖南〔海南島南部〕、占蝋《せんろう》、暹《せん》剌哇、仏泥諸蕃、瓊《けい》〔海南島〕の東に至り、大海をめぐり、千里長沙、万里石塘は地の満たざるところである。」という一文がある。

ここに引用された地名の大部分および「地の満たざるところ」（原文「地所不満之処」）とは不明であるが、『史料匯編』はこれについて「南海諸島が海南島の『海境』に入っており、当時すでに南海諸島をわが国の海防区域としていたことがわかる」（五一頁）としているが、「海防区域」だったと断定する根拠が不明である。

㊶黄衷《こうちゅう》『海語』（一五三六年成書）　黄衷（一四七四～一五五三）『海語』（嘉靖十五年／一五三六年成書）は、『欽定四庫全書』に収録されており、『宝顔堂祕笈学津討原』および『嶺南遺書』本に収められており、『臨海異物志』（中華書局　一九九一年）所収がある。

『海語』は、「風俗」、「物産」、「畏途」、「物怪」を取り上げており、「風俗」は暹羅《せんら》（シャム／タイ）、満剌加（ムラカ）を語り、「畏途」では崐峠山、分水、万里石塘、万里長沙、鉄板沙を取り上げている。なお、「海語跋」（張海鵬）によれば、「海語」とは「海を語る」意だという。

『海語』「陳眉公訂正海語巻上」の「風俗」は、「暹羅国は南海の中にある。東莞の南亭門から放洋し〔海洋に出〕、南に烏豬《うちょ》、独豬、七淵〔原注：三洋名〕に至り、星盤〔羅針盤〕は坤未《こんみ》の針〔ほぼ南南西の方角〕である。外羅に至れば、坤申《こんしん》の針〔ほぼ西南の方角〕である。四十五程で占城〔チャンパ〕、旧港〔パレンバン〕に至る」（五九頁）と述べている。

『史料匯編』は、これについては「七洲洋」は「西沙群島およびその海面」と述べているだけであるが、これも「烏豬、独豬、七淵」が明朝領であることの根拠というものではなく、中国地域南部の東莞南亭門からタイに行く航路を述べているにすぎない。

『史料匯編』は、黄佐『広東通志』巻六十六「外志三」の原注であるが、『海語』には「東莞の南亭門より放洋し、烏豬、独豬、七洲の三洋に至る」とあることを引用し、「烏豬洋」は珠江河口の島々であるから外洋ではない。「独豬洋」は万寧県の海外だという。『史料匯編』は、「七洲洋」は「西沙群島を指す」とし、「以上三洋は明代巡海の海防の範囲内である」（五二頁）としている。

ここで言う「七洲洋」の範囲は、明確ではないし、「七洲洋」は「海防の範囲内」という断定がこの文のどこから出てくるのか根拠不明である。

黄佐『広東通志』は、呉恵の『日記』に「占城〔チャンパ〕」「正統六年（一四四一年）七月」、「占城〔チャンパ〕に使いし」、「七洲洋を過ぎ」、さらに「巨洲」があるという記述は厳従簡『殊域周咨録』と同文であるが、『史料匯編』は同じく「文中の『七洲洋』は文昌県の七洲列島である。『巨洲』は西沙、中沙群島を指す」（五七頁）としているが、七洲洋、巨洲は明朝領云々との記述はない。

浦野 1997 は、黄佐『広東通志』に引用されている『海語』に「東莞の南亭門より放洋し、烏豬、独豬、七洲の三洋に至る」とあり、「当時、近海の巡視がなされており、南海諸島への中国の関与を確認することができる」（九四頁）と述べている。『史料匯編』に追随したものであが、『史料匯編』が言っていないことにまで踏みこんでいる。

『海語』は航路を語っているだけなのだが、「近海の巡視」なるものがなされていたかどうかは不明であり、「近海の巡視」がなされていたとしてもそれが直ちにその海域は明朝領であったことを保障するものではないことは、尖閣問題同様である（『尖閣問題総論』一八四〜一八五頁）。

『海語』「陳眉公訂正海語巻下」の「分水」では、「分水は占城〔チャンパ〕の外羅海の中にあり、沙輿は隠隠と門限のごとくで何百里まで伸びているか知れず、巨浪は天を突き、常の海と異なる。馬鞍山より旧港〔スマトラ島パレンバン〕に至り、東注すれば諸蕃の路であり、西注すれば朱崖、儋耳《たんじ》の路であり、天地は険しく、華夷を域するものとなっている」と述べている。

「東注」「西注」は、水路を言っていることは間違いあるまい。

『史料匯編』は、「外羅洋は『華夷』の分界線であることが明確に示されている」としている（五一頁）。しかし、この「華夷を域するもの」という表現ではどこまでが「華」でどこからが「夷」であるのかあいまいであり、国境を示したものと解するのは無理であろう。

『海語』は、さらに「万里石塘は烏豬、独豬二洋の東にある」と述べている。

『史料匯編』は、「万里石塘」は「西沙群島と中沙群島を指している」、「烏豬」は「今の広東中山県上川島以東一帯の海洋である」、「独豬」は「今の広東万寧県南海中の独珠山一帯の海洋である」として、これらが明朝領であったと主張している。しかし、この文章から「万里石塘」が明朝領であったと確認することはできない。

『海語』は、さらに「万里長沙は万里石塘の東南にあり、西南夷の流沙河である。弱水はその南に出、風沙は猟猟として、晴れた日にこれを望めば、盛雪のようであり、船が誤ってそのきわにあたれば、膠着して抜け出せない」と述べている。

『史料匯編』は、この「万里長沙」は「南沙群島を指している」と述べている。しかし、「万里長沙」が「南沙群島を指している」としても、「万里長沙」が明朝領であることの証明などではなく、航海の難所であることを語っているのである。


㊷顧玠《こかい》『海槎余録《かいさよろく》』（一五四〇年成書）　顧玠『海槎余録』は、『宝顔堂秘笈記録彙編』に収録されてる。顧玠『海槎余録』はまた、『叢書集成初編　臨海異物志（及其他三種）』（中華書局　一九九一年）に収められている。

『海槎余録』は、「千里石塘」「万里長堤」について次のように記述している。

「千里石塘は、崖州《がいしゅう》海面の七百里外にあり、この石は海水より特に八、九尺（約二・五〜三メートル）下にあり、海舶（船）は必ず遠く避けなければならず、ひとたび落ちこむと出られなくなる。」

「万里長堤は、その南に出れば波流ははなはだ急で、舟は廻溜（渦）の中に入り、抜け出せた者はこれまでにいない。」

「万里長堤」は、「万里石塘」を指していると見て間違いあるまい。これによれば、「千里石塘」「万里長堤」は航行してはならない難所なのであり、「千里石塘、万里長堤＝宋朝領」の証拠などではない。

『史料匯編』は、「崖州」から「千里石塘」までの距離が「七百里」であるという距離関係から「千里石塘」は「中沙群島」であると判断し、「この石は海水より特に八、九尺下」という記述からそれは「海面下の珊瑚礁」であること、「万里長堤」は「千里石塘」の南であるという位置関係から「万里長堤」は「南沙群島を指しているに違いない」と述べている。だからと言って「千里石塘」、「万里長堤」が明朝領であると論証できるわけではないし、少なくとも「千里石塘」は島ではなく「珊瑚礁」だと認めていることになる。

㊸**明代記録**（牛天宿《ぎゅうてんしゅく》、朱子虚《しゅしきょ》纂修『康熙瓊州府志』による）　さらに、『史料匯編』は牛天宿、朱子虚纂修『康熙瓊州府志』も吐蕃、暹羅、占城、満剌加なども朝貢してきたと引用している（五二頁）。

『史料匯編』は、『万州志』、『康熙瓊州府志』による朝貢の記録は「南海諸島各島群はひとしく明朝海軍の巡轄下にあった」（五三頁）ことを表わしていると言っている。

この主張は、まったく非論理的で「巡轄下」の証明ではない。

㊹**黄佐『広東通志』**（一五五八年成書）　『史料匯編』は、黄佐『広東通志』（嘉靖三十七年／一五五八年成書）には「石塘は、崖州海面七百里外にあり、下に八、九尺である」（六二頁）と書かれている、と述べている。これは、『史料匯編』が黄佐『広東通志』によるとして顧玠『海槎余録』から引用している文章とほぼ同じであるが、『史料匯編』は「石塘」は「中沙群島」だと言い（六二頁）、明朝領の証拠のように扱っている。

㊺**章潢《しょうこう》『古今図書編』**（一五六二～一五七七執筆）　『史料匯編』によれば、章潢（一五二七～一六〇八）『古今図書編』（嘉靖四十一年／一五六二年～万暦五年／一五七七執筆）に次の記述があるという。

「広東香山県から舟に乗り、北風を用いて下り、指南針が午に向かうと大海に出る。名を七洲洋という。十昼夜で安南の海次に至ることができる。その中に山名、外羅山があり、八昼夜で占城〔チャンパ〕の海次に至ることができる。」「約四十日でその国（暹羅〔シャム／タイ〕）に至ることができる。もし東風に遇えば舟は西に流され、舟はこわれて山に登れるかのようだ。西風に遇《あ》えば東海に流れ入り、山名、万里石塘があり、東海の琉球国よりまっすぐ南海の竜牙山に至り、潮は至って没する」

『史料匯編』は、「七洲洋」は「西沙群島の海面を含む」、「万里石塘は南海諸島を指し、南沙群島の危険区域を含んでいる」（六四頁）としている。また、『史料匯編』は「外羅山」は現ベトナムの Kulao Rays であるという。だからと言って、これが「七洲洋」「万里石塘」が明朝領であることの証拠であるわけではない。

㊻**梁廷枏**『**粤海関志**』（一五七二年について記述）『史料匯編』は、梁廷枏『粤海関志』に「隆慶六年（一五七二年）」「提督少卿蕭某によれば」、「通事握文言いわく、その国は東は大泥に連なり、南は東牛に臨《のぞ》み、西は蘭場に接し、北は大海である。広東香山県から舟に乗り、北風を用いて下り、指南針が午に向かって行けば、大海に出る。名を七洲洋という。十昼夜で安南の海次に至ることができる。」「八昼夜で占城〔チャンパ〕の海次に至ることができる。」「約四十日でその国（暹羅〔シャム／タイ〕）に至ることができる。もし東風に遇えば舟は西に流され、舟はこわれて山に登れるかのようだ。西風に遇えば東海に流れ入り、山名、万里石塘があり、東海の琉球国よりまっすぐ南海の竜牙山に至り、潮は至って没する」と書かれていることを引用し、「七洲洋」は「西沙群島の海面を含む」、「万里石塘は南海諸島を指している」としている（六四～六五頁）。

「広東香山県から」以下は、章潢『古今図書編』とほぼ同文である。また、『史料匯編』は「竜牙山」はシンガポールおよびその付近の Lenga 群島であるという（六四頁）。

㊼**羅日褧**『**咸賓録**』（一五九〇年成書）『史料匯編』は、羅日褧『咸賓録』（万暦十八年／一五九〇年成書）に次のように書かれているという。

「その国（按ずるに暹羅〔シャム／タイ〕を指す）は広東香山県から舟に乗り、順風計四十日で到達できる。東風に遇えば舟は西に流され、舟はこわれて山に登れるかのようだ。東に山名万里石塘があり、琉球国より起こっ

表3　度量衡単位

尺（明朝）		31.1センチメートル
托（水深）		両手を広げた長さ、旧尺（明朝）で約五尺（約155.5メートル）
里	明朝	559メートル
	清朝	576メートル
更		60里（明朝33.54キロメートル） （清朝34.56キロメートル）

ている。潮は至って没し、潮が引けば見える。もし東風が舟をここへ流せば、十に一つも残らない」と書かれていることを引用し、「琉球国」は「現在の沖縄」であり、「万里石塘は南海諸島を指している」（六五頁）。

これも、章潢『古今図書編』とほぼ同文であり、踏襲しているのだろう。

㊽張燮《しょう》『東西洋考』（一六一七年成書）　張燮『東西洋考』(14)は、明の張燮の撰で一六一七年の発刊である。同書は、『欽定四庫全書』に収録されており、正中書局（中華民国五十一年（一九六二年）九月）版その他がある。中国の史書では、東洋、西洋と言っても指す範囲が異なっている。『東西洋考』では、「西洋」は交趾（ベトナム北部）、占城（チャンパ。ベトナム中南部）、占羅（シャム／タイ）、カンボジア、ムラカ（マラッカ）などであり、「東洋」はルソン、蘇禄（スル）、ブルネイその他が含まれており、「外紀考」として「日本」、「紅毛番」がある。そして、それぞれの地域の「形勝名籍」、「物産」、「交易」、風俗などが記載されている。

『東西洋考』は、「西洋針路」の項で「七州洋は打水百三十托」と書いており、「七州」「万里石塘」に言及している。

「七州山、七州洋。瓊州志にいわく、文昌の東百里の海中に山があり、連なって七峰あり」。「俗に、いにしえに七州は沈んで海となったと伝えられている。船はこの極険を過ぎ、やや東に貪《どん》すれば〔進めば?〕万里石塘である。すなわち瓊志に言うところの万州東の石塘海である。船が石塘を犯せば脱する者はまれである。」

『史料匯編』は、これを引用し（六三頁）、「七州山」は「現在の七州列島」のこと、「七州洋」は「西沙群島およびその周辺の海洋」、「万里石塘」は「南海諸島」であると説明している（六三頁）。

『東西洋考』は、「水醒水忌」の項で「外羅に近づき対開して（進み？）、東に七更船が貪すれば（進めば？）万里石塘であり、その中に紅石山があり、（標高は）高くない」と書いており、「外羅」「万里石塘」にさらに言及している。「紅石嶼」は、ここでは「紅石山」と書かれている。「水醒水忌」とは、海流の状態に関する記述である。

水深を計ることを「打水」と言い、その単位が「托」である。「托」とは、両手を広げたものが一托、旧尺で約五尺であり、旧尺（明朝）は三一・一センチメートルなので、一托約一・五六メートルということになる。七州洋「百三十托」は、水深約二〇二・八メートルである。

「更」は、航行距離を表わし、『順風相送』は「一更」＝「六十里」としている。明代の「一里」は、五五九メートルとされるので、「七更」は三三・五四キロメートルということになる。（表3「度量衡単位」参照）

「一九八〇年中国外交部文書」は、この『東西洋考』を「南シナ海＝中国の領土、領海」の「証拠」文献としている。『史料匯編』は、ここに「七州洋」「万里石塘」が書かれていることが、それらは明朝領であったことの証拠と言いたげなのだが、証拠になっていないことは言うまでもない。

なお、中国地域の正史である『明史』では占城（チャンパ）などは「外国」と位置づけられている。

『東西洋考』では、一カ所だけ「柔仏（マレー半島南部ジョホール）は一名、烏丁礁《うていしょう》」と「礁」の用いられた地名が出てくるが、東沙、西沙、中沙、南沙などはないし、これらの地名が明朝の領土だなどとは書かれていない。したがって、『東西洋考』は南シナ海諸島、礁が中国領であったことの証拠などにはならないのである。

『史料匯編』は、『東西洋考』を「一六一八年刊」としている。

表4　「千里長沙」「万里石塘」「九乳螺淵〔洲〕」の範囲

群島名	プラタス群島（東沙群島）	パラセル群島（西沙群島）	マックルズフィールド群島（中沙群島）	スプラトリー群島（南沙群島）
『諸蕃志』				万里石塘
『島夷志略』	万里石塘	万里石塘	万里石塘	万里石塘
『新編鄭和航海図集』	石星石塘	石塘	万生石塘嶼	―
藤田豊八校注	―	七州＝石塘 千里長沙、万里石塘	万里石塘	―
『武経総要』	―	九乳螺淵〔洲〕	―	―
石田幹之助	―	―	万里石塘	―
『順風相送』		万里石塘		

「千里長沙」「万里石塘」「九乳螺淵〔洲〕」の範囲　「千里長沙」「万里石塘」が東沙群島、西沙群島、中沙群島、南沙群島のどれを指すかについては、文献によりずれがある（**表4**「千里長沙」「万里石塘」「九乳螺淵〔洲〕」の範囲）。

㊾**『順風相送』**（一五七三年成書）　明代の『順風相送』[15]は、向達《しょうたつ》校注『両種海道針経』（中華書局　一九六一年九月）に収録されている。『順風相送』は著者不詳で、書籍の形ができたのは校注者、向達の推定では「十六世紀」であり、『史料匯編』も「十六世紀」だろうとしている（五九頁）。いしゐのぞむ『尖閣反駁マニュアル百題』の「論証」では「一五七三年」である。

拙著『尖閣問題総論』で述べたように、『順風相送』は航海のルートを示した書籍であって領土、領海を示したものなどではない。『順風相送』はまず、「舟がもし外羅に近づけば、船が対開し〔航行し?〕東に七更、貪すれば〔目ざせば?〕万里石塘であり、その中には紅石嶼《こうせきしょ》があり、〔海面から〕高くはなく、〔それに比べれば〕もしも船体を見れば低くなっている」と記述しており、外羅山と万里石塘の位置関係が述べられており、万里石塘の中に「紅石嶼」という岩礁があることが書かれている。

『順風相送』は、続いて書いている。

「もし船が七洲洋に下がって東に貪すれば〔進めば？〕、船は万里石塘を見れば、船の帆のようであり、……一日使すれば外羅山が見え、その船がもしも霊山大仏の前であれば、……正南に向かえば〔流れは〕はなはだ急で、船がもし唐にもどるなら、東に貪《どん》し〔進み？〕海水は白色赤で〔「赤」は「亦《また》」か？〕白様の禽鳥が見える。万里長沙である」

「霊山大仏」は、『星槎勝覧』では「霊山」であり、ベトナムの地図では「華列拉岬（Cape Valera）」だという。『史料匯編』は、「紅石嶼」は「西沙群島の高尖石」（六一頁）だとしている。つまり、『史料匯編』は「万里石塘」は「西沙群島」だと言っているわけである。

それはそれとして、『順風相送』は別に「万里石塘、紅石嶼」「万里長沙」が明朝領だと言っているわけではない。

『順風相送』は、海洋の水深を「七洲洋：百二十托水」、「交阯洋：打水すれば四十五托」、「外羅山の西は四十五托」と書いている。『東西洋考』では、七州洋は「百三十托」だったので、十托ずれがある。「百二十托」、「外羅山の西は四十五托」、は、水深約一八七・二メートル、七洲洋の水深「四十五托」は七〇・二メートルである。

『順風相送』は、「外羅山」について、「遠くからは三つの門に見え、近く寄ると東高西低で、北には椰子塘があり、西には老古石がある。船を進めるには西に近づいて過ぎれば、四十五托である。行き来には西に近づくのがよく、東は石欄にぶつかる恐れがある」と書いている。

『史料匯編』は、こう説明している。

「『外羅山』はベトナム新州港（現在の帰仁／クイニョン）外の海中の広東列島（Kulao Rays）であり、数嶼《しょ》からなる」、「『石欄』は『万里石塘』であり、西沙と中沙群島を指す」

ここに出てくる七洲洋、交阯洋、外羅山、椰子塘、老古石、石欄は、明らかに航路の目印を示しているものである。「椰子塘」「老古石」は、航路中の目印となっている岩礁の歴史的名称なのであろうが、これらが明朝領だなどと読める史料ではない。

『順風相送』は、「一九八〇年中国外交部文書」が「南シナ海＝中国の領土、領海」の「証拠」文献としているが、とても無理である。

なお、向達校注『両種海道針経』には「両種海道針経地名索引」が付されており、参考になる。

『史料匯編』は、中国地域歴代王朝による「南海諸島に対する主権行使の事実」として、「第一に、水師の派遣、海疆の巡視」をあげ、明代の黄佐『広東通志』が「兵船を動員し……東莞の南亭門より放洋し、烏豬《うちょ》、独豬、七洲の三洋に至る」と書いている（七頁）と述べている。

明朝の海軍が「烏豬、独豬、七洲の三洋」に至ったとしても、この「三洋」が明朝領であることを保証するわけではない。

㊿呉仕訓「観海賦」（清、周碩勲《せきくん》『潮州府志』による）　『史料匯編』は、清朝の周碩勲『潮州府志』（乾隆二十七年／一七六二年）に引用されている明朝、呉仕訓の詩「観海賦」に「その険、万里の灘、千里の塘、いわく陥、いわく漈」とあるという。

これがどうして明朝領の証拠になるのか、ありえないことである。

『大明地理之図』　筆者が所有している地図『大明地理之図』(16)（「馬杉玄鶴文竜」「文化七年」）の記載がある。なお明朝に「文化」という元号はなく、江戸時代「文化・文政」期、略称「化政」期の「文化」（一八〇四年～一八一八年）時期の文化七年（一八一〇年）に、日本人中島敬蔵が中国の地図を模写して成った地図である。横九五×縦三〇〇センチメートルの和紙四枚から成る。東西三八〇×南北一、二〇〇センチメートルにおよぶ大型の地図である。（枠外の白紙部分を含む。）原図は、「広福法玉御物」である。現海南島には瓊用州、崖州、儋州の三州名が書かれており、島の中央に黎母山があるが、南シナ海の記述はない（**図4**「大明地理之図」瓊用州、崖州、儋州）。

51張廷玉『明史』　清の張廷玉（一六七二〜一七五五）等撰の「二十四史」、『明史』三百二十一「列伝第二百九」の「安南」、同巻三百二十三「列伝第二百十一」の「外国四」「琉球、呂宋、合貓里、美洛居、沙瑶吶嗶嘽、鶏籠、婆羅、麻葉甕、古麻刺朗、馮嘉施蘭、文郎馬神」、同巻三百二十四「列伝第二百十二」「外国五」の「占城、賓童竜、真臘、暹羅、爪哇、闍婆、蘇吉丹、碟里、日羅夏治、三仏斉」には、「千里長沙、万里石塘」についての記述はない。

『明史』三百二十四「列伝第二百十二」の「外国五」には、次の一文がある。

「崑崙山」は「大海の中にあり、占城〔チャンパ〕および東西竺と鼎立してあい望む。その山は広く高く、その海は崑崙洋という。西洋に赴く者は必ず順風を待たねばならず、七昼夜にして初めて通過できる。それゆえ、舟人は諺に『上は七洲を恐れ、下は崑崙を恐れる。針迷い舵失えば、人、船ともに存するなし。』」

「上は七洲を恐れ、下は崑崙を恐れる」とは、船乗りは海南島南の航行の難所である七洲とベトナム南部の航行の難所である崑崙を恐れるとの意であり、「針迷い」は羅針盤を見間違え、「舵失えば」は船の舵の操作を間違えればの意、「人、船ともに存するなし」は乗組員も船も海の藻屑となるということである。

『史料匯編』は、この一文を引用しているが、明朝領云々には言及していない。

『史料匯編』は、明、清時代には珊瑚廟や家屋、井戸を作ったり、椰子の木を植えたところもあり（四頁）、古代の銅銭などの文物が発掘されたところもある（五頁）と述べている。

浦野1997は、「明代においては、南シナ海に対する中国の管轄権が行使されてきている」（一〇四頁）、と結論づけ

図 4　「大明地理之図」瓊用州、崖州、儋州

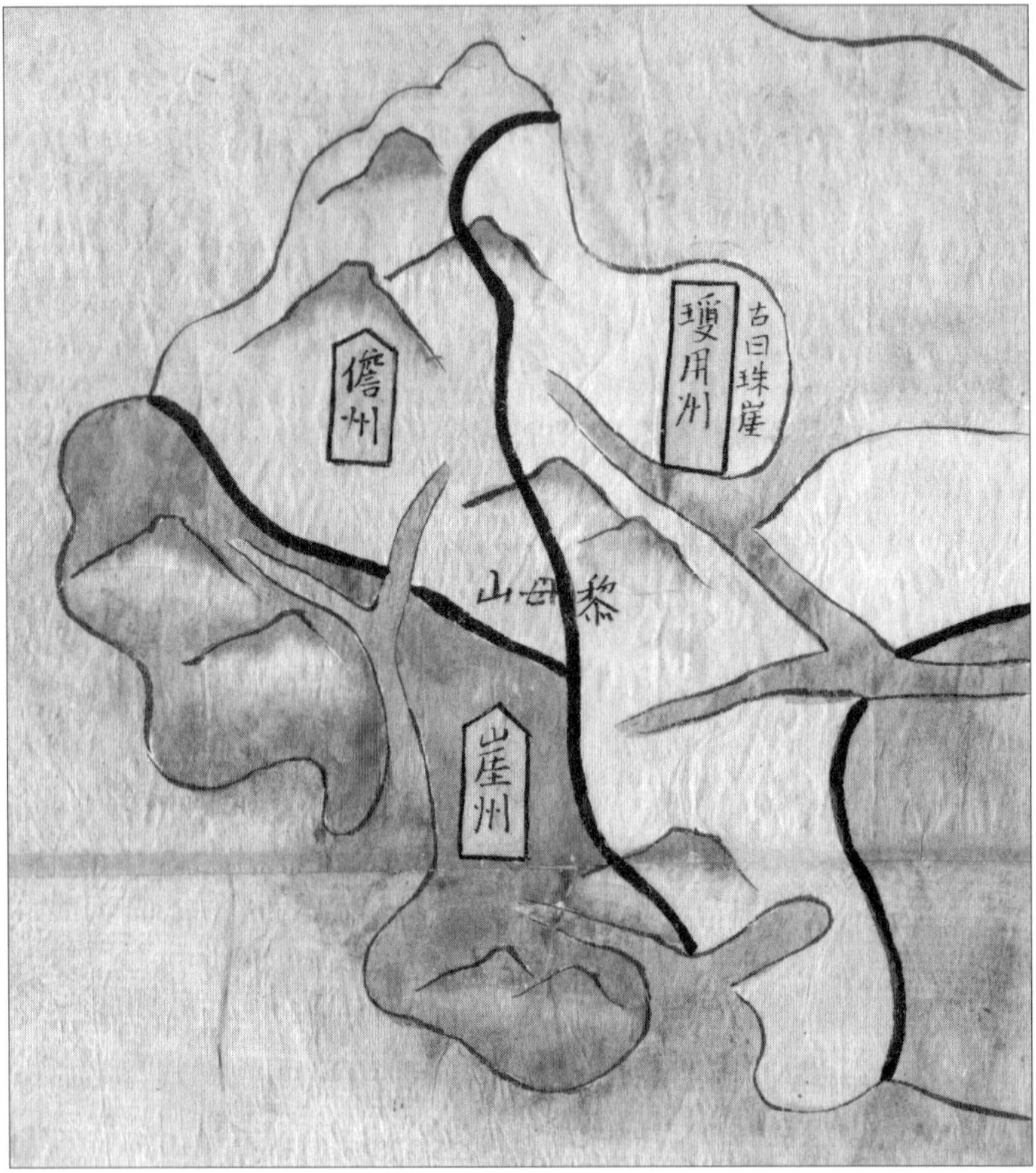

出典：馬杉玄鶴文竜　1810 年

ているが、『史料匯編』への追随である。

1―10．マンジュ清朝前期（清／一六四四～一八四〇）

マンジュ（満洲）族の清朝は前期（一六四四～一八四〇）と後期（一八四〇～一九一一）に分け、後期は近代に位置づける。

52梁廷枏『粤海関志』（一六六三年）　『史料匯編』によれば、梁廷枏『粤海関志』に「康熙二年（一六六三年）、暹羅国〔シャム〕の正貢船一隻が七洲洋まで行き、風に遭って漂流し、護貢船一隻だけが虎門に来て送り返された」（六九～七〇頁）とあるという。

『史料匯編』は、これを「七洲洋」が清朝領海である証拠と位置づけているが、無理がある。

李琰纂『康熙万州志』（一六七九年成書）　『康熙万州志』（康熙十八年／一六七九年）四巻は、万州知州の李琰の著である。その巻一のうちの「地理志」「形勝」には「長沙」（「千里長沙」）、「石塘海」（「万里石塘」）が記載されているが、清朝領、清朝の領海だと言っているわけではない。

53韓作棟『広東輿図』（一六八五年）　『史料匯編』は、韓作棟『広東輿図』（康熙二十四年／一六八五年）が「古志に云《い》わく：万州に千里長沙、万里石塘あり」と書いていると述べている（八三頁）。

『史料匯編』注は、「千里長沙、万里石塘」は「南海諸島を指している」としているが、「古志に云《い》わく」では「千里長沙、万里石塘」が「万州」の区画に属していたと断言するのは根拠薄弱だろう。

54屈大均『広東新語』（一七〇〇年）　『史料匯編』は、屈大均『広東新語』（康熙庚辰／一七〇〇年）が「万州城の東に外洋があり、千里長沙、万里石塘があり、けだし天地が設けた炎海を防ぐ溢《いっ》である」と書いていると述べている（八三頁）。
「溢」とは、防波堤といったところか。「万州城（海南島）の東」という方角は、南シナ海全体からは、ずれていよう。

㊺『指南正法』（十八世紀初期成書）　著者不詳『指南正法』[17]ができたのは、校注者、向達《しょうたつ》によれば清の康熙帝の末年、十八世紀初期であるという。『指南正法』は、『順風相送』とともに向達校注『両種海道針経』に収録されている。

『指南正法』には、「もし七洲洋をすぎ、東へ七更貪《どん》すれば〔進めば?〕、万里長沙が見える……。一日使すれば〔進めば?〕外羅が見え、対開する。東へ七更で万里石塘で、その中に紅石嶼があり、〔標高は〕高くない」との記述がある。

この文章は、『東西洋考』と同じであり、『東西洋考』を書き写しているのであろう。『史料匯編』は、ここに言う「万里石塘」は「中沙群島」を指す（七三頁）としている。

『順風相送』は「一更」＝「六十里」としている。清代の一里は五七六メートルなので、「七更」は二四一・九二キロメートルだった。なお、明代の「一里」は、五五九メートルとされる。

この文章によって、「七洲洋」「万里長沙」「万里石塘」が清朝領の証拠であると断定できるわけではない。

『指南正法』の「天徳方」の項には、「船が唐〔中国大陸〕に帰れば、海水は白色で、百様の禽獣が万群しており、万里長沙がこれを防ぐことができる。蘆荻が多く見え、船が西に貪すれば〔進めば?〕、海南の冊が見え、……七洲洋を過ぎれば、七洲洋の流界は七条、すなわち南亭門に近づき、丑艮〔西北〕に南澳が見え、美しい」との文章がある。

「南澳島」は現在、広東に所属しているという。

『指南正法』の「天徳方」の記述も、「万里長沙」「七洲洋」が清朝領の証拠であるわけではない。

『指南正法』の「戠東」山形水勢」の項には、「東沙」の名が出てくるが、現在のいわゆる「東沙群島」ではなく、福建、閩江外の東沙島である。

『指南正法』の「大担→柬埔寨」の項には、「七洲洋」の名があるが、航路にほかならず、清朝領の証拠であるわけではない。

なお、『指南正法』には「十六—十七世紀の『東西洋』略図」があるが、『指南正法』原文のものではなく、校注者、向達が現在の地図を利用して『指南正法』中の地名がどこにあたるかを示したものである。

「一九八〇年中国外交部文書」は、『指南正法』を「南シナ海諸島＝中国の領土、領海」の「証拠」文献としているが、航海のルートを示した書籍であって領土、領海を示したものなどではなく、またそのどこにも南シナ海の現在の中国名の島にあたるであろうものなど一つもないことは同様である。

56 顧祖禹《こそう》『読史方輿《よ》紀要』　顧祖禹『読史方輿紀要』には、広州から「諸蕃」（外国）に行くには「虎頭門を出て大洋に入り、今の東莞県の南頭城の東南を海路二百里で屯門山に至り、日に五十里進むことができ、順帆風で西へ一日で九州石に至り、南行二日で象石に至る。もし東風で西南に行けば、七日で九乳螺洲に至る」（『史料匯編』三一～三二頁）とある。

ここでも、「九州石」、「象石」、「九乳螺洲」という地名が出てくるが、『史料匯編』はそれらが中国領だと言っているわけではない。

浦野1997は、『読史方輿紀要』にも「風は船を石塘に漂わせ」との記述がある（七八頁）、と述べている。

中国では、「石塘」は現在の南沙群島ないし西沙群島とされることが多いが、船が「石塘に漂」ったからといって

「石塘」が清朝領であることの証拠にはならない。

(57)黄仁・郭賡武修『泉州府志』（一七一〇年～一七一二年についての記述）　『史料匯編』は、中国地域歴代王朝による「南海諸島に対する主権行使の事実」として、「第一に、水師の派遣、海疆の巡視」をあげていたが、その例として清代に広東水師の副将（任期：康熙《こうき》四十九年／一七一〇年～康熙五十一年／一七一二年）呉陞が水師を率いて西沙群島を巡視した（七～八頁）と言い、乾隆年間の黄仁・郭賡武修『泉州府志』（同治九年／一八七〇年本による）には「呉陞は、……広東副将に抜擢され、瓊《けい》州〔海南島〕に転属された。瓊崖より、銅鼓を歴《へ》、七洲洋、四更沙を経て、周囲三千里にみずから巡視」した（八頁、六七頁）と述べられており、これは清朝が「七州洋」を管轄していた証拠だとしている。「七洲洋」は、現在の西沙群島とされる。康熙、乾隆の時代に「西沙群島」という呼称はなかったと見られる。

「広東副将」が「七州洋」を「巡視」したからといって、「七州洋」は清朝領と主張することはできない。

浦野1997は、これについても「ベトナムは、銅鼓、七洲洋、四更沙はすべて、海南島の一部もしくはその周辺の名称であるとしており、七洲洋は西沙群島ではない」（一二〇頁）と述べ、ベトナム側の主張を紹介している。

『康熙《こうき》瓊《けい》州府志』（清朝康熙年間）　浦野1997は、「明代には、南海諸島での海賊の被害に直面して水軍を派遣し、海防巡視に当っていたことを示す記述がある」とし、『康熙瓊州府志』がそれだと言い、同書から数行を引用しながら（九三～九四頁）、「この記述には、南海諸島を示すところの地名はみられない」（九四頁）としている。

佚名《いつめい》『瓊《けい》州志』（推定＝清代中後期）　佚名（氏名不詳）『瓊州志』（推定＝清代中後期）は、海南地方文献叢書編纂委員会匯纂『海南地方志叢刊　瓊志鉤沈（三種）』（海南出版社　二〇〇六年十月）所収であるが、南シナ海への言及はない。

こう記している。

㊽蔣廷錫《しょうていせき》『古今図書集成』（一七二六年成書）　蔣廷錫『古今図書集成』（清、雍正三年／一七二六年成書）は、

いわく：万里石塘。」（『史料匯編』三六頁）

「万州　長沙の海：（万）州の東にあり。古志にいわく：千里長沙。」「石塘の海：（万）州の東にあり。瓊莞志に

㊾陳倫炯《りんけい》『海国聞見録』（一七三〇年成書）　浙江提督陳倫炯の『海国聞見録』は、雍正八年（一七三〇年）成書である。『海国聞見録』は、『欽定四庫全書』に収録されており、王雲五主持『四庫全書珍本五集』には『顔山雑記《がんざん》』と『海国聞見録』が収められている。なお、『史料匯編』は陳倫炯の職位を「高雷廉総兵官」としているが、「浙江提督陳倫炯」とは『欽定四庫全書』に記載されている職位である。（王雲五主持『四庫全書珍本五集』の表紙は、標題を『海国見聞録』と誤っている。『顔山雑記《がんざん》』は、南シナ海と関係がない。）

『海国聞見録』は、「天下沿海形勢録」、「東洋記」、「東南洋記」、「南洋記」、「小西洋記」、「大西洋記」および「崑崙」、「南澳気」からなり、「四海総図」（**図5**『海国聞見録』四海総図）などの地図が収められているように、航海案内書、世界地理の解説書である。

このうち、「東洋」には日本が入っており、「東南洋」は台湾から南沙馬崎までの「二八〇〇里」を指している。「南洋」は、「安南」（ベトナム）、海南島の南の「七洲洋」などを指し、「小西洋」はムラカ（マラッカ）からインド洋沿岸を指し、「大西洋」はヨーロッパを指していると見られる。「西洋」の範囲は、『東西洋考』と異なっている。

『海国聞見録』の「東南洋」には、「南沙」という名称が入っているが、南シナ海が「中国固有の領土」であることを証明する証拠などではない。また同書付属の「沿海全図」には「東沙」（島）が含まれているが、大陸沿岸に近く、現在言うところの「東沙群島」ではない。また、同書付属の「沿海全図」には「東沙」（島）が描かれているが、大

図5 『海国聞見禄』四海総図

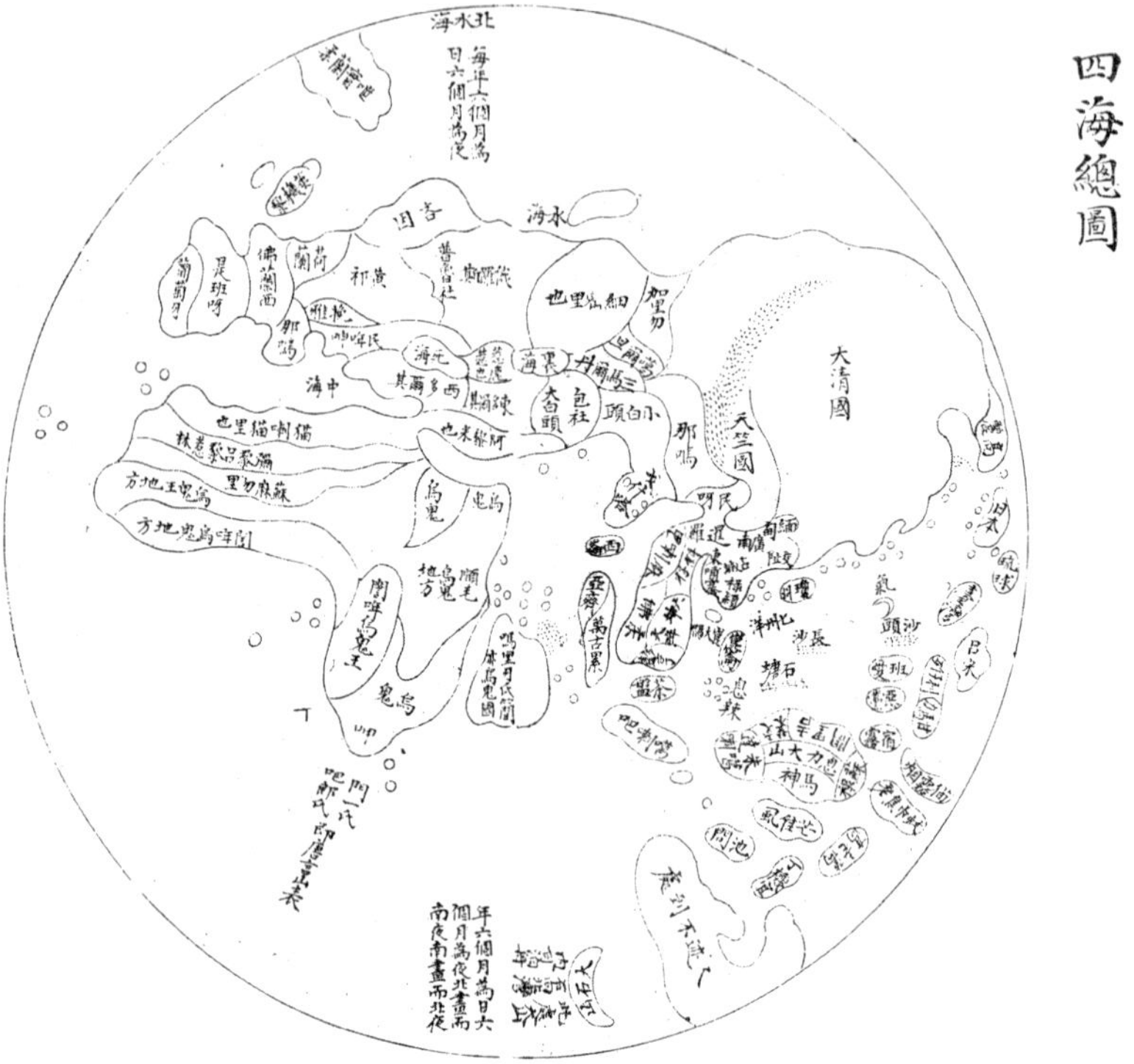

出典：1730年成書 『欽定四庫全書』中の同書下巻1-2頁

陸沿岸に近く、現在言うところの「東沙群島」ではない。

『海国聞見録』には、次の記述がある。

「厦門から広南に行くには南澳より、広の魯万山、瓊の大洲頭を見、七州洋を過ぎ、広南外の咕嗶囉山に〔方角を〕取り、広南に至る。計水程七十二更である。七州洋は、瓊島〔海南島〕万州の東南、および南洋に行く者は必ず通るところである。「毎更約六十里」、「ひとり七州大洋、大洲洋の外は滔々として山形の標識はなく、風は極めて順調であり、対針すれば六、七日で渡りきれ、広南咕嗶囉を見、外洋の外羅山はまさに目印となり、東へひた向けば万里長沙、千里石塘を犯す。」

一目瞭然、これは航海の手引であり、

領土、領海を述べたものではない。ところが、「一九八〇年中国文書」は『海国聞見録』を「南シナ海＝中国の領土、領海」の「証拠」文献としている。

『史料匯編』は、これを引用し、「七州洋」は万寧県東南、「大洲頭」は独珠山、「広南」は現ベトナム広南、「咕嗶囉」は現ベトナム岣嶗 Culao Cham、「万里長沙」は中沙群島であるらしく、「千里長沙」は南沙群島を指していると注釈している（七五頁）。『史料匯編』は、さらに『海国聞見録』文中の「南澳気」は今の東沙群島、「万里長沙頭」は今の東沙群島の南に続く沙垠（砂洲）であると注釈している（七六頁）。

(60) **一七五六年清政府外国船員救助記録**　『史料匯編』によれば、「兵部尚書兼都察院右都御史総督広東広西等処地方軍務兼理糧楊応琚」の題本（乾隆二十一年十一月初二日／一七五六年）に「没来由等の国の船が万州九洲洋に流され」たとあり、清政府は外国船員を救助した、という。

『史料匯編』は、「万州九洲洋」とは「七洲洋の別名」であると言い、これは西沙群島が「万州の管轄」下にあった、つまり清朝領海であることの証拠と位置づけている（六八～六九頁）。

しかし、清政府による外国船員救助が行なわれた海域が「万州の管轄」下にあった清朝領海であるという断定は、独断的で証明がない。

(61) 『**大清一統輿《よ》図**』（一七六〇年作成）　清朝乾隆二十五年（一七六〇年）印行の『大清一統輿図』（全国図書館文献縮微復制中心　二〇〇三年十月）は、『史料匯編』は言及していないが、マンジュ（満洲）語を漢字表記した地名と漢語名で表記した地名で表記されている。同『輿図』所収「広州府、南寧府」図には南シナ海の図はない。

これらの史料は、漢から清にかけての王朝が南シナ海諸島を領有した証拠とは思われない。

(62) **呉宜燮**『**竜渓県志**』（一七六二年）、**李維鈺**『**漳州府志**』（一七七七年刻本）　『史料匯編』は、呉宜燮『竜渓県

志』（乾隆壬午／一七六二年）が「その父が西洋と交易」していた「余士前」という者」が航海中、「海中に地名を万里長沙というところがあり、舟がこれにぶつかって壊れてしまった」と述べており、「万里長沙」の名があると書いている（八二頁）。

同じく李維鈺『漳州府志』（乾隆四十二年／一七七七年刻本）が「余士前」が父の葬儀のため航海中、「海中に万里長沙があり、西洋の最も危険なところである。船はとって返したが、颶風に遇い流されてその島に至り、石にあたって壊れてしまった」と述べており、「万里長沙」の名があると書いている（八二頁）。

『竜渓県志』も『漳州府志』も、海中に「万里長沙」と呼ばれる「最も危険なところ」があると言っているだけである。

63 シャム朝貢品回収（一七六二年）　『史料匯編』は、「署理広東巡撫加二級軍功加職一級臣」明山の乾隆二十七年（一七六二年）付け報告によれば、暹羅（シャム）の正貢船が茶湾地方で沈没し、副貢船が七洲洋で風を受け座礁したが、地方官が朝貢品を引きあげたとの記録がある、と記述している（七〇頁）。

『史料匯編』は、茶湾地方、七洲洋が「西沙群島」であるとしているが、そこでの物品回収行為がただちに茶湾地方、七洲洋に対する主権執行行為と言えるかは疑問である。

64 戴衢亨、嵆璜『皇朝文献通考』（一七六七年）　『史料匯編』は、嵆璜『皇朝文献通考』（乾隆三十二年／一七六七年）および嵆璜、曹仁虎『皇朝通典』（乾隆三十二年／一七六七年）が「広東香山県より舟に登《の》り、北風に乗り、午針〔南〕を用い、七洲洋に出、十昼夜で安南の海次に到達する。その中に外羅という山があり、八昼夜で占城の海次に到達する」などと述べており、「七洲洋」の名が出てくると言っている（七七〜七八頁）。（なお、『史料匯編』注釈中で「嵆璜」を「嵆横」としているところがあるが、当然誤植である。）

⑥⑤ **嵇璜、曹仁虎、戴衢亨『皇朝通典』**（一七六七年）　『史料匯編』は、嵇璜、曹仁虎、戴衢亨『皇朝通典』（乾隆三十二年／一七六七年）が「港口は西南海中にあり、安南、暹羅付近の国である」「本朝雍正七年以降、交易は絶えず、七洲大洋を経て魯万山に至り、虎門より入口する」などと述べており、「七洲大洋」の名が出てくると言っている（七七〜七八頁）。

『皇朝通典』は、港口から虎門に来るには「七洲大洋」を通ると述べているだけである。

⑥⑥ **紀昀『皇朝文献通考』**（一七八四年）　『史料匯編』は、紀昀『欽定続文献考』（乾隆四十九年／一七八四年）が「西洋に往《ゆ》く者は必ず順風を待ち、七昼夜ではじめて過ぎることができる。それゆえ、船乗りはこれを諺として言う：上は七州を恐れ、下は崑崙を恐れる」と述べており、「七州」の名が出てくると言っている（七八頁）。

『欽定続文献考』は、中国から西洋に行くには「必ず七洲大洋を経なければならない」と述べているだけである。

⑥⑦ **呉堂『同安県志』**（一七九八年）　『史料匯編』は、『呉堂纂修』（嘉慶三年／一七九八年盆の光緒九十一年／一八八五年重刻本による）によれば、「呉堂が広東副将に抜擢され、瓊州《けい》〔海南島〕に転属された。瓊崖より、銅鼓を歴《へ》、七洲洋、四更沙を経て、周囲三千里をみずから巡視」した（六七頁）と述べており、清朝が「七州洋」を管轄していた証拠としている。

これは、黄仁、郭賡武修『泉州府志』の記述と同文であり、同じく「広東副将」が「七州洋」を「巡視」したからといって、「七州洋」は清朝領と主張することはできない。

⑥⑧ **「大清万年一統天下全図」**（一八一二年作成）　『史料匯編』は、「西沙、南沙群島の主権がわが国に属することは、明、清時代の航海図にも官側の輿図にも明確な図がある」（八頁）とし、「清代康熙丙申《へいしん》年（一七一六年）に作成された『大清中外天下全図』（雍正二年／一七二四年）、『清直省分図』（乾隆二十年／一七五五年）、『皇清直省分図』

（乾隆三十二年／一七六七年）、黄証孫作成『大清一統天下全図』（嘉慶五年／一八〇〇年）、暁峰作成『清絵府州県庁総図』および嘉慶《かけい》二十二年（一八一七年）『大清一統天下全図』などなどはみな西沙、南沙群島をそれぞれ『万里長沙』『万里石塘』と描かれており、清朝の版図の範囲内に入れている」（八〜九頁）と述べていた。

このうち三点は未確認なので今後の調査に委ねざるをえないが、次に見る「大清万年一統天下全図」と黄証孫作成の『大清一統天下全図』は標題に「万年」という文字のあるなしという違いはあるが同一の図と思われる。なお、嘉慶二十二年（一八一七年）『大清一統天下全図』も同一図と見られる。

図6「大清万年一統天下全図」は、筆者が閲覧したアメリカ議会図書館のインターネット画像とのことで、海野一隆『地図文化史上の広輿図』（東洋文庫　二〇一〇年三月）によれば、同地図には一六七三年から一八九五年までに十八版本が刊行されており、康熙十七年（一八一二年）刊行のものは神戸市立博物館、京都大学地理学教室が所有しているとのことなので、これらと同一版本と思われる。

浦野2015は、一七六七年に黄証孫が刊行した「大清万年一統天下全図」には「南澳気《なんおうき》　東沙群島　万里長沙　中沙群島　万里石塘　南沙群島」と書かれている（四〇〜四三頁）という。未見であるがこれが事実とすれば、東沙群島、中沙群島、南沙群島という群島名は、ここに始まることになるが、疑わしい。筆者が見たアメリカ議会図書館のインターネット画像では「南澳気」「万里長沙」「万里石塘」は書きこまれているが、「東沙群島」「中沙群島」「南沙群島」という文字はない。おそらく中華民国の一九四〇年代以降にリプリントされた同「全図」に「南澳気」「万里長沙」「万里石塘」とは現在の名称「東沙群島」「中沙群島」「南沙群島」にあたるという意味で添え書きされたのではないだろうか。筆者の推測が当たっているとすれば、「東沙群島」「西沙群島」「中沙群島」「南沙群島」という名称が確定したのはいつなのかという問題が確定されなければならない。

図6　「大清万年一統天下全図」

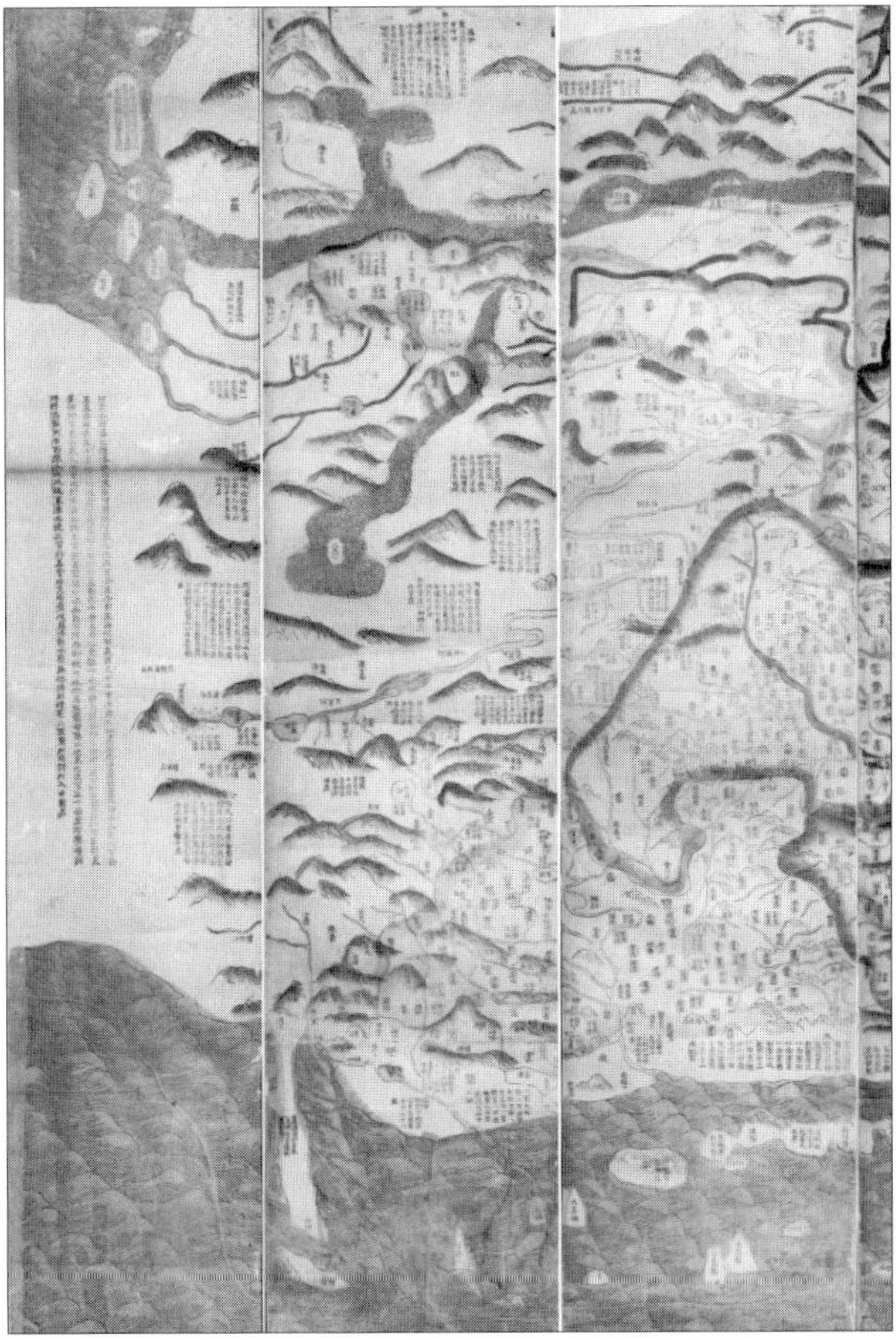

出典：アメリカ議会図書館

楊炳南《へい》**『海録』**（一八二〇年成書）　楊炳南撰『海録』(18)（『海録及其他三種』所収　上海商務印書館　一九三六年十二月）がある。

著者、楊炳南によれば、同郷者の謝清高が十四年にわたって東南アジア、印度などの旅行をして広東に帰ってきたが、その後、失明し、マカオに居住しているところで知りあい、聞き取った話を記録したものだという。

『海録』には、「東沙」という地名は出てくるが、西沙、中沙、南沙などはない。同書には、七洲洋、千里石塘、万石という記述はあるが、東南アジア、印度などの旅行の見聞、物産を語ったもので、言うまでもなく清朝が南シナ海を領有していた証拠などではない。

浦野2015が採録している『海録』（一八二〇年成書）の図（浦野2015四二頁）は、世界地図であり、清朝の領域を示すものなどではない。この図は、商務印書館版（一九三六年十二月）の『海録』には地図は載っていない。

㉙郝玉麟『広東通志』（清朝）　『史料匯編』は、清朝の郝玉麟『広東通志』に「瓊は海を界とし」、「万州三曲」、「州は千里長沙、万里石塘を治め烟波が見え隠れする」（六六頁）という記述があるとしている。

「万州」は「千里長沙、万里石塘を治め」という表現は、唯一清朝が「千里長沙、万里石塘」を統治していたかもしれないと読めるものである。しかし、この「治」が具体的にどういう内容であるか不明である。胡端書、楊士錦『万州志』に「万州に千里長沙、万里石塘があるが、共に外海にあり、海舟は沙に触れればたちまち砕け、塘に入れば出る理はない。人はあえて近づかず、その実体を確かめることはできない」とあったことを見れば、具体的統治があったとは到底思われない。

⑳阮元『広東通志』（一八二二年成書）　『史料匯編』は、清朝の阮元『広東通志』（道光二年／一八二二年成書）に「長沙の海、石塘の海はともに城の東海外洋にある。古志にいわく、万州には千里長沙、万里石塘がある。しかし

ながらともに外海にあり、その実を調べることはできない」（六六〜六七頁）とあると記述している。

(71)**胡端書修、楊士錦、呉鳴清纂『道光万州志』**（一八二八年成書）　胡端書修、楊士錦、呉鳴清纂『道光万州志』[19]（道光八年／一八二八年）十巻は、道光七年（一八二七年）に万州知州となった胡端書の修で、楊士錦、呉鳴清の纂である。『道光万州志』は、南シナ海に一切言及していない。

(72)**魏敬中『重纂福建通志』**（一八三五年）　『史料匯編』は、魏敬中『重纂福建通志』（道光十五年／一八三五年）が「柔仏〔ジョホール〕は厦門を距《へだ》たること水程百八十更」、「雍正七年〔一七二九年〕ののち、交易は絶えず、その属国に丁機奴あり」、「その国に往《ゆ》く者は必ず七洲大洋を経なければならない」と述べており、「七洲大洋」の名が出てくると言っている（七八頁）。

『重纂福建通志』は、厦門から柔仏に行くには「必ず七洲大洋を経なければならない」と述べているだけである。

(73)**周凱《がい》『厦門志』**（一八三九年）　『史料匯編』は、周凱『厦門志』（道光十九年／一八三九年）に「南澳気」「七洲洋」「万里長沙」「千里石塘」の名が出てくると言っている（七六〜七七頁）。

(74)**『洋防輯《しゅう》要』**（十九世紀三十年代成書）　『史料匯編』は、「十九世紀三十年代に専門的に海防を論述している『洋防輯《しゅう》要』」があり、〔「同書の中の」ということであろう—筆者〕「『直省海洋総図』に南海諸島が記入されているだけではなく、『広東洋図』でも西沙群島の『九乳螺《ら》州』が明確に描かれており、これも西沙群島が当時、中国広東省に属していたことを証明している」（八頁）と述べている。

「九乳螺州」が地図に書かれているからといって、それが清朝領であることを証明するわけではない。

(75)**「七洲洋放歌」**（清刻本による）　『史料匯編』は、「七洲洋放歌」（清刻本による）の歌詞の中に「七洲」の名が出てくると述べている（八一頁）。

しかし、これは「七洲」が清朝の領海であることを証明するものではない。

「万里石塘」等を記載する地図

『史料匯編』は、地図資料を次のように三分類している（八四～八九頁）。

（1）「南海諸島が明確に明清の版図およびその蕃属範囲内に組み入れられていた地図資料」。

（i）一八〇〇年暁峰「清絵府州県庁総図」（嘉慶五年／一八〇〇年。

一七六七年黄証孫「大清万年一統天下全図」の模写）。

『史料匯編』によれば、暁峰「清絵府州県庁総図」（嘉慶五年／一八〇〇年）は、黄証孫「大清万年一統天下全図」（乾隆三十二年／一七六七年）重訂本を模写したものである（八五頁）。『史料匯編』は、これに「南澳気、万里長沙、万里石塘、七州洋（すなわち東沙、西沙、中沙および南沙群島）が描かれており、すべて清朝政府の行政管轄範囲の中に属していた」と主張している（八四頁）。

（ii）厳如熤《いく》『洋務輯《しゅう》要』所収「直省海洋総図」（一八三八年）

『史料匯編』は、厳如熤『洋務輯要』巻一（道光十八年／一八三八年）所収「直省海洋総図」が「万里長沙」を画いており、「万里長沙」は「東沙と西沙群島」「中沙と南沙群島」を指している（八五頁）、と主張している。また、『史料匯編』は、「〔道光戊戌／一八三八年来鹿堂版「直省海洋総図」〕」、作者は西沙群島の『象石』『九乳螺洲』を『広東洋』の版図内に組み入れている。やはり広東省の管轄に属している」と主張している（八五頁）。

（2）「南海諸島が明清の版図およびその蕃属範囲内に組み入れられている地図」

ここには、一四三三年以前の「鄭和航海図」、一六三七年施永「武備秘書地利付図」、一七〇九年「大清中外天下図」、一七二四年佚名（氏名不詳）「清直省分図」、一七五五年以前の「皇清各直省分図」、一七六七年黄証孫「大清万年一統天下全図」、一七六七年以降の朱錫齢「大清万年一統全図」、一八一〇年佚名（氏名不詳）「大清万年一統地理

全図」、一八一七年陶晋「大清万年一統地理全図」(別名「皇輿全図」)、一八一七年佚名(氏名不詳)「大清一統天下全図」、一八九五年「古今地輿全図」の十点があげられている。

『史料匯編』は、藤田豊八『島夷志略〔校注〕』が「『鄭和航海図』に絵《えが》かれた総称『万里石塘』は中沙群島である」と書いているとし、「われわれは『島夷志略』が石塘は潮洲から生じて爪哇(ジャワ)等の地に至っていると明確に語っている以上、『万里石塘』は明らかに南海諸島の東沙、西沙、中沙および南沙群島を含むと考える」(八六〜八七頁)と述べている。

『史料匯編』のこの論法は、一見すると成り立つかのようであるが、論理的に欠陥がある。『島夷志略』が『万里石塘』は「潮洲から生じて爪哇(ジャワ)等の地に至っている」と述べていても、「南海諸島の東沙、西沙、中沙および南沙群島」のすべてを含むことを保証しているわけではないし、ましてやそれらがすべて元朝領であることを保証するものではない。
(3)「南海諸島を描いてはいるが、なおも帰属は表明していない明清地図資料」
ここには、『史料匯編』は第一に各「広輿図」系統の地図として、一五五七年張天復「皇輿考」、一五七七年章潢「古今図書編」、一六一三年王在晋「海防纂要」、一六一八年張燮『東西洋考』、一六二一年茅元儀『武備志』、一六三八年呉国輔『今古輿地図』、一六四三年呉学儼、朱紹本、朱国幹『地図綜要』、一六四四年以前の朱約淳『閲史津逮』、明代佚名『輿地要覧』、清初佚名『輿地要覧』、一六七八年顧祖禹『読史方輿紀要』、一八〇八年温汝能輯、顧祖禹『方輿類纂』、一八三八年厳如煜『洋防輯要』の十四点をあげている。

『史料匯編』は第二に『海国聞見録』中の「四海総図」系統の地図として、一七三〇年陳倫炯『海国聞見録』、一七九〇年「乾隆五十五年七省沿海図」、一七九八年「咸《かん》朝七省詳図」、一七九八年「七省沿海図」、一八三一年「皇朝輿地図略」の五点をあげている。

『史料匯編』は第三に、「西方系統の画法を採用した地図」として、一六七四年「漢文東半球西半球坤輿全図」、一七一七年「西南洋各番針路方向図」、一七二一年「東洋南洋海道図」、清初「坤輿全図」、清代「地球全図」の五点をあげている。

なお、『史料匯編』は一七一七年「西南洋各番針路方向図」には「猫士知嗎升禺洛」が画かれており、これは「黄岩島を指す」（九七頁）としている。「黄岩島」は、スカボロー礁である。

さらに『史料匯編』は第四に「『万里長沙』『千里石塘』系統に属する地図」として、康熙年間（一六六二〜一七二二年）「海道図」一点をあげている。

（3）は、『史料匯編』は南シナ海島・礁領有の証拠とはしていないので、このさい無視してよいだろう。（1）（2）のうちいくつかは、すでに述べたように閲覧ずみであり、南シナ海島・礁が中国地域歴代王朝の領有していたことを証明するものは皆無であった。調査不足のためまだ閲覧できていない地図については、今後の調査に委ねるが、おそらく南シナ海島・礁が中国地域歴代王朝の領有していたことを証明するものはないだろう。

「東洋」、「西洋」の区分（各史料による）　宮崎市定は、論文「南洋を東西洋に分つ根拠に就いて」（『東洋史研究』第七巻第四号　一九四二年八月）で、現在のアジアを意味する「東洋」とヨーロッパを意味する「西洋」という区分は明治時代に日本の学者によって考案されたものだと指摘しているが、明治以降についてはあてはまるとしても、歴史的には中国地域ではそれ以前から使用されていることは宮崎市定自身が述べているのである。

宮崎市定は、中国地域における「東洋」、「西洋」の区分に関する研究について、坪井九馬三、高桑駒吉、和田清、山本達郎らによるこの問題の研究史に触れた上で考証を行なっている。宮崎市定は、山本達郎が「東西洋の称呼」の

「根源は元代にある」と指摘している、と述べている。宮崎市定は、東西分離の起点は「宋元より明初迄は泉州――スマトラ東部の線」で区分されており、「明後期には広東――ブルネイ――チモル〔チモール〕島の線」で東西に区分されていたのだと指摘している。つまり、宋、元より明初までは泉州を起点として、明後期には広東を起点として、ブルネイの方向に直線を引き、その左側を東洋と呼び、右側を西洋と呼んでいるわけである。方向感覚の問題として東、西にずれがあり、日の出、日没を必ずしも基準としていないという点で正確ではないわけである。また、南の方角も必ずしも正確ではないところがある。これらは、記述者が航海者ではないためだと思われる。中国地域の歴史的文献では、「東洋」、「西洋」等の範囲は変化している。

そこで、史料別に「東洋」、「西洋」区分の範囲を確認しておきたい（表5「東洋、西洋区分」）。『海国図志』は、全世界の地理を表わしているが、ここではアフリカ、南北アメリカ、ロシア、オーストラリアなど大部分は省略する。

このうち、『大徳南海志』の「小東洋、大東洋」は『島夷志略校釈』の注からとっている。

『史料滙編』はさらに、「近現代における考古資料の発見は南海諸島がわが国〔中国〕の領土であることを証明している資料」として、東沙群島、西沙群島、南沙群島で発見された古銭、銅銭、磁器および住居跡、石刻物、廟などをあげている（一〇〇～一二二頁）。

古銭、銅銭、磁器などが南シナ海各島・礁および付近の海底から発見されても、「領土」証明資料にはならないし、住居跡、石刻物、廟などがあっても周辺地域〔各国〕の漁民の利用の一つにすぎないと見られる。

以上が清朝前期である。つまりここまでを「中国地域前近代」とする。

表5　東洋、西洋区分 (1)

洋名	王朝, 史料, 範囲				
	元『島夷志略』(1351年)	元『東西洋考』(1617年)	明『鄭和航海図』(15世紀前半)	『星槎勝覧』	『大徳南海志』
東洋	—	ルソン, セブ, スル, 猫里務, 美洛居, ブルネイ(「東洋の尽きるところ, 西洋はここから起こる」), 鶏籠(現台湾), 淡水(現台湾北部), 澎湖, カンボジア, マラッカ	—	ジャワ	—
小東洋	尖山, ルソン群島, スル群島	澎湖	—	—	マニラ, スル
	—	—	—	—	マルク, バンダ, マカサル, ブルネイ, ポンティアナク, クマイ, スンダ, ペカロンガン, トゥバ, カラン, ジャンガラ, バリ, ティモール
西洋	広義：ほとんど西南全海域 狭義：西南アジア	交阯(現ベトナム北部, 中部), 占城(チャンパ／現ベトナム中部), 暹羅(シャム), 下港 (パレンバン), カンボジア, 大泥(シャムのパタニ), アチェ(スマトラ), 彭亨(マレー半島), ムラカ, ジョホール(現マレーシア), 丁機宜(ジャワ属国), 思吉港, 文郎馬神(カリマンタン南部),	東南アジアからアフリカ東岸まで	コルカタ, スリランカ	—
小西洋	—	—	—	—	—
大西洋	—	—	—		
東南洋	—	—	—	—	
東南海	—	旧港(パレンバン)	—	—	—
西南洋	東シナ海, 南シナ海, インド洋	— —	— —	— —	— —
南洋	—	—	—	—	—

表5　東洋、西洋区分 (2)

洋名	王朝，書籍，範囲				
	明（1617年）	清『海国聞見録』(1730年)	明『瀛涯勝覧』(1414年)	『海禄』(1820年)	
東洋	—	日本，琉球	—	—	—
小東洋	—	—	—	—	—
大東洋	—	日本	—	—	—
西洋	—	—	南浡里(ランブリ)	—	—
小西洋	—	ムラカ(マラッカ)からインド洋沿岸，タイ，烏鬼国，阿黎米。寧徳県海中。	—	—	—
大西洋	—	ヨーロッパ。紅毛，烏鬼国，オランダ，フランス，イギリス，イスパニア，ポルトガル	—	—	ヨーロッパ
東南洋	—	台湾から南沙馬崎までの2800里，澎湖，ルソン，スル，吉里門，ブルネイ，南沙七洲洋，崑崙，茶盤，ケラパ。	—	—	台湾～南沙馬崎
西南洋	—	—	東シナ海，南シナ海，インド洋	—	—
西南海	—	—	—	ベトナム，タイ，ムラカ，ムンバイ	—
南洋	—	安南(交阯)，七洲洋，サイゴン，崑崙，カンボジア，タイ。長沙千里，万里石塘。	—	—	ベトナム
南海	—	—	—	アチェ，パレンバン，ブルネイ	—
西北海	—	—	—	フランス，オランダ，イギリス，アメリカ	—
崑崙，南澳気	—	—	—	—	—

表5　東洋、西洋区分（3）

洋名	王朝，書籍，範囲				
	『指南正法』(18世紀初期)			『道光万州志』	『海国図志』(1840年)
東洋	琉球嶼／小琉球(台湾の南端西)	—	—	蘇門答剌国，錫蘭山国，仏朗機国，柯枝国，溜山洋国，大小葛蘭国，木骨都東国，占里国，小剌哇国，忽魯謨斯国，剌撒国，阿丹国，天方国，琉球国，日本国，黄支国，韓国	—
小東洋	—	—	—	—	—
大東洋	—	—	—	—	(太平洋)
西洋	—	—	—	—	ポルトガル
小西洋	—	—	—	—	エジプト，マダガスカル，インド西海岸ゴア，インド洋
大西洋	—	—	—	—	ヨーロッパ，大西洋
西海	—	—	—	安南国，占城国，真臘，爪哇，三仏斉，暹羅，渤泥，満剌加国	—
東南洋	—	—	—	—	越南／安南(ベトナム)，暹羅(シャム／タイ)，緬甸(ビルマ)，呂宋(ルソン／フィリピン)，婆羅爪哇，葛留巴(Kelapa／ジャカルタ)，亜斉(アチェ，スマトラ)，三仏斉(スマトラ)，旧港(パレンバン)，美落居(Kepulauan Maluku)，新阿蘭，日本，琉球，高麗，新羅，百済，ブルネイ，スル，占城(チャンパ)，扶南(カンボジア)，真臘(カンボジア)，下港(ジャワ島バンタン)
西南洋	—	—	—	—	五印度(インド)，中印度，北印度，西印度，アデン，ペルシア，マッカ(メッカ)，インド洋
西南海	—	—	—	—	(スマトラ以西)
南洋	—	—	—	—	(東南アジア)(インド洋)(オーストラリア南)
南海	—	—	—	—	—
西北海	—	—	—	—	—

表5　東洋、西洋区分（4）

洋名	王朝，書籍，範囲				
	『漳州府志』（1777年）				
東洋	—	—	—	—	—
小東洋	—	—	—	—	—
大東洋	—	—	—	—	—
西洋	万里長沙	—	—	—	—
小西洋	—	—	—	—	—
大西洋	—	—	—	—	—
西海	—	—	—	—	—
東南洋	—	—	—	—	—
西南洋	—	—	—	—	—
西南海	—	—	—	—	—
南洋	—	—	—	—	—
南海	—	—	—	—	—
西北海	—	—	—	—	—
崑崙，南澳気	—	—	—	—	—

1—11．「南シナ海島・礁＝中国の固有領」論の検討

結論

キロス2010は、清朝末期以前に〔清朝〕政府がこれらの島嶼〔南シナ海の島・礁〕を管轄権下に置くことはなかった」（二〇〇頁）と述べているが、この認識は正しいと見られる。

中国地域前近代の諸史料の中に「南シナ海島・礁＝中国の固有の領土」論を立証するものはあっただろうか。結論は、皆無である。

前近代諸史料の中に書かれていたことは、中国地域諸王朝の船が南シナ海を通過したことはあった、あるいはベトナムやフィリピン、マレーシア、インドネシアなどの漁民と同様に中国地域の漁民が利用したことはあったということであり、それらは、中国地域諸王朝が南シナ海島・礁を領有したということではない。

『史料匯編』の逆立ち論法　『史料匯編』の論法は、歴史史料の中に「南シナ海諸島・礁＝中国の固有の領土」の証拠があると言っているのではなく、まず

現在の南シナ海（南海）の「東沙群島、西沙群島、中沙群島、南沙群島」は「中国の固有の領土」であるとし、次に歴史史料の中に出てくる「千里長沙、万里石塘」は現在の「東沙群島、西沙群島、中沙群島、南沙群島」にあたるのであり、だから「千里長沙、万里石塘」は「中国の固有の領土」だったのだという逆立ちした論法を用いているのである。

『史料匯編』は、多数の史料に言及しているが、その記述の全体を見てもどれも「南シナ海諸島・礁＝中国の固有の領土」の根拠と見なせるものは存在しない。前近代の中国側史料を「南シナ海諸島・礁が古来、中国領」であることの「証拠」にしようなどというのは、ナショナリズムですらなく、中国人の中の一部の正常な判断力を失った特殊なグループによる馬鹿げた政治的利用にすぎず、「南シナ海諸島・礁が古来、中国領」などと主張するのは不可能なのである。「脳ミソよ、さらばだ。」（「ラ・チェネレントラ」）

ヘイトン2014見解について　ヘイトン2014は、スプラトリー諸島は歴史的に自国の領土だとする中国の主張は「古い文献」にこの島々への言及があるということを根拠としているが、その文献を読むと、具体的にどの島のことなのかを示す情報はまったくないし、古い国際法で領有の理由となる「征服、譲渡、占領、取得時効、増加」の証拠となるような内容も皆無である（一四一〜一四二頁）と指摘している。的確な指摘であるが、ただヘイトンはどの文献を検討したのか、文献名をあげていない。

前近代における中国地域各王朝と南シナ海諸島との関係は、航海の目印ないし、せいぜい漁民の利用程度であって、秦・漢王朝から明王朝に至る中国地域各王朝に「領有意識」があったとは見られないし、「実効支配」があったということもまったく確認できない。その証拠とできるものは、存在しないのである。また、中国側は「歴史資料」のうちの根拠とする部分の記述の具体的引用をしていない。証拠主張としては、どうひいき目に見てもきわめて薄弱である。

浦野の立場と方法について　浦野2015は、「中国の辺境概念は、一統システムの帝国イメージのなかに継続性の理解を経てきており」（浦野五一頁）、「中国は、中華思想の一統システムのもとに南海地域を歴史的に中国領土としており、それは、『古来、自国領土』という表現にみるように、中華思想の領土概念にある」（一八〇頁）、「版図という領土概念は天下の観念の一部」（二六〇頁）と述べている。「一統システム」、「天下」という表現は、中国史の専門家以外にはわかりにくい用語なのに、浦野は特に説明していない。それは、現在の「中国」にはかつての中国地域各王朝と「朝貢／冊封」関係のあった周辺王朝はすべて中国領であるという大中華主義の観念が浦野の脳裏には存在するということを客観的には意味している。

浦野2015は、「中国は南海諸島の支配強化と支配回復の強行を決然として遂行しつつある」（一七頁）、「中国政府は、西沙群島を回復した」（五二頁）、「中国復帰をめぐる混乱」（七四頁）、「中国への復帰」（九八頁）という記述のように、中国による南シナ海諸島の「支配回復」という表現を繰り返しており、また中国は「東沙群島、西沙群島、中沙群島、及び南沙群島の主権を明確にした」（一〇四頁）などと記述している。浦野が南シナ海は古来、中国の領土、領海だという中国の主張を支持しているのだということが見てとれる。浦野の立場と方法は『史料匯編』の主張を支持し、おおむねその主張をなぞっているのである。

前近代中国側史料は領有の証拠ではない　中国側は前近代各王朝時代に今日の南シナ海に当たる「漲海」、東沙群島、西沙群島、中沙群島、南沙群島にあたる「千里長沙」「万里石塘」などを認識していたことを理由に、「南シナ海諸島・礁は古来、中国の領土」だったと主張するが、論理の問題として中国人が「漲海」、「千里長沙」「万里石塘」の存在を「認識」していたとしても、それは「領有の証拠」ではない。前近代史料に関する中国の主張は、非論理的である。これは、思考力、判断力以前の問題である。

航海の難所である「万里石塘」「千里石塘」　元朝の『東西洋考』は、南シナ海とされる「七州」について「船はこの極険を過ぎ」、そのやや東が「万里石塘」、すなわち「万州東の石塘海」である。「船が石塘を犯せば脱する者はまれである」と述べており、明朝の『海槎《さ》余録』は南シナ海の「千里石塘」は「船は必ず遠く避け、ひとたび落ちこむと出られない。万里長堤はその南に出れば波流は急で、舟は逆流に入り、抜け出られた者はいない」とされている。また、明朝、呉仕訓の詩「観海賦」に「その険、万里の灘、千里の塘、いわく陥、いわく漈」と書かれている。さらに清朝の『万州志』には「万州に千里長沙、万里石塘があるが、共に外海にあり、海舟は沙に触れればたちまち砕け、塘に入れば出る理はない。人はあえて近づかず、その実体を確かめることはできない」とあるように、近づいてはいけない航海の難所として記録されているのである。

大中華主義問題　中華人民共和国が、「偉大な中華民族復活の夢」（習近平）というとき、まず中国地域王朝が支配していた領域の回復、次に海洋への進出、特に西太平洋の管理権の実現をめざしている。しかし、中国地域王朝の支配領域は王朝ごとに異なる。とりわけ広大な領域を支配したのは、モンゴル帝国の分支である元王朝であるが、支配民族はモンゴルであり、清王朝の支配民族はマンジュ（満洲）族であったのであり、いずれも漢族ではなかった。

また、中国地域王朝は周辺諸国家と朝貢／冊封関係を結び、冊封関係にある諸国家の王を「任命」したりしたこともあったが、それは一種の外交関係であり、それらの諸国家が中国地域王朝の領土であったわけではなかった。朝鮮地域、ベトナム地域の場合は、中国地域王朝が一時期、直接支配したことさえもあったが、少なくとも近代以降はかれらも独立国家への歩みを進めたのであり、中華人民共和国も本音は別として朝鮮、ベトナム地域に独立国家が存在することを認めている。かつて、ベトナム地域が中国地域王朝領域だったことがあるからと言って、それを南シナ海は「中国領」であることの証拠という論法は成り立たない。

2. 欧米の到来と前近代ベトナム王朝

2-1. 欧米の到来

十五世紀に、ヨーロッパ諸国が東南アジアに到来した。

ポルトガルは一五二〇年に、インド西岸のゴアを根拠地とし、翌年、ムラカ（マラッカ）を占領、モルッカ（マルク）諸島方面への足がかりとした。

ポルトガルはさらに南シナ海に進み、北上して一五五七年にマカオ（澳門）を明朝から獲得した。

スペインは、太平洋側から東南アジアへ進み、一五七一年にマニラを占領した。その後、オランダ、イギリスなど四カ国が東南アジア貿易をめぐって対立した（浦野 1997 一三五頁）。

台湾には、オランダが、次いでスペインが上陸した。

アメリカは十八世紀中頃、ボルネオ島のサルタンからパラワン島南部地方から譲り受けた区域には南沙群島に関するものはなかった。一八九八年の米西条約第三条によってアメリカに譲渡された区域の中には、南沙群島に関するものはなかった（浦野 1997 一三二頁）。

アメリカは、琉球および日本に来航し、条約を締結した。

イギリスは、一七〇一年にマックルズフィールド号を南シナ海の中沙群島に派遣した。

浦野 1997 は、一七五〇年頃に出版されたギローム・ド・リズルとジェロラモ・アルブリッジの作成した地図（India di la del Fiume Ganges overo di Malacca, Siam, Cambodia, Chiampa, Kochin Kina Laos, Pegu Ava etc.）では西沙群島

の表示はより精密であり、イギリスの測量の成果が反映されている（一四二頁）、と述べている。

イギリスは、一七六二年から一八六七年にかけてノースデインジャー岩礁、チツ島、ロアイタ諸礁、ディスカバリー岩礁、スプラトリー島、アンボイナ岩礁に到達、調査を行なっていた（キロス2010九六頁）。

イギリスは、一七八六年にはペナン島を占領し、一七九五年にはムラカを占領した。イギリスは、一八〇〇年から一八一七年にかけて四回、西沙群島の調査、測量を行なった。一八〇二年にも、南沙群島の隠遁暗沙を測量した。一八一三年には、東沙群島もラサ船長の指揮船が探検、測量した（浦野1997一三九頁、九六九頁）。

イギリスは、一八一九年にシンガポールを買収し、一八二四年にマラッカ（ムラカ）を獲得し、一八二六年には「海峡植民地」を成立させた。イギリスは、同一八二六年には南沙群島の逍遥暗沙を測量した（浦野1997一四二頁）。

ドイツは、一八七一年に統一を達成し、一八八一年から一八八四年にかけてフレーラ（Frera）号、イルティス（Iltis）号などによって南沙群島および西沙群島の調査、測量を行ない、一八九八年には山東省の膠州湾を租借した（浦野1997一四四頁）。

アメリカは、一八三五年と一九四二年に南沙群島を測量した（浦野1997一四二頁）。

イギリスとアメリカは、一九三八年に南海諸島の測量を実施した（浦野1997一四四頁）。

2-2．前近代ベトナム王朝

ベトナムも、中国同様、南シナ海は「古来、ベトナムの領土、領海であった」と主張する。ただし、「古来」とは言っても、ベトナムが主張しているのは十七世紀以前のことである。

「一九七九年ベトナム白書」のあげる史料　ベトナム社会主義共和国外交部は中越戦争（一九七九年二月〜三月）

ののち、一九七九年九月二十八日、「ベトナムのホワンサ群島及びチュオンサ群島に対する主権」と題する白書を発表し（以下、「一九七九年ベトナム白書」と略称）、①杜柏（ドバ）が十七世紀に編纂したベトナム地図集、②『撫編雑録』、③『大南寔録』、④「大南一統全図」という四つの資料をあげている。

①**杜柏（ドバ）が十七世紀に編纂したベトナム地図集**には、「バイカットバン［黄金海岸］について、その長さは四百里、幅は二十里で大占［ダイチェム］港と沙圻［サフィン］港の間の海中にあり、西南の風が吹くとベトナム中部をめざす船が漂流し、「東北の風が吹くとベトナム北部をめざす船が漂流し、いずれも最後には人は餓死する」と書かれている（浦野 1997 六一二頁）という。

『史料匯編』は、まず第一にドバ（杜伯）を取り上げる。ドバの「纂集天南四至路図」（地図の呼称が変わっている）の『図説』は「海中に一長沙があり、その名は塓葛鐄」はベトナム字喃《チュノム》で（「黄沙灘」の意）、長さ約四〇〇里、幅〔原文「闊」〕二〇里で、海中に直立している。大占門から沙栄に至り、……沙淇門からここまで半日……」とあり、「わが国の西沙、南沙群島では全然ない」（一六頁）と述べている。

具体的に、地形は「南北の長さ約四〇〇里（ベトナムの一里は約一・三五キロメートルで、五四〇キロメートル）、東西の幅二〇里（約二七キロメートル）」で、中国の西沙群島は東西に長く、南北に短い。「長沙」「塓葛鐄」が南沙群島を指すなら、中国の言う南沙群島は南北の長さ約一、〇〇〇余キロメートル、東西の幅七〇〇余キロメートルで、全然違う（『史料匯編』一七頁）。

地理的には、杜伯は「大占門から海を越えて「長沙」「塓葛鐄」に至るのに一日半、沙淇門からここまで半日」と言っている。「大占門」とは今の「会安海口」で、「沙淇門」は今の「沙淇海口」であり、「半日」あるいは「一日半」で当時の航海技術では西沙群島にも南沙群島にも行き着くことはできない（一七頁）。

これは、ベトナムが南シナ海を領有していたことの証拠ではない。

グエン朝『広義地区地図』（十七世紀）は、「一九七九年ベトナム白書」は、ドバ（杜柏）が十七世紀に編纂した『広義地区地図』でグエン（阮）王朝によるバイカットバン（黄金海岸）の開発が明記されている、と述べている（浦野 2015 二九六頁、三〇二頁）。

②グエン朝『撫辺雑録』（一七七六年）　「一九七九年ベトナム白書」は、一七七六年の黎貴惇（レイ・クドン一七二六〜一七八四）の『撫辺雑録』に記述されたホアンサおよびチュオンサの地理、資源、およびグエン朝が両群島の開発にあずかって来た歴史により、南海はベトナムの生活と支配の域にあった、と主張している（浦野 2015 一九一頁、二九六頁、三〇二頁）。

十八世紀の黎貴惇［レイ・クドン］（一七二六〜一七八四）の著作『撫辺雑録』は、「南ベトナムサイゴン当局が一七七六年に編纂された」本である。この本の中に、「広義府の、平山県安永村の河口の遥か沖には薙小島と呼ばれる海中の山」があり、「海に出て八時間余り」で、「黄沙隊という名の部隊を組んでの往来に三昼夜を要し」、小島などが「百三十余り」ある（浦野 1997 六一一〜六一四頁）、と述べている。

これも、ベトナムが南シナ海を領有していたことの証拠ではない。

『史料匯編』は、黎貴惇の『撫辺雑録』が「広義平山県安永社」の「海外の東北には島嶼があり」、「郡山がばらばらに百十余嶺ある」、「島の中には黄沙渚があり」、「前阮氏は黄沙隊七十名を置き、安永人をこれに当てた」と書いているが、中国の「西沙群島は地勢が低く、各島嶼の海抜は一般に五、六メートルで、最高の石島でも一五・九メートルしかなく、郡山は存在しない」、「百十余嶺はなおさら存在しない」、しかも「同『白書』は『百十余嶺』を『百三十余の島嶼』と歪曲した」が、「わが国の西沙群島所属島嶼は十五しかなく、低潮時に水面から露出しているのは二十五にすぎず、水面下の暗礁、暗灘を加えても三十五」だ、「黎貴惇の言う『島嶼』はわが国の西沙群島などではない」（一七頁）と批判している。（筆者は、『撫辺雑録』を日本で所蔵している広島大学蔵書を閲覧した。）

黎貴惇は、たぶん実地調査をしたわけではなく、地形、島数は不正確だったのだろう。

『史料匯編』は、ベトナム『人民報』一九七九年十月十日〜十三日発表の武海鷗文書が「黄沙群島は三十三の島山、島嶼、礁石」、「長沙群島は九十七島嶼」あり、「計百三十」ある、「黄沙島は『広義平山県』、『海外の東北』にある」と言っているが、中国の南沙群島は広義平山県の東南にある」、西沙群島と南沙群島の島、洲、礁、灘は「二百余」あるが、水面から露出しているのは『五十』にすぎない」、（一八頁）と批判している。

『史料匯編』の言う島数と地形は、事実に近いと思われる。

『史料匯編』は、黎貴惇が「黄沙渚」は「長さ三十里」で「平坦で広大」と言っているが、西沙群島、南沙群島でそんなに長く、平坦なところはなく、西沙群島、南沙群島で最大の島は永興島だが、長さ一・九五キロメートル、幅一・八五キロメートルだ（一七頁）と批判している。また、黎貴惇は「黄沙渚」などが『「諸蕃船』が風を避けるところと言っているが、西沙群島、南沙群島は珊瑚礁・島で地勢は低く、風は防げない」（一八頁）と批判している。

③『大南寔《しょく》録　正編』は、グエン朝国士舘によって編纂された史書で、一八四八年に編纂を終えている。そのうち、第五十二巻には嘉隆十五年／一八一六年に「帝は水軍と黄沙隊を派遣し、船で黄沙に渡って水路を調査した」とあり、第百四巻には「広義の海上には黄沙があり」とある。また、第百五十四巻には、「広義に属する黄沙に神祠を建てる」、「最近……物資を運び込み廟を建てた」とある。第百六十五巻には、「明命十七年」『命によりて黄沙に至り、ここに、目印をおき記録にとどめる』の文字が刻まれた」とある（浦野 1997 六一四〜六一六頁）。

このうち、第百五十四巻と第百六十五巻の記述はベトナムの領有意志を示したものと見られる。

④**「大南一統全図」**は、一八三八年頃に描かれたグエン朝時代のベトナム地図である。これらに記載されている「黄沙」は中国の言う「西沙群島」であり、「長沙」は中国の言う「南沙群島」であるとし、これらに基づいてこの二つの群島は「古来」「ベトナムの領土だと主張している」(『史料匯編』一五～一六頁)と述べている。

しかし、これもベトナムが南シナ海を領有していたことの証拠ではない。

『史料匯編』は、ではベトナムの言う「黄沙渚」「黄沙群島」はどこにあるのかと問い、清代の盛慶紱纂、呂調陽重訂『越南地輿図説』が「平山県安水社の村は海に近く、東北に島嶼があり、郡山は百三十余嶺(原注：按ずるにすなわち外羅山)が連なり、山間にはまた海があり、約一日ばかり、あるいは数更隔たり、山下に甘泉があり、中に黄沙渚(原注：按ずるにすなわち椰子塘)があり、長さ三十里、平坦で広大、……」とあり、黎貴惇『撫辺雑録』の「黄沙渚」とは「椰子塘」だ(一九頁)と断じている。

『史料匯編』は、明代の張燮『東西洋考』が「外羅山」の北に「椰子塘」があると言っており、『両種海道針経』が「外羅山」は「内に椰子塘」があり、「外羅山」の北には「椰子塘」があると言っており、「外羅山」は今の理山島群島、または広東群島」で、「理山島群島」は一つの島と見なされており、「島の中に黄沙渚があり」」、外羅山の「内には椰子塘がある」と言っている(一九頁)と述べている。

『史料匯編』はさらに、島、島嶼はベトナム語では「劬労(Culao)」、「哩島」は「劬労哩」と言い、『撫辺雑録』は「劬労哩の広さは三十余里」、「黄沙渚は長さ三十余里」とあり、現在の「哩島およびその西側は外国人が言う伏爾塔暗礁も三十里前後なので、ベトナム歴史書籍中の黄沙渚、劬労哩が指しているのは同一の場所――〔ベトナムの〕哩島」であり、従ってベトナムの言う「黄沙渚」がある「黄沙群島」とは哩島が存在する「理山群島」であり、北側の「占婆群島」を含む(一九頁)と結論づけている。

『史料匯編』は地名について、『大南一統志』の言う「占婆群島」は「俗名劬労（Culao）」、西方人は「Callao」と呼んでおり、中国史籍では「岣嶁山」であり、黎貴惇の『撫辺雑録』の言う「島」「島嶼」は「俗名劬労」の占婆島群島を含むに違いない、「理山群島」とはベトナムの阮通『越史綱鑑考略』によれば「理山島」は「外岣山」とも言い、俗称「外嶗」で、中国史籍では「外羅」「外羅山」と称し、ベトナムの潘輝注『歴朝憲章類志』と『皇越地輿志』は「海外島嶼」と称する（二〇頁）と述べている。

『史料匯編』は地理的位置について、一八七五年にベトナム人が描いた「越南地図」によれば「広義平山県東北の近海中に一系列の島嶼と山嶺」が描かれており、これは現在の「占婆群島と理山群島の位置」にある、黎貴惇『撫辺雑録』の言う「島」、「島嶼」、『大南一統志』の言う「黄沙島」は「西沙群島」ではない（二〇頁）と述べている。『史料匯編』は地形について、『撫辺雑録』の言う「黄沙渚」の「海に出、あい隔たることあるいは一日あるいは数更」、島には「甘泉」がある、「諸蕃泊（舶）は多くは風に遭うとこの島による」という特徴は占婆群島と理山群島に一致する（二〇頁）と述べている。

『史料匯編』は、グエン朝の「黄沙隊」は小型の釣り船で漁に出るが、船足は遅く、活動範囲は黄沙渚のある理山群島と占婆群島に限られ、決して西沙群島ではない（二一～二二頁）と主張している。

『史料匯編』はさらに、『大南一統全図』の描く「万里長沙」は南沙群島の位置ではなく、ベトナム中部海岸から遠くないところだ（二二頁）と主張している。

中国からの批判に対してベトナムがどう反論するか見たいところであるが、ベトナムの言う通りだとしても『広義地区地図』、『撫辺雑録』の記録からは南シナ海がベトナム人の生活領域だったとは言えても、ベトナムによる南シナ海諸島の支配、領有の証拠とまでは言いがたいだろう。

『大南寔録《しょく》 正編』（一八一一年～一八四四年上梓、その後、同『正編』一九〇九年第二紀～第六紀編述、版行）。

ベトナム最後の王朝であるグエン朝の初代皇帝嘉隆帝の在位は、一八〇二年～一八二〇年であり、『大南寔録』は、グエン王朝の正史である。『大南寔録前編』十二巻は、一八一一年から編纂を開始し、一八四四年に上梓され、その後、同『正編』が一九〇九年までに第二紀～第六紀が編述、版行された。さらにそれとは別に、列伝が編纂され、一八五二年に『大南列伝前編』六巻がなり、一九〇九年までに『大南正編列伝』初集、第二集が完成された。『大南寔録』は、漢文で書かれている。グエン朝第二代皇帝明命帝の在位は、一八二〇年～一八四一年である。

日本では、一九三五年にその一部分が刊行され、戦後、『大南寔録』全二十巻（慶應義塾大学語学研究所 一九六一年三月）が刊行されるに至った（中央大学所蔵本では第四冊欠）。

『大南寔録前編』巻十には、「甲戌《じゅつ》十六年〔一八七四年〕」「秋七月、広義の黄沙（Hoàngsa）隊の民衆が乗船し、黄沙島に行ったが、風に遭って泊し、清の瓊《けい》州洋に入り」、「清総督が厚く給して送り返した」とある。「瓊州」は、海南島を指す。「黄沙島」は、「ホアンサ」（中国名：西沙群島）を指すだろうが、具体的にどこを指すか不明であり、必ずしも「ホアンサ」領有の「証拠」とは言えない。

グエン朝国史館編纂の『大南寔録 正編』には、嘉隆帝が一八一六年に黄沙諸島を占有したこと、明命帝（一八三五年、一八三六年）がこれら諸島に廟を築き、碑を建て、植樹をし、測量をし、これを地図に描いたことが記されている、と「一九七九年ベトナム白書」は述べている（浦野 2015 二九七～二九九頁）。

『大南寔録 正編』第一紀巻五十二には、「〔グエン朝皇帝は〕水軍と黄沙隊が船に乗って黄沙に行き、水程を調査するよう命じた」とある。

これについて、浦野 2015 はベトナム側が一八三六年の『大南寔録 正編』に嘉隆帝が「一八一六年に水軍と黄沙隊を派遣し、船で黄沙を渡って水路を調査したと記述されていること、一八三五年夏には「広義に属する黄沙に神祠を建てた」と記述されていることを歴史資料としてあげている（浦野2015 一九一頁）。

「ホアンサ群島」は「西沙群島」ではないのか

「一九八〇年中国外交部文書」は、『大南実録《ママ》　正編区』には「占有」の記載は見あたらない、と述べており（浦野三一二頁）、事実関係の確認が必要である。同文書はさらに、嘉隆帝の「黄砂群島の占有」説はフランス植民地主義者ルイ・タベールの『コーチシナ地理ノート』が「プラセル、別名パロセル群島」は「パリを起点とする東経一〇七度、北緯一一度」としており、パリ子午線東経一〇七度はグリニッジ東経一〇九度一〇分で、中国の「西沙群島」はそれより東、また西沙群島最南端は北緯一五度四七分であり、タベールの言う「プラセル」は中国の「西沙群島」ではない、と反論している（浦野三一二頁）。（なお、「プラセル」は浦野が原文のママとしており、「パロセル」は浦野原文であるが、正しくはパラセル群島である。「一九八〇年中国外交部文書」は、書名として『大南実録　正編』としているが、「実」は誤まりである。）

ベトナム名「ホアンサ群島」と中国名「西沙群島」が同一群島であるか否かは、確認されなければならないし、ベトナムの反論を見たいところである。

ベトナム、グエン王朝嘉隆帝のフランス人顧問ジャン・バプティスト・シェニョーは一八二〇年頃、『中南部地方についての意見書』を執筆し、嘉隆帝が一八一六年に正式にホアンサ群島に対する主権を行使したと明記している、と「一九七九年ベトナム白書」は述べている（浦野2015 三〇二頁）。

グエン王朝の明命帝は一八三三年、ホアンサに赴き、碑を立て、廟を築き、植樹をするため、輸送手段と物資を準備するよう工部に命じた、と「一九七九年ベトナム白書」は述べている（浦野2015 三〇二頁）。

グエン王朝の范文原は一八三五年、物資をホアンサに運び、碑を立て、廟を築いた（「一九七九年ベトナム白書」）。

浦野1997六二〇頁、2015三〇二頁)。

グエン王朝の范有日の水軍は一八三六年、兵船をホアンサに送り、調査して地図を描いた(「一九七九年ベトナム白書」。浦野2015三〇三頁による)。なお、浦野1997は「一八三六年」としている。

グエン王朝の范有日の水軍は一八三六年、兵船をホアンサに送り、調査して地図を描いた(「一九七九年ベトナム白書」。浦野2015三〇三頁による)。

以上のうち、ホアンサ群島が西沙群島と一致するなら、『大南寔録 正編』、『大南一統志』の記述はベトナムによるホアンサ(黄沙、西沙)群島領有の一定の歴史的根拠となりうるものと見られる。

(筆者は、中華人民共和国が出しているフランス、アジア学会蔵抄本、ベトナム、グエン朝国士舘編嗣徳版『大南一統志』〈西南師範大学出版社、人民出版社〉全四冊。毛筆書き)新潟大学所蔵本を閲覧した。)

なお、ベトナムの多くの地図、資料ではホアンサ、チュオンサの両群島はしばしば一つにされ、大長沙、万里長沙と総称されていた(浦野2015三〇二頁)という。

ルイス・I・タベール司教は一八三八年、『ベトナム・ラテン語辞典』を出版し、その中に「カットバンというベトナム名と「プラセル」という国際名が併記されたホアンサ群島を描いている「安南大国画図」が付けられた(浦野1997六二一頁)。

『ホアンサ・チュオンサ主権』は、ホアンサ群島、チュオンサ群島がベトナムの固有の領土である証拠として"Phu Bien Tap Luc"(漢字表記『撫辺雑録』一七七六年)、"Dai Nam Nhat Thong Toan Do"(漢字表記『大南一統全図』一八三八年)、『大南寔録』ほかをあげている。

この中で、ベトナム西沙群島(ホアンサ群島)には「百三十」島あると言っているのに対して中国は西沙群島(ホアンサ群島）には「百三十」もの島はないと批判しているが、二〇一二年発行の『ホアンサ・チュオンサ主権』は島数「百三十」と述べている。

3．第一章小結

第一章の結論としては、前近代の史料から見て、南シナ海は「古来、中国領」という中国の主張はまったく成り立たないことは明らかである。『史料匯編』などは、中国が古来から南シナ海に対する領有権、管轄権を持っていたと主張しているが、それは「東沙群島・中沙群島・西沙群島・南沙群島＝中国領」という主張を前提として「千里長沙・万里石塘＝中国領」と主張する根拠のない逆立ちした解釈にすぎず、歴代王朝で南シナ海に対する領有権、管轄権を主張した王朝は一つもない。

「南シナ海＝古来、ベトナム領」というベトナムの主張も、成り立たないものが多いが、一部に成立する可能性があるものもある。

結論：前近代における南シナ海の「領有」は問題にすらならなかった。

第二章　「近代」の南シナ海

本書では、東アジアにおける「近代」とは一八四〇年以降とする。

イギリスは、十八世紀後半に南シナ海に関心を持ち、調査を開始し、各島・礁に命名し、その一部の領有を宣言した。

イギリスは、一八四〇年から一八四二年のアヘン戦争で東アジアに橋頭堡を築き、香港を植民地として獲得した。一八四〇年には、「東沙群島」に測量が行なわれたが、英名プラタス（Pratas）島の由来であるイギリス人プラタスの東沙島への漂着は一八六六年である（浦野1997一四二頁）ので、東沙群島という群島名はあと付けだということである。つまり、浦野1997は群島名を中国名で「東沙群島」およびこのあとに出てくる「西沙群島、中沙群島、南沙群島」と記述しているが、この当時、それらの群島名はなかったということである。

フランスは一八六二年から一八八四年にかけてベトナム東三省を占領し、パトノール条約調印までにかけてベトナムを植民地化した（浦野1997六二二頁）（拙著『アジア史入門　日本人の常識』白帝社　二〇一〇年十一月。以下、『アジア史入門』と略称）。

一八八七年のフランス・清国協定では、東経一〇八度三分一三秒の経線がトンキン湾上のベトナム・清国境界線とされた（浦野1997六七八頁）。

しかし、フランスはただちに南シナ海の領有まで拡大してはいなかったようである。

ベトナム国史館『大南一統志』（一八六五〜一九一〇年編纂）　一八六五年から一九一〇年にかけてベトナムの国史館によって編纂された『大南一統志』では黄砂群島がクアンガイ省に属すると明記されている、と「一九七九年ベトナム文書」は述べている（浦野 2015 二九九頁）。

フランスは、十九世紀後半の清仏戦争によって東南アジアを領有したが、南シナ海にはあまり領有意欲を示さず、一九三〇年代になって南シナ海諸島・礁の領有を開始する。

ドイツ船ベロナ号は、一八九五年に南シナ海の北方暗礁上で難破した（浦野 1997 一四九頁）。

日本は、一九一〇年から南シナ海への領有主張を行ない、一九三九年から一九五二年にかけては南シナ海諸島・礁・海域を領有した。

1．一八四〇年から一九四五年の英、仏

1-1．イギリス（十九世紀中葉〜十九世紀後半）

イギリス南シナ海測量　イギリスは、一八四四年にはT・H・チザード（T.H. Tizard）、J・W・リード（J.W. Reed）らの指揮する艦隊七隻によって南沙群島、西沙群島および中沙群島の調査が実施された（浦野 1997 一四二頁）。

イギリスは、一八四四年以後にもライフルマン（Rifleman）号などで南沙群島、西沙群島および中沙群島の調査を行なった（浦野 1997 一四二頁）。

英国船サラセン号艦長リチャーズは、一八五八年に東沙島の測量を行なった（浦野 1997 一四二頁、一四八頁）。

イギリス海軍少佐シーバルロックが一八六六年これを補足した海図を作成し、さらに一八六七年に同じくイギリス

海軍少佐のイーブルーカーがこれを補足した海図を作成した。日本海軍による明治十六年／一八八三年の海図はこの測量に従っていた（浦野 1997 一四八頁）。

イギリス海軍水路局“China Sea Directory”出版（一八六八年）　イギリスは、南シナ海を調査、測量し、各島・礁に命名した。キロス 2010 によれば、イギリス海軍水路局は一八六八年に“China Sea Directory”（『中国海指南』）を出版し、南シナ海諸島・礁の名称を発表した（一三七頁）。筆者は残念ながら同書を閲覧できていないが、本書第四章に収録した南シナ海諸島・礁の英語名称と同一のものと見られる。

イギリス、スプラトリー島領有権主張（一八七七年）　スプラトリー島について「最初に領有権を主張したのは大英帝国だった」（ヘイトン 2014 一三三～一三四頁）。

イギリス植民地ラブアン島（ボルネオ沖の島）当局は一八七七年九月、英国王の名においてスプラトリー島およびアンボイナ島においてグアノ（鳥糞）採取の許可を与えた。これが、現在スプラトリー諸島に関して国家が主権を主張した最初の例であり、その後、イギリスはスプラトリー島とアンボイナ島の領有権を正式に放棄したことはなく、フランスが一九三〇年四月にスプラトリー島を占拠し、南シナ海の広大な方形の海域内の土地に領有権を主張すると、イギリスはその数週間後に領有宣言を蒸し返した（ヘイトン 2014 一三六～一三七頁）。

イギリスは、一八八八年にはボルネオを勢力範囲に収め、一八九五年には英領マラヤ連邦が成立した（浦野 1997 一四二頁）。

イギリスは、一八九九年にはスプラトリー島（南威島）とアンボイナ島の採掘権を中央ボルネオ会社に与えた（浦野 1997 一四二頁）。

1-2. フランス（十九世紀後半〜第二次大戦前）

ベトナム地域では、次の記述がなされていた。

イギリスのギュッツラフ博士は、「コーチシナ帝国の地理」という論文を執筆し、ベトナム中南部の皇帝がホアンサ群島を占有し、商船隊や魚を取りに来る外国人から税を取り自国の漁民を保護するために小規模な部隊を設けている、と言及している（浦野 1997 六二一頁）。

ベトナム国史館『大南一統志』（一八六五年〜一九一〇年編纂）　一八六五年から一九一〇年にかけてベトナムの国史館によって編纂された『大南一統志』では黄砂群島がクアンガイ省に属すると明記されている、と「一九七九年ベトナム文書」は述べている（浦野 2015 二九九頁）。

ベトナム地域は、フランスは「一八五九年二月十八日のサイゴン［西貢］占領に始まり、一八六二年六月五日のサイゴン条約でコーチシナ東部を収め」、「一八七四年三月十五日のサイゴン条約でコーチシナ全域の支配を確立し」、「一八八四年五月十一日の天津条約および同年二月アンナン事件に関するフランス・清国条約、さらに六月六日ユエ［順化］条約（パトノートル条約）で、清国のアンナン朝に対する宗主権が否定された」（浦野 1997 一四九頁）。現ベトナム地域は、「一八八四〜一八九四年以降、直轄地としてのコーチシナ、および保護国としてのアンナンとトンキンから成り立つ」（キロス 2010 四一頁）。ベトナム地域は、北部がトンキン、中部がアンナン、南部がコーチシナと呼ばれる。

一九一〇年までに編纂されたベトナムの『大南一統志』は、ホアンサ群島はベトナム領土の一部だと「明記している」（「一九七九年ベトナム文書」。浦野 2015 三〇三頁による）、と述べている。ホアンサ群島とは、黄沙群島、中国名では西沙群島である。

これは、フランスによる植民地支配下ベトナムの時期に属する。

浦野1997も、ベトナムは一八六五年から一九一〇年にかけて編纂されたベトナムの正式地理書である『大南一統志』はホアンサ群島がベトナムの領土の一部であると「明記している」（浦野1997六二一頁）、と述べている。

フランスのブリアン首相兼外相は一九二一年八月二十二日、西沙群島は中国政府が一九〇九年に主権を確立したと述べた。インドシナ総督も一九二九年にパラセル群島（西沙群島。以下、同じ）は中国に属すると認めた（「一九八〇年中国外交部文書」。浦野2015三〇九頁）。

キロス2010によれば、イギリス政府は日本に反対して、一九一〇年から一九二〇年に東沙群島をめぐる中国の領有権、一九三〇年代に西沙群島をめぐる中国の領有権を認めていた（一九二頁）、というが、確認が必要である。

インドシナ総督府は、一九二一年五月六日にハノイで「パラセル島に関する機密覚書」を作成した。

それによれば、「最初にパラセル群島問題の起こりたるは一八九八年」で、海南島海岸より二五〇キロメートル、安南海岸より三〇〇キロメートルであった。パラセル群島内で最大の島はタルボアゼ島で、トリトン島、パッスケア島、リンコルン島があり、チクロアッサンノ集団にはダンカン島、ドラモント、パテ、ロバートモネーノ諸小嶼を擁し、アンフィトリットノ集団はボアゼ島、ロッシューーズ島を擁している。パラセル群島には「永住的の住民ありしことなく」、「冬期にはパラセル島の住民は皆引揚ぐ」。難破船は、ドイツ船『マリアンナ』が一八九一年にボンベイ暗礁で、同「ベロナ」が一八九五年に北方暗礁で、日本船「イメギ丸」が一八九六年にアンフィトリットノ島で難破した。「一九〇八～一九〇九年までは如何なる国もパラセル群島併合の意志を表明せざりき」。一九〇九年四月支那政府の視察団が此を調査し、一九〇九年六月第二の視察団派遣せられ、「支那国旗を掲揚し二十一発の祝砲を放てり」。在広東総領事ボウヴェー氏の一九二一年四月書簡は「一九二一年三月十一日の会議に於て広東督軍はパラセル群島を行政上海南島ヱー県支庁に付属せしむることに決定せり」と通知した（浦野1997二三二～二三八頁）。

「一九二五年以前には、フランスが南シナ海の島嶼にたいして自己の『国益』あるいは『植民地の利益』を追求したり政策を遂行したりすることはほとんど無かったといわれる」（キロス2010四一頁）。

タン・チョンフエ、黄沙群島の領有権主張（一九二五年三月）　浦野1997は、「ユエ王朝」の兵部尚書タン・チョンフエが中華民国のホアンサ群島奪取の企みに対して、ホアンサはベトナムのものであると確認した（浦野1997二三二～二三八頁）、と述べている。

キロス2010は、「一九二五年三月三日には、ベトナムのアンナン王朝兵部尚書タン・チョンフエが西沙群島の領有権を主張する宣言を発した」（四一頁）、と述べている。

浦野2015も、ベトナム「安南王朝」兵部尚書タン・チョンフエは一九二五年、ベトナムの名「黄沙群島」（西沙群島）はベトナム領土と主張し、フランスは同年十一月六日の「ユエ条約」で安南政府の保護権を行使し、西沙群島にも関与した（八八頁）、と書いている。

ここに言う「安南王朝」とは、グエン（阮）朝（一八〇二～一九四五）のことである（『アジア史入門』一一二頁）。浦野1997、浦野2015は、この王朝を「ユエ王朝」とも表記しているが（浦野三〇三頁）、これもグエン王朝のことである。「ユエ」はフランス語発音のベトナム中部の都市名でベトナム語では「フエhue」であるが、フランス語では語頭のhは発音しないので、「ユエ」と書かれることがあるが、これはフランス植民地時代の名残りである。

フランスの植民地当局は一九二五年、ニャチャン海洋研究所長コンオンを派遣し、彼は軍艦ド・ルネサン号の水兵とともにこの島嶼に上陸し、地図測量を行なった（四一頁）。フランスは、一九二八年からトンキン（東京）リン酸塩新社がバットル島、ロベルト島、モニイ島、ドラモント島などでグアノ資源を開発し始めていた（キロス2010四二頁)。

フランス、「先占」領有公示(一九三〇~三三年)　フランスは、一九三〇年には「学術調査を目的として帆船マリシューズ号を派遣し、タンペート島［西鳥島］の最高地点にフランス国旗を掲揚し、事実上、同島の占領を行なった。」(浦野 1997 二五九頁)

フランスは一九三〇年、スプラトリー群島(南沙群島)を調査し、タンベール島(西鳥島)にフランス国旗を掲揚し、同島の占領を宣言した(浦野 2015 八八~八九頁)。

浦野 1997 と浦野 2015 では、「タンペート島［西鳥島］」「タンベール島(西鳥島)」と島名が異なる。

フランスは、パラセル島を併合する過程で一九三〇年五月、フランス、インドシナ総督府は「パラセル島問題の最近の沿革」と題する文書をまとめた(浦野 2015 六一頁)。

一方、「一九三〇年四月香港において極東気象会議が開催され、フランス人アンナン気象台長E・ブルゾー、上海気象台主任徐家匯、その他が、中国代表に対し西沙群島での気象台建設につき、要請した。国民政府はこれを受けて、同年八月九日、西沙群島および中沙群島での気象台建設を指示した。」(浦野 1997 二六〇頁)

一九三一年九月十八日、満州事変が発生した。『史料匯編』によれば、日本による九・一八事変に乗じ、アンナン帝国が西沙群島に対して先有権を声明した(一〇頁)、という。

フランスは一九三〇年以降、西沙群島、南沙群島への派遣、巡回をしたが、その水兵の大部分はフランス人ではなく、ベトナム人だった(キロス 2010 二〇四~二〇五頁)。

フランスは一九三一年、一九三二年、西沙群島、南沙群島に軍艦を派遣した(キロス 2010 四三頁)。一九三一年三月には、フランスの小艦艇インコンスタント号が西沙群島に上陸し国旗を掲げた(キロス 2010 五〇頁)。

日本は一九三三年三月、国際連盟を脱退した。

フランスは一九三三年三月、「スプラトリー群島（南沙群島）」を占領した（浦野2015八九頁）。同じ浦野2015は、フランスは一九三三年七月、スプラトリー群島を占領し、その旨告知した（一九二頁）、としている。

フランス、六島領有宣言（一九三三年）　広田外務大臣は、在フランス杉村大使に、「新南群島の帰属に関しては昭和八年〔一九三三年〕仏国政府が其の領有宣言を通告し来たりたる」（『日本外交文書　昭和Ⅲ』所収「昭和十二年〔一九三七年〕十二月十七日　広田外務大臣より在仏国杉村大使宛（電報）」）、と通知している。

フランス外務省は、一九三三年七月に『フランス共和国官報』でチュオンサ群島各島の占有に関する声明を出した（「一九七九年ベトナム文書」。浦野2015三〇三頁による）。

フランスによる「新南群島」の領有は、一九三三年七月に日本に通告された。東京のフランス大使は、一九三三年七月十六日付仏国政府官報によって公示し、日本に次のように伝えた（一九三八年一月二十四日）、と述べている。

（フランスによる）「新南群島の占有は一九三〇年四月十三日仏国海軍に依り行はれ、一九三三年四月七日より十二日迄に於て国際法に定まれる手続に従い完成せられ、更に一九三三年七月十六日付仏国政府官報に依り公式に公示せられ候」。「右群島は其時迄如何なる国家の主権の目的物となりたること無之《これなく》仏国の占有前『無主物』の点に関しては何等異議の挿《さ》しはさまれたること無之候」（『日本外交文書　昭和期Ⅲ』所収「（付記）昭和十三年〔一九三八年〕一月二十四日付新南群島問題に関し在京仏国大使申入（第二号書簡）」）

フランス政府は、「一九三三年七月二十六日」に南沙群島の六つの島・暗礁をインドシナ連邦に編入を宣言したが（キロス2010五〇頁、五九頁）、中華民国は直接には抗議しなかった（キロス2010五〇頁）。

（編入の日付は、『日本外交文書　昭和期Ⅲ』所収「在京仏国大使申入」とキロス2010は食い違っており、キロスの間違いと見られる。）

六島の島名については、フランス外務省の公告は一九三三年七月、正式に六つの島――スプラトリー島（ストーム島）、アンボイナ島、イツアバ島、北二子島および南二子島、ロアイタ島、テイトウ島――を併合して名前をつけ、フランス政府『官報』で発表した（浦野1997二六一～二六二頁）、と述べている。

キロス2010は、フランスは政府官報でスプラトリー島、アンボイナ岩礁、イツアバ島、トゥーアイランズ、ロアイタ島、チツ島の六つの島・暗礁を編入した（五九頁）、と述べている。

フランス外務省の公告とキロスでは、「北二子島および南二子島」と「トゥーアイランズ」という表記上の違いがあるが、両者は同一島である。「テイトウ島」と「チツ島」は、発音あるいは表記の違いによるもので同一島である。

フランスは一九三三年七月二十五日、「アストロラ、アラート両通報艦」が南シナ海諸島を「発見したという理由で同島に対する先占宣言をした」（一九三九年四月十八日『朝日新聞』）。

フランスによる南シナ海島、礁の領有宣言に対し、イギリスがフランスに対し説明を求めて納得したほかは、中華民国を除き、アメリカ、フィリピン、オランダからもこの時点で原則上、異議の提出はなかった（浦野1997二六四頁）。

日本政府は一九三三年八月十五日、フランスによる編入に対しフランスの先占を認めないとの方針が閣議決定された（浦野1997二六六頁）。

バリア省の管轄（一九三三年十二月）　一九三三年「十二月二十一日にもフランスのコーチシナ政府高官M・J・クラウチュメがスプラトリー島、アンポイナ岩礁、イツアバ島、トゥーアイランズ、ロアイタ島、チツ島、そしてその小島を、バリア省の管轄としたのであった」（キロス2010四三～四四頁）。

南圻総督クラウチュメは、一九三三年十二月二十一日付け第四七六二号決定でチュオンサ群島をバリア省の管轄とした（「一九七九年ベトナム文書」。浦野2015三〇三頁による）、と述べている。

浦野2015によれば、サイゴン植民地議会は一九三三年十月、南沙群島をコーチシナ（南圻《き》）に組みこみ、十二月、バリア省に行政編入した（一九二頁）。

浦野2015は、南シナ海が「領土問題として提起されたのは一九三三年にフランスが南沙群島の九つの島嶼に侵攻して以降であった」（一八〇頁）としているが、誰と誰が「領土問題として提起」したのか、示していない。フランスが領有宣言をしたことを指しているのだろうが、それを「領土問題として提起」したと表現すると、南シナ海はもともと中国のものであったのにフランスが「侵攻」して起こった問題だと言いたいかのような印象を招きやすいだろう。

バリア省がチュオンサ群島所管（一九三三年十二月）　浦野2015は、南圻（コーチシナ）総督が一九三三年十二月二十一日、チュオンサ（中国名：南沙。以下同じ）群島をバリア省とした、と記述している。さらに、東海にあるスプラトリー（南威島）の名をもった島と、これに付属したアンボイン（安波沙洲）、イツアバ（太平島）、ハイダオ（南北二子島）、ロアイタ（南鑰《やく》島）テイトウ（中業島）の島嶼を今後、バリア省に置くとしている、と「一九七九年ベトナム文書」は述べている（三〇〇頁）。

フランス、島・礁名決定（一九三五年三月）　『史料匯編』によれば、フランスは一九三〇年代に水陸地図審査委員会を設置し、同委員会は一九三四年十二月と一九三五年三月、二回会議を開き、南シナ海島、礁の名称を決定し、一九三五年四月、水陸地図審査委員会編印『中国南海各島嶼図』で南シナ海島・礁・沙・灘の名称と位置を表示した（二一一頁）という。

一九三七年～一九三八年日仏対立　フランスと日本は、一九三七～三八年にかけてスプラトリ群島（日本名・新南群島）の領有をめぐって対立した。

キロス2010によれば、「一九三七年には土木技師ゴーティエが西沙群島の様々な島嶼に上陸し、水上飛行機の航行に役立てるための二つの灯台を建設」した（四四頁）。

フランスの仲裁裁判提案（一九三七年二月）を中華民国拒否　キロス2010によれば、「フランスは一九三七年二月二十八日に西沙群島の領有権の紛争を仲裁判決に付するようにと提案したが、中国政府はその提案を拒絶した」（五三頁）、と述べている。

これが事実ならば、フランスは日本のみならず中華民国にも仲裁判決に付する提案をしていたということになる（本書第三章2-2．参照）。キロスは、フランスが日本に提案したことについては触れていない。

在東京のフランス大使によれば、「スプラトリ群島（新南群島）」では「仏蘭西の正式先占紀念の為昭和八年樹立せられたる標識は破壊せられ居たり」（『日本外交文書　昭和期Ⅲ』所収「昭和十二年〔一九三七年〕十二月十七日　広田外務大臣より在仏国杉村大使宛（電報）」「在京仏国大使より九日付け書簡」）とのことであり、フランス政府はイツアバ島の記念碑再建などを指示した。

フランスは一九三七年十二月、イツアバ島での国旗再掲揚などをめざしたわけである。

日本の「海軍側情報に依れば本月四日仏国通報艦『イツアバ』島に入港艦長外二名上陸し千谷《ちや》予備海軍大佐（形式上台湾海洋興業なる漁業会社の社員となり居れり）に対し同島は昭和八年以来仏領に属するを以て之が視察、仏国旗の再掲揚及当時の紀念碑確認の為来航せる旨告げたる」（『日本外交文書　昭和期Ⅲ』所収「昭和十二年〔一九三七年〕十二月十七日　広田外務大臣より在仏国杉村大使宛（電報）」）という。

ベトナム国、ホアンサ群島、トゥアティエン省所管（一九三八年三月）　バオ・ダイ帝は一九三八年三月三十日、ホアンサ群島をナムガイ省から切り離し、トゥアティエン省に編入する勅諭を発布した（浦野1997六二二頁）。

ベトナム国バオダイ帝は、「バオダイ十三年」（一九三八年三月三十日）付け第一〇号勅諭においてホアンサ群島（パラセル群島）は長くベトナムの主権に属し、以前の諸朝のもとでは「ナムグァイ」省の管区画に属しており、世祖高皇帝（嘉隆帝）の代でも変わらなかったが、「南朝」（ベトナム王朝）政府代表が植民地政庁代表官とともにホアンサ（西沙）諸島（英名：パラセル群島）をトゥアティエン省の区画に加えた方がよいと奏上し、これを認めるとした（「一九七九年ベトナム文書」。浦野2015三〇〇頁、三〇三頁による）、と述べている。

バオダイ帝は一九三八年三月三十日、ホアンサ群島をナムグァイ省から切り離し、トゥアティエン省に編入する勅諭を発布した（「一九七九年ベトナム文書」。浦野2015三〇三頁による）、と述べている。

インドシナ総督は、一九三八年六月十五日の決定でトゥアティエン省に属するホアンサ群島に一つの行政単位を設けた（「アンナン行政官報」十二号、一九三八年八月九日掲載）（「一九七九年ベトナム文書」。浦野2015三〇〇頁による）。

イツアバ島、実効支配へ（一九三八年六月〜七月）　インドシナ総督ジュール・プレビエは一九三八年六月十五日、ホアンサ群島を一つの行政単位とする決定を下した。フランスはパトルー島（ホアンサ群島内）に主権標識灯台、気象地点、無線電信基地を設けた。チュオンサ群島のイツアバ島に気象観測所が建設された（「一九七九年ベトナム文書」。浦野2015三〇三頁による）、と述べている。

フランスは一九三八年七月、イツアバ島への実効支配をさらに進めようとした。

「七月下旬新南群島『イツアバ』島に仏船寄港し安南人三十名仏人巡査三名上陸し木材、鉄材、箱、セメント、家畜、食糧品等を陸揚し其後同島に於て永久的建造物を建設しつつある処右は仏国側に於て此際一歩を進め同島に新事実を作らんとするもの」（『日本外交文書　昭和期Ⅲ』所収「昭和十三年（一九三八年）八月六日　宇垣外務大臣より在仏国杉村大使宛（電報）」）。

ホアンサ群島占拠（一九三八年夏）　『史料匯編』によれば、フランスは一九三八年夏、アンナン警察を派遣し、西沙群島の一部の島嶼を占領した（一一頁）という。

フランスは一九三八年、「フランス共和国、アンナン王国、ホアンサ群島、一八一六年［嘉隆帝がホアンサ群島に対する主権を実現した年］——パラセル、一九三八年［主権標識を］」との主権標識をホアンサ群島に立てた（「一九七九年ベトナム文書」。浦野 2015 三〇〇頁による）。

フランス政府は一九三八年、イツアバ島に測候所を建設した。イツアバ島は、東アジア太平洋戦争中、日本が占領したが、米軍の爆撃があった一九四五年五月一日から米海軍が上陸した一九四五年十一月までの間、日本はこの島を放棄している（ヘイトン 2014 一三七頁）。

フランス、日本に抗議（一九三九年一月）　フランス政府は一九三九年一月七日に「在東京仏国大使館を通して、日本軍艦が日本人及び台湾人を南沙群島に上陸させたことに抗議した」（八六頁）、という。

インドシナ総督、ホアンサ群島を二つの行政単位に（一九三九年五月）　「一九七九年ベトナム文書」は、インドシナ総督が一九三九年五月五日の決定でホアンサ群島を二つの行政単位とする（「アンナン行政官報」、一九三九年掲載）とした、と述べている（浦野 2015 三〇〇～三〇一頁）。

キロス 2010 によれば、インドシナ総督が一九三九年五月五日、三一八二号議定書を発し、「同群島」（「ホアンサ群島」を指すと見られる——筆者）を二つの行政単位、クレセントおよび付属島嶼「永楽群島」支庁（Délégation du

Croissant et Dépendances）とアムフィトリトおよび付属島嶼「宣徳群島」支庁（Délégation de L'Amphytrite et Dépendances）に分割し、これらの行政局をそれぞれバットル島とウッディ島におくことを決定、フランス政府はイツアバ島に気象台も建設した（四五頁）、という。

日本は、一九三九年三月三十日に南シナ海島・礁の日本領編入を発表したので（本書第三章参照）、日仏対立は激化してゆく。

チュオンサ群島イツアバ島指揮官交代（一九四〇年八月）　宇垣外務大臣は、「勝力《かつりき》艦長の報告に依れば其後仏側は『イツアバ』島に在西貢《サイゴン》『プーチン』漁業会社管理人（安南人）、同社専属無線電信技師（仏人）及作業場約二百坪を新築しつつあり」（『日本外交文書　昭和期Ⅲ』所収「昭和十三年〔一九三八年〕八月十五日　宇垣外務大臣より在仏国杉村大使宛（電報）」）と述べている。

「一九七九年ベトナム文書」は、任期を終えたイツアバ島（チュオンサ群島）指揮官M・ボロラウド氏に代わる者を選抜することに関するインドシナ総督の一九四〇年八月二十二日付け通達を収録している、と述べている（浦野2015三〇一頁）。

ホワンサ群島行政長官選任（一九四一年八月）　「一九七九年ベトナム文書」は、一九四一年八月十二日の中圻欽使［ベトナム中部アンナンのフランス人総督］ブラーム氏に代わり、マハメドブアイ・モズィーン氏をアムフィトリット島嶼群（ホワンサ群島）行政長官に選任するとの決定を収録している、と述べている（浦野2015三〇一頁）。

これらの資料は、フランスおよび安南王国（グエン朝）によるベトナム名ホアンサ群島（英名：パラセル群島、中国名：西沙群島）、ベトナム名チュオンサ群島（長沙群島。英名：スプラトリー群島、中国名：南沙群島）に対する「領有意識」を示し、「実効支配」を主張するものである。

キロス2010は、日本海軍が「一九三九年から南シナ海の島嶼の占領をおこなっていた」にもかかわらず、「フランス、ベトナム分遣隊が戦争終了の直前まで西沙群島に駐留していた」、フランスの水兵は「一九四五年三月九日まで西沙群島における日本海軍の駐屯兵と平和共存」していた（一二九頁）、と見る。

2．マンジュ清朝後期から中華民国へ

「近現代史の問題」　ヘイトン2014は、中国には本書第一章「1．前近代」の項で見たように南シナ海に対して領有権主張をする「歴史的根拠」は皆無なので、国際法廷では複雑な近現代史を検討せざるをえなくなる（一四二頁）と指摘する。この「近現代史」には、検討すべき点が少なくとも三つある。(20)

マンジュ清朝と中華民国の関係　第一に、中国近現代史と領土の関係でまず問題にすべきは、マンジュ清朝と中華民国の関係である。マンジュ（満州）族王朝、清朝打倒を掲げた辛亥革命が起こったとき、モンゴル、チベットは漢族の中華民国が独立するなら、マンジュ族清朝に従属してきた自分たちも中華民国に服属する理由はないとして独立をめざしたのだったが、中華民国の清朝領土継承は認められるべきなのか、それともモンゴル、チベットなどの民族独立は認められるべきなのかという問題があるのである。その後、外モンゴルは独立を達成し、チベットは中華民国期は事実上独立していたが、中華人民共和国の誕生に伴ってその独立は否定され今日に至っている。中華民国による清朝版図の継承問題にヘイトン2014は触れていない。

2―1．マンジュ清朝後期（一八四〇年〜一九一一年）

マンジュ清朝後期とは、一八四〇年から一九一一年までとする。『史料匯編』はそのように時期区分しており、拙

著『アジア史入門』でもそのように時期区分した。

魏源『海国図志』（一八四二年成書）　魏源『海国図志』は、魏源が中国地域歴代史書を渉猟、抜粋した部分と欧米の地理書を林則徐が訳を担当し、それを魏源が整理した部分とからなり、十九世紀東アジアでもっとも詳細な世界地理集（**図7-(1)**『海国図志』地球図）であったと言ってよいだろう。幕末の日本でも道光版『海国図志』が閲読されたことは、よく知られている。

その初刻は、道光二十二年（一八四二年）五十巻で、その後、道光二十七年（一八四七年）六十巻、増補刊一八四七年があり、完成は一八五二年とされる。その後、光緒二年（一八九六年）百巻本があり、これに陳華、常紹温、黄慶雲および張廷茂、陳文源による校点、注が付けられた初版本が一九九八年に出ており、現在では百巻本の『海国図志　一～四』（岳麓書社　二〇一一年二月）が入手しやすい。『海国図志』（一八四二年初刻本から一八九六年百巻本まで）は、世界地理を解説したものであり、清朝の領土の範囲を書いたものではない。

百巻本[21]の中で南シナ海に関係しそうなのは、巻三、海国沿革各図の安南国図（ベトナム）、東南洋沿海各国図、東南洋各島図（**図7-(2)**『海国図志』東南洋図）（**図7-(3)**『海国図志』東南洋各島図）、巻五～十八、東南洋の叙東南洋、アジア洲総説（**図7-(4)**『海国図志』アジア図）、越南（ベトナム）、暹羅《せんら》（シャム／タイ）、緬甸《めんでん》（ビルマ）、呂宋（ルソン）夷所属島、婆羅、ジャワ大島各国沿革考、英蘭所属葛留巴島、英蘭二夷アチェおよび三仏斉（ジャワ島の一部）、パレンバン（スマトラ島内部）、蘭仏二夷所属美洛居島などが含まれている。

このうち、巻三の文中では、謝清高『海録』の記述として、「瓊州、安南を経て崑崙に至り、また南行三、四日で地盆山に至り、万里長沙はその東にある。外溝を行くと……約四、五日で紅毛浅を過ぎる。沙灘が水中にあり、幅は百余里で……浅瀬を過ぎてさらに三、四日行くと草鞋石に至り、四、五日で地盆山に至り、内溝と合流し、万里長沙

図 7-(1)『海国図志』地球図

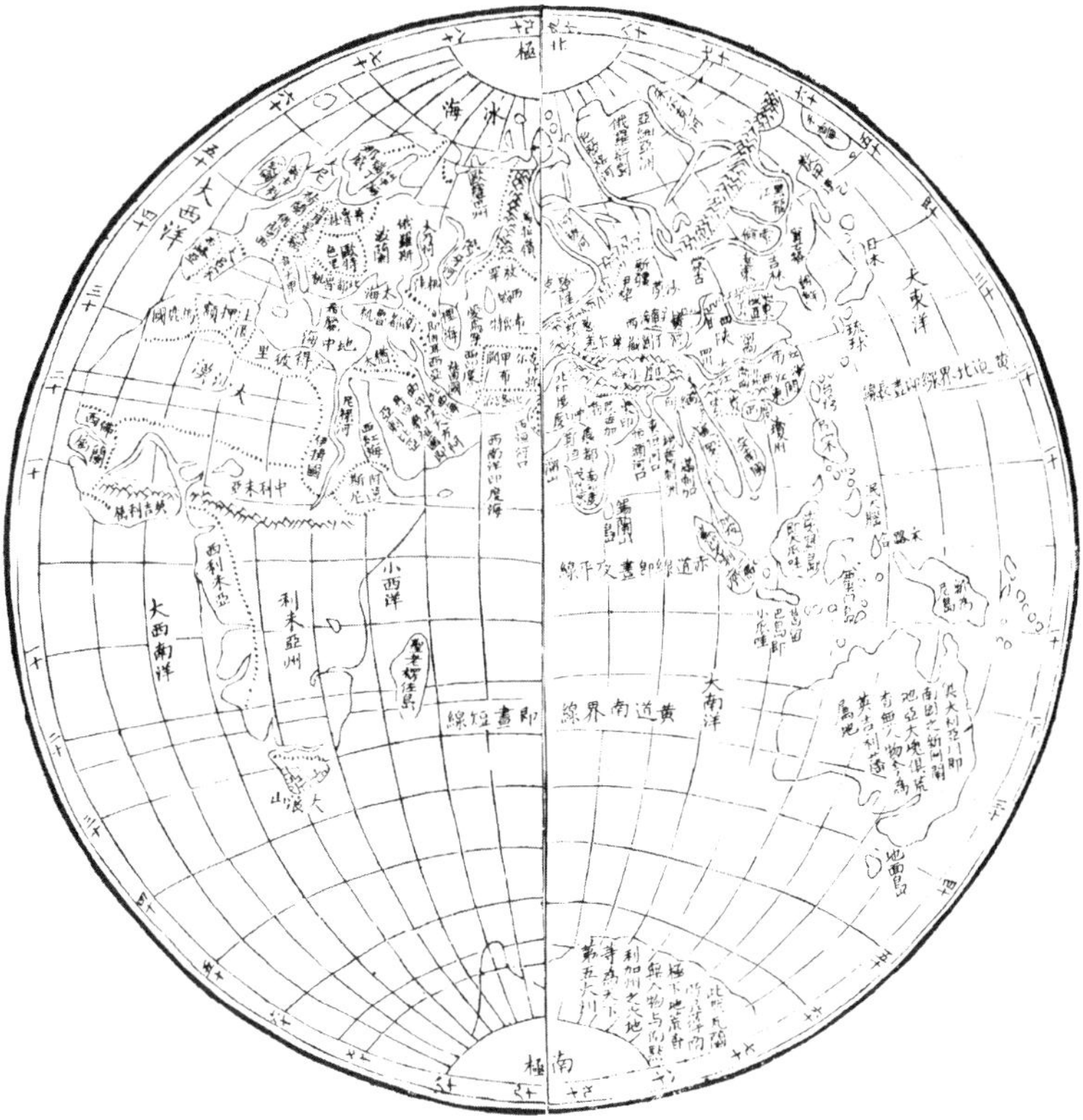

出典：兵麓書社　2011 年　104 ～ 105 頁

はその西にある。」「万里長沙は海中の浮沙で、長さ数千里、安南の外側の衝立である」としている。

しかし、別に「万里長沙」は清朝領だと言っているわけではない。

巻三の海国沿革各図中の「東南洋各国沿革図」には北から南に「万里長沙」「千里石塘」が描かれている（**図 7**-(5)『海国図志』東南洋各国沿革図）

しかし、これらは島という認識ではないし、それらが清朝領であると解することは不可能である。

また、「東南洋各島図」には南シナ海諸島は記入されていない。

巻八、東南洋「暹羅（シャム／タイ）国」の項に、『梁書』の引用として「大漲海」という地名、

図 7-(2) 『海国図志』東南洋図

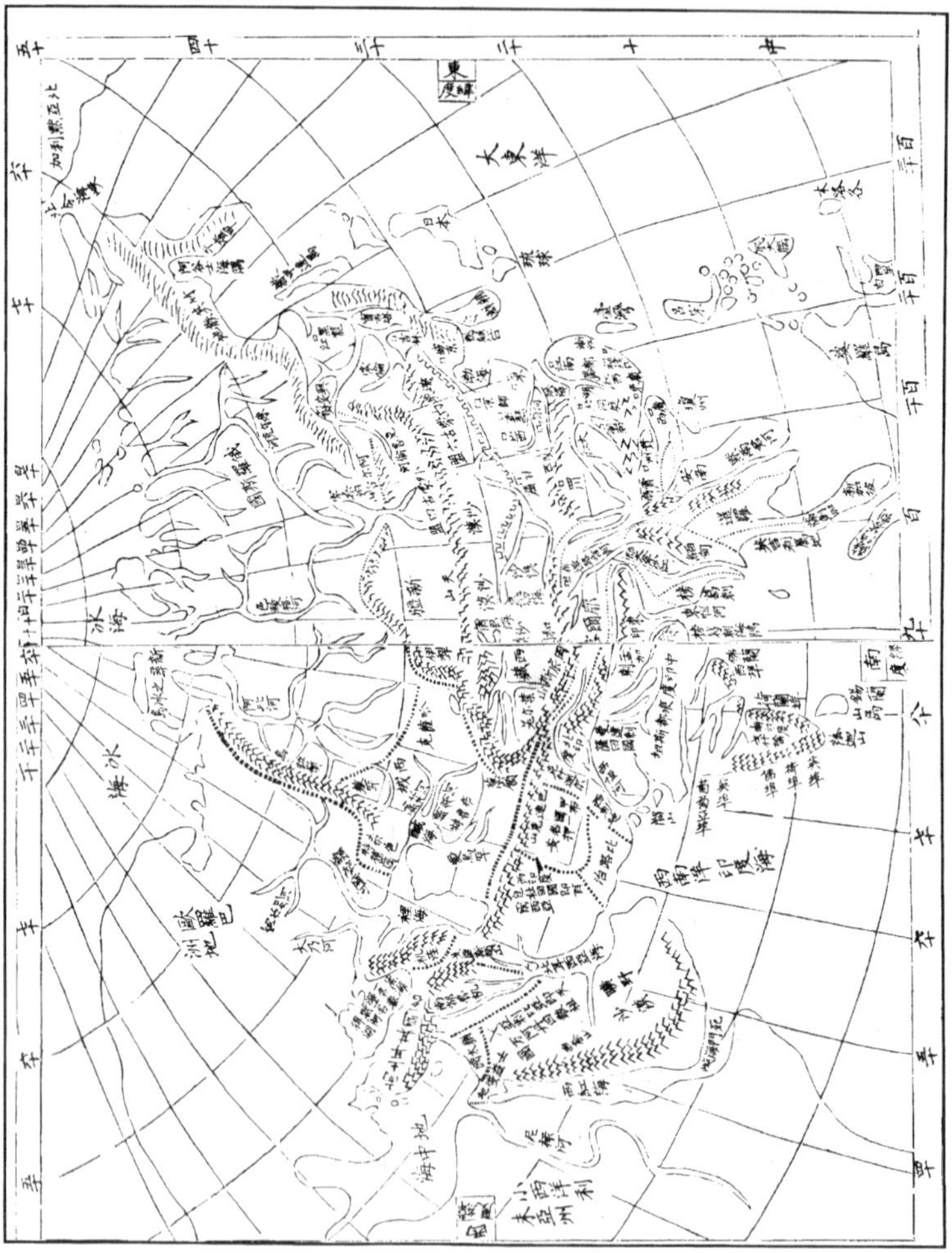

出典：兵麓書社　2011 年　112 ～ 113 頁

図 7-(3)　『海国図志』東南洋各島図

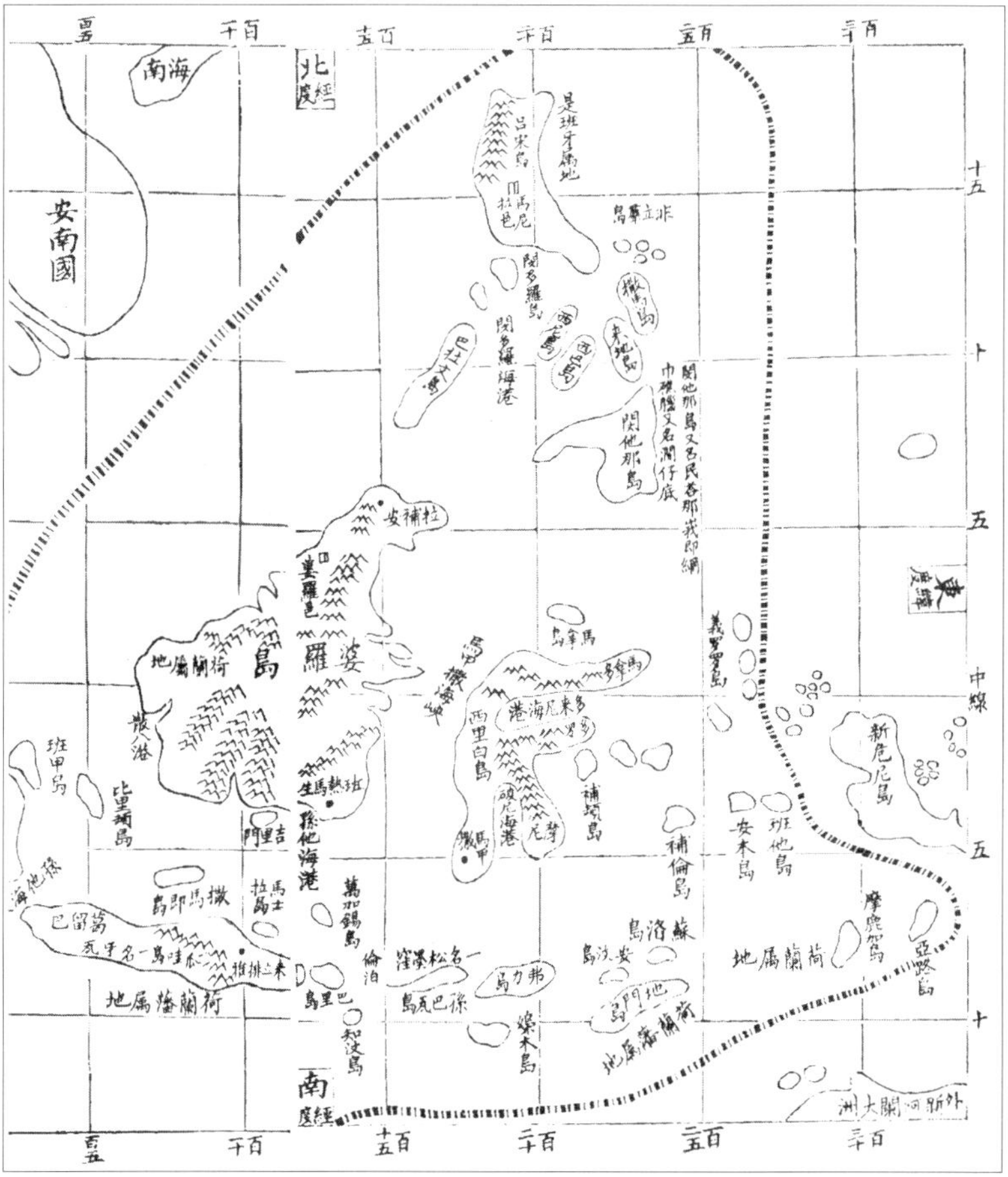

出典：兵麓書社　2011 年　208 ～ 209 頁

図 7-(4) 『海国図志』アジア図

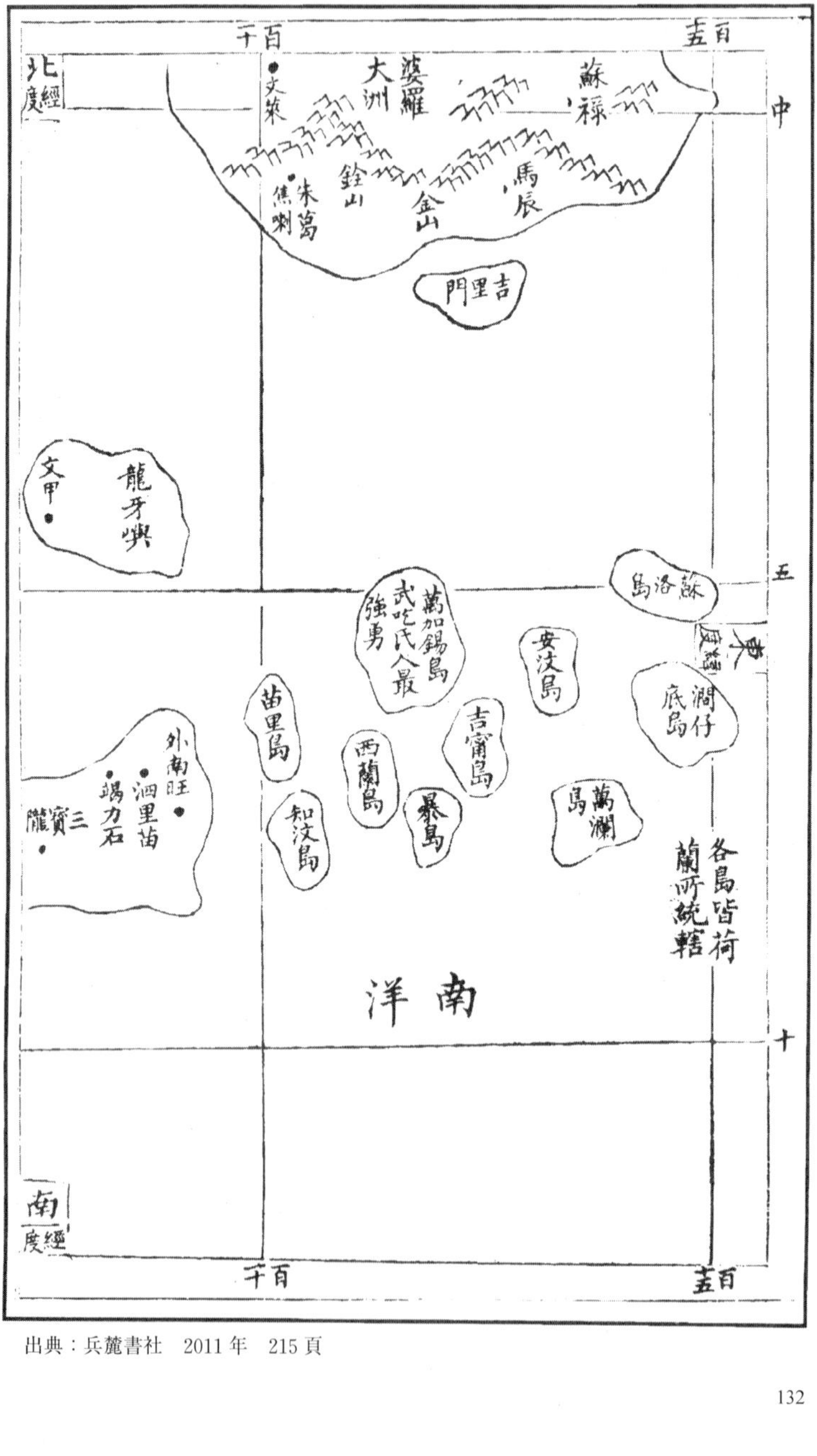

出典：兵麓書社　2011 年　215 頁

図 7-(5) 『海国図志』東南洋各国沿革図

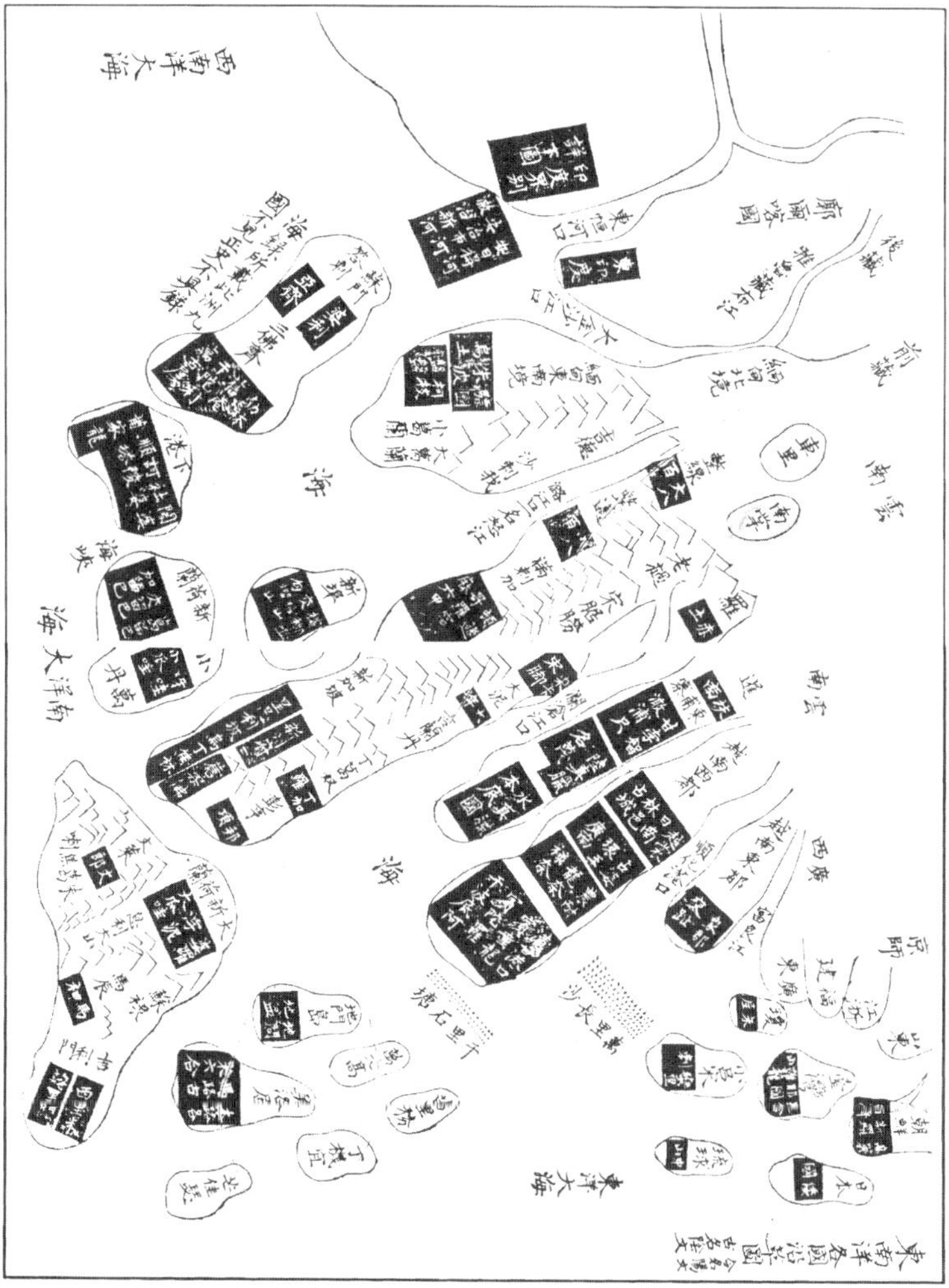

出典：兵麓書社　2011 年　56 ～ 57 頁

「さらに東行すれば漲海千余里」との表現、『皇清通考、四裔門』の引用として「七洲大洋」という地名があるが、「暹羅（シャム／タイ）国」の項で書かれているように、魏源が「漲海」「七洲大洋」を清朝領と考えていたわけでは全然ないということは明らかだろう。

巻十三「東南洋」には、『海録』からの引用で、「瓊州、安南を経て崑崙に至り、また南行すること三、四日で地盆山に至り、万里長沙はその東にある。」「……また四、五日で地盆山に至り、内溝と道が合し、万里長沙はその西にある。溝の内外は沙で分けられる。万里長沙とは、海中の浮沙であり、長さ数千里で、安南の外屏である。」「……七洲洋の正南は千里石塘であり、万石が林立し、波濤は激しく、船が航行を誤まてばたちまち砕けてしまう」としている。

これも、巻三と同じで、「万里長沙」とは「浮沙」にすぎず、島とは認識していないわけであり、航行の難所という認識であり、「万里長沙」が中国領だなどと読むことはできない。

さらに、巻十七「東南洋」にも、『海国聞見録』からの引用として、「南澳《なんおう》を隔て水程は七更、いにしえの落漈《らくせい》である。北に浮沈するのは沙垠《さぎん》で、約二百里、水程は計三更余である。北に尽きるところに二山あり、名を東獅象という、台湾沙馬崎と対峙する。……南の沙垠は粤海に至る。万里長沙頭である。……また南首よりさらに沙垠が生じ、瓊海万州に至り、名を万里長沙という。」「西洋板は崑崙、七洲洋の東、万里長沙の外からは沙馬崎頭門を過ぎ、閩《びん》〔福建〕、浙〔浙江〕、日本に至り、弓の弦を取って〔「弓の弦のように」?〕直洋〔「直航」?〕する。」とある。

「更」は、航行距離の単位であり、ふつう一更六十里とされる。清朝の一里は、五百七十六メートルとされる。「沙垠」は、砂洲と解してよいだろう。「落漈」は、潮が下方に流れて回らないところを言う（『元史』）巻二百十「列伝九十七瑠求《りゅうきゅう》」）。「西洋」は、「**表5** 『東洋、西洋区分』」を参照されたい。「西洋板」は「板」の前に何らかの脱落があるものと見られ、『海国図志』百巻本は「西洋（里）（甲）板」としている。

この記述も、航路を説明しているにすぎない。

同じく巻十七「東南洋」でも、『東西洋考』を引き、「七州山、七州洋」を「南洋針路」の出発点としているが、これも航路の出発点を言っているだけで、領土、領海を言っているわけではない。

浦野2015は、『海国図志』に触れているが、同書は南シナ海の島々が清朝領であると言っているわけではない。

一八四〇年安南船、崖州洋で遭難　『史料匯編』によれば、清の王之春『各国通商始末記』（光緒乙未年／一八九五年）は安南船が道光二十年（一八四〇年）、「崖州洋で風に遭い破壊されたが、欽州に送ったのち、帰国させた」との記述があるという（七一頁）。

「崖州洋」とは海南島近辺と見られるが、それが南シナ海の範囲に入るのか確認できない。入ったとしても、だから南シナ海全体が清朝の領海であるとの証拠とはできないだろう。

明誼《めいぎ》**『瓊**《けい》**州府志』**（一八四一年成書）　明誼『瓊州府志』（清、道光辛丑／一八四一年成書）も、胡端書、楊士錦『万州志』とほぼ同文である（『史料匯編』三六頁）。明誼『瓊州府志』は、蕭応植『瓊州府志』（清、乾隆《けんりゅう》三十九年／一七七四年）からの『瓊崖古志』の引用で、金光祖『広東通志』と同文である（『史料匯編』三五頁）。

王大海『海島逸志』（一八四三年鄭光祖『舟車所至』によるものか）　『史料匯編』は、王大海『海島逸志』が「噶留巴〔ケラパ〕は中国の西南洋の中にあり、廈島から帆をあげ、西に広東の外、七洲洋を過ぎ、安南の港口に至る」と述べており、「七洲洋」の名が出てくると言っている。王大海『海島逸志』からの引用は、鄭光祖『舟車所至』（道光二十三年／一八四三年）の記述によるものと見られる（七九頁）。（なお、噶留巴は『海国図志』によれば「ジャワ島西部」である。）

『海島逸志』は、廈島（おそらくアモイの鼓浪嶼あるいは金門島――筆者）から安南に至るには「七洲洋」を通ると言っているだけである。

『海国図志』巻十九注には「葛留巴洲（Jakarta）」とあり、「葛」は「噶留巴」の「噶」と字形が異なるが、同一音の音写と見られるので、「噶留巴」はジャカルタと見てよいだろう。

徐継畬『瀛《えい》環志略』（一八四八年）　『史料匯編』は、徐継畬『瀛環志略』（道光戊申／一八四八年）が「廈門から七洲洋に赴き、未針を用い、西南を指し、崑崙を過ぎて茶盤を超え、水程二百八十更を歴て噶留巴《ガルバ》に到達する」などと述べており、「七洲洋」の名が出てくると言っている。（七九頁）。

『瀛環志略』は、廈門から噶留巴に至るには「七洲洋」を通ると言っているだけである。

『更路簿《こうろぼ》』（十九世紀中葉成書）　キロス 2010 は『更路簿』のテキストについて、『順風得利』、『林鴻錦抄本』、『注明東、北海更路簿』、『東海。北海根流簿』、『蘇徳柳抄本』、『許洪福抄本』、『定羅経針位』、『西、南沙更簿』、『去西、南沙水路簿』、『盧洪蘭抄本』、『彭正楷抄本』などがあることを示している。『史料匯編』はこのうち、『蘇徳柳抄本』、『許洪福抄本』、『定羅経針位』、『西、南沙更簿』の内容を紹介しており、そのうち八十一カ所の地名を示している（三六九～三九九頁）。（筆者は現物未見であり、点検は今後の課題である。）

『更路簿』は、海南島の漁民が南海諸島での生産活動（つまり、漁業、農業）における航海指南である。『史料匯編』によれば、『更路簿』「十八世紀初期（清初）には現われており、十九世紀中葉に成熟に向かい、定型し書籍となった」（六八頁）という。『更路簿』は、『史料匯編』に掲載されている。

『史料匯編』によれば、「『更路簿』は海南島の漁民が南海諸島で生産活動〔漁業、農業などの意〕を行なっていた航海指南である」（五頁）と述べている。「航海指南」書だという紹介からだけでも、同書は清朝による南シナ海領有の証拠などではないことがわかる。

浦野2015も「内容は南海諸島への往来やそこでの生産活動のための航海案内書である」（四五〜四七頁）と指摘しており、「南シナ海＝中国の領土、領海」論の根拠となるものではない。

『更路簿』には「海南島の漁民が西沙群島について慣用していた伝統的地名が三十余記録されており、南沙群島について慣用していた伝統的地名が七十余記録されている」（『史料匯編』六頁）。例えば、「大潭を過ぎ」「十弐時に至る」「三峙より干豆に下る」とあるように、現在、中国が用いている地名とは全然違う。

『更路簿』は、「一九八〇年中国外交部文書」が「南シナ海＝中国の領土、領海」の「証拠」文献としている。当時、少なくとも「西沙群島」という地名はないと見られる。その地名は「伝統的地名」とあるように現在の中国名とも違うことだけは確かであるし、地名があるからと言って、清朝領である証拠というわけでもない。

フィンドレイ『インド諸島・中国・日本への航海の指針』（一八七〇年）　A.G.Findlay, "A Directory For The Navigaton of The Indian Archipelago, China, Japan", A・G・フィンドレイは"A Directory For The Navigaton Of The Indian Archipelago, China, Japan", Fellow of the Royal Geographycal Society, London, 1870を発表した。同書は八枚の地図を収めているが、そのうちの"The Indian Archipelago"では南シナ海を描いている。同書は、東アジアの航路を描いたものであり、南シナ海が中国の領海だなどとは言っていない。

『使西紀程』（一八七六年）　清朝駐英公使郭嵩燾《かくすうとう》『使西紀程』（一八七六年）は、西洋に使いするという題であるが、イギリスのことは書かれておらず、イギリスに行くまでの航海を描いている。光緒二年十月十八日出発し、二十一日、香港に到着、二十四日、「八百三〇里行き、赤道の北十七度三〇分、瓊南二、三百里のところで船人はこれを斉納細と名付けた。中国海とも言う」と述べている。

『史料匯編』は、「斉納細《チーナシー》」は「China Sea」であるとし、「西沙群島」は「中国属島」だと書いてあり（八頁）、郭嵩燾に随行した清朝外交官の張徳の『随使日記』にも同様の記載がある（八頁）と述べている。

キロス2010も、郭嵩燾が一八七六年に「西沙群島」は「中国属島」だと宣言し、「南シナ海は『斉納細』（China Sea）であると明言した」（五二頁）と述べている。

これによれば、『使西紀程』は第一にこの海域を「西沙群島」と呼んでいることになっているが、「西沙群島」という呼称は使われていない。第二に「南シナ海は『斉納細』（China Sea）であると明言した」とのことであるが、「China Sea／中国海」と呼んでいるからと言って「中国の領海」だと言っているわけではない。日本が「日本海」と呼んだからと言ってそのすべてが「日本の領海」だと言っているわけではない。キロス2010は、読みこみすぎか、あるいは『史料匯編』に乗せられたのかである。

オランダはこの海域を清朝領と見なしたか？　オランダ駐華大使は一八八三年四月十八日、総理各国事務衙門に対し、オランダ船が「東沙地方」で停船したところ、多数の中国漁船が貨物を奪ったので対処されたいとの照会を行なった（『史料匯編』一四二頁）。

これは、オランダ側がこの海域を清朝領と見なしたものであるかもしれないが、清朝側がどう対応したのかが明らかではない。

ドイツが一八八三年、西沙、南沙群島で調査、測量を行なったので、広東当局が抗議したところ、ドイツは調査を停止した（『史料匯編』一四二頁）、という。ただし、イギリスなどによる同様の行為に対しては「抗議」したとの記録がないのは不可解である。

清朝後期の清末になると、両広総督張人駿は宣統元年（一九〇九年）、水師提督李准《じゅん》らを西沙群島に派遣し調査に当たらせた。提督李准は、海軍将兵百七十余名を率いて西沙群島を視察し、勒石と命名し、永興島で旗を掲げ、大砲を鳴らした（『史料匯編』八頁）。李准は広州に帰った後、「西沙群島開発辦法八条」を制定するよう奏上した（『史料匯編』六頁）という。

事実であれば、「旗を掲げ、大砲を鳴らした」という行為は清朝による領有意思の表明と見ることができようが、確認したい。

『史料匯編』が言う中国地域歴代王朝による「南海諸島に対する主権行使の事実」の第四は、外国への抗議であるとする。

『史料匯編』によれば、清の光緒九年（一八八三年）、ドイツ人が西沙、南沙群島への調査、測量を行なったのに対して、清朝政府は抗議し、ドイツは調査、測量を中止せざるをえなかった（九頁）という。

清朝は、イギリス、フランスの場合はどうしたのだろうか。

浦野2015によれば、一八八七年六月の仏清国境画定協定では、ベトナムの「海中島嶼」（？）は清朝領とされた（一九二頁）という。確認が必要だが、疑わしい。

王之春『国朝柔遠記』（一八八〇年）　『史料匯編』は、王之春『国朝柔遠記』（光緒六年序／一八八〇年）に厦門《アモイ》から「七州洋へ赴き、崑崙を過ぎれば南は噶留巴〔ジャカルタ〕であり、さらにその西はスマトラ、大小アチェがある」と述べており、「七州洋」の名が出てくると言っている。（七九～八〇頁）。

『国朝柔遠記』は「七州洋」は厦門から噶留巴、スマトラ、大小アチェに行くさいの航海の経路だと言っているだけである。

オランダ「公使」一八八三年照会　『史料匯編』は、オランダ「公使」が光緒九年（一八八三年）、同国船が「本年三月二十四日、広東所属海面東沙地方で颪のため損傷を受け、停船していたところ、突然、中国漁船多数」が乗船し、「略奪」したと照会してきたと書いている（七一頁、一四二〜一四三頁）。（なお、七一頁では「公使」、一四二〜一四三頁では「大使」。）

一八八三年ドイツによる調査、測量に抗議　『史料匯編』は、陳天錫『西沙島東沙島成案匯編』（広東実業庁編、一九二八年）が「一八八三年、ドイツが西沙、南沙群島を含む南中国海各島に対して調査、測量を行なった」が、「広東当局の抗議を経てドイツは調査を停止した」と述べていると書いている（七一〜七二頁、一四二〜一四三頁）。

キロス 2010 は、一八八三年にドイツ船が西沙群島、南沙群島に遠征したことに抗議した（五二頁）、と書いている。

ドイツが十九世紀後半に南シナ海で調査、測量を行なったことはのちに見るベトナム資料にも見られる。この記述の通りであるとすれば、「西沙、南沙群島」の名称はこのときすでに使われていたことになるが、中華民国期になってそう呼んだものであるのかそうではないのかは確認が必要である。ただ、同じ十九世紀後半に南シナ海で調査、測量を行なったイギリスについて『史料匯編』に記述がないことは理由が不明である。

キロス 2010 は、清朝とフランスが一八八七年六月二十六日に署名した「続議界務専条」によって中越国境が設定され、「西沙群島は中国の領土と認められた」（五二頁）、と書いている。

黄懋《ぼう》材『游歴芻《すう》言』（一八九一年）　『史料匯編』は、黄懋材『游歴芻言』（光緒辛卯／一八九一年）に「旧時、泰西諸国の商船で中国に来る者は必ずアフリカの南をめぐり、好望角を経《へ》、巽他峡より七洲洋に入る」（八〇頁）と述べ、「七洲洋」の名が出てくると言っている。

『游歴芻言』は、「七洲洋」は泰西（ヨーロッパ）諸国から中国に来るさいの航海の経路だと言っているだけである。

王之春『各国通商始末記』（一八九五年）　『史料匯編』は、さらに王之春『各国通商始末記』（光緒乙未／一八九五年）に「粤〔広東〕虎門から七洲洋を経て七千二百里、地は赤道に近く天気は炎熱」「七洲洋を経て旧柔仏〔ジョホール〕に至る」（八〇頁）、と「七洲洋」の名が出てくると言っている。

『各国通商始末記』は、「七洲洋」は厦門から噶留巴〔ジャカルタ〕、スマトラ、大小アチェに行くさいの航海の経路だと言っているだけである。

（なお、王之春における「七洲洋」、「七洲洋」の用字の違いは原文通りである。）

清朝、「パラセル群島は放棄せられたる島」と表明（一八九六年）　日本船、姫路丸は、一八九六年に南シナ海のアンフィットリット島〔宣徳群島〕で難破した（浦野 1997 一四九頁）。保険会社は、日本の北京駐在公使および海口領事を通じて清朝海南島官憲に対し難破船の積荷を差し押さえるよう要求したが、海南島の関係当局は「パラセル群島は放棄せられたる島なり、之は安南にも属せず、又支那にも属せず、又行政上海南島の如何なる地区にも編入せられ居らす、故に其の警察に任せるへき如何なる官憲も存せす」と述べ、領有権および管轄権を否定した」（外務省記録 A-4-1-0-2-1『各国領土発見及帰属関係雑件――南支那海諸礁島帰属関係』第二巻。浦野 1997 一四九頁による）。

王国憲編『瓊崖志《けいがい》』（清末民初）　王国憲編『瓊崖志』（清末民初）は、清末民初に刊行された。海南地方文献叢書編纂委員会匯纂《わいさん》『瓊志鉤沈《こうちん》（三種）』所収（海南出版社　二〇〇六年十月）があるが、南シナ海への言及はない。

一九〇七年「西沢島」関連　『史料匯編』は、一九四七年二月二日天津『大公報』の記事として以下のように記述している（一二〇頁）。

「光緒末年、張珍駿は両広総督に任ぜられた。」「李准は、水師提督に任ぜられた。」「光緒三十三年〔一九〇七年〕、日本は突如、台湾方面から軍艦一艘、商船二辰丸一艘を派遣し、武器および日本人を満載し、わが東、西沙島占拠を図り、当地の番黎人民は群起して反対したが、日本の艦船は発砲攻撃した。張珍駿は、李准を派遣して交渉させた。その結果、日本艦船はわが方に謝罪した。日本艦船二辰丸および軍艦は、ただちに退去した。この事件と交渉経過は、清廷総理衙門《がもん》に報告された。事後、李准は再び命を奉じて当該の島に赴き、巡視、勘察し、海防趙辦《そうべん》劉冠雄に命じ、当該の島に旗台を設立させ、水師を派遣して駐守させた。ここにおいて、東西沙島がわが国に属する領土であることは何の疑いもない。提仁輔啓。一月三十日」

日本の軍艦、商船は、一九〇七年に東沙群島、西沙群島を占領しようとしたが、日清交渉の結果、撤退したとの記述である。

日本による占領に東沙群島、西沙群島の「番黎人民」（地元の黎族の人々）が「群起して反対した」という記述は、東沙群島、西沙群島の「島、礁」がほとんど人の住めないところと見られることから疑問があるが、この天津『大公報』の記述によれば、マンジュ清朝は「東西沙島」に対する領有権を主張していたことになる。なお、この記事が掲載された一九四七年は日本が東沙群島、西沙群島、南沙群島から撤退し、中華民国が領有行為を開始したのちのことである。

『史料匯編』は、「外務部（光緒三十三年〔一九〇七年〕九月）五日」の問い合わせ文書が「港澳〔香港、アモイ〕付近とアメリカ所属小ルソン群島の間に中国管轄の荒島一区があり、北緯十四度四十二分二秒、東経百十六度四十二分十四秒」である（一四三〜一四四頁）、と書いている。

『史料匯編』は、両広総督張人駿が光緒三十三年（一九〇七年）九月九日付けで外務部に「日本人西沢が海島を発見した件」について、「当該島は瓊《けい》州〔海南島〕海口砲口から四百八十六英海里〔マイル〕〇七十八分〔一マイルは一・六〇九四キロメートル〕あり、香港から四百七十六英海里〇九十四分である」、「聞くところによれば同処は風浪が最も強く、粤省《えつ》〔広東省〕には大型の軍艦がない」ので、貴部において「南洋」に打電され調べさせて頂きたいとの要請電を打っている（一四四頁）、と書いている。

『史料匯編』は、『宣統政記』が「粤疆浜海は南海大洋の中で洲島がはなはだ多い。日本人は東沙島を占拠しており、現に理に拠って力争し、当該の島を回収すべきである。また、西沙島を調べると、崖州にあって楡林港付近に属する」と記述している、と書いている（一三七頁）。

『史料匯編』は、両広総督張人駿が光緒三十三年（一九〇七年）九月九日付けで外務部に「日本人西沢が海島を発見した件」について、「当該島は瓊州《けい》〔海南島〕海口砲口から四百八十六英海里〔マイル〕〇七十八分〔一マイルは一、六〇九キロメートル〕あり、香港から四百七十六英海里〇九十四分である」、「聞くところによれば同処は風浪が最も強く、粤省《えつ》〔広東省〕には大型の軍艦がない」ので、「貴部において「南洋」に打電され調べて頂きたいとの要請電を打っている」と書いている（一四四頁）。

この「海島」とは、西沢吉治が命名した西沢島のことである（本書第三章参照）。

以上の「西沢島」関連記述によれば、清朝は一九〇七年前後の時期には西沙群島に対する領有権を主張していたことが確認される。

東沙、西沙群島の領有主張（一九〇七年）　『史料匯編』によれば、一九四七年二月二日天津『大公報』の報ずる光緒三十三年（一九〇七年）の日本艦船の東沙、西沙群島に対する占領事件に対して「東西沙島はわが国領土」であると主張した（一三〇頁）。（『大公報』記事を筆者は未確認。）

『史料匯編』は、一九四七年二月二日天津『大公報』記事によって一九〇七年の動向について以下のように記述している（一三〇頁）。

「光緒《こうしょ》三十三年（一九〇七年）、日本は突如、台湾方面から軍艦一艘、商船二辰丸一艘を派遣し、武器および日本人を満載し、わが東・西沙島占拠を図り、当地の番黎人民は群起して反対したが、日本の艦船は発砲攻撃した。張人駿は、李准を派遣して交渉させた。その結果、日本艦船はわが方に謝罪した。日本艦船二辰丸および軍艦は、ただちに退去した。」「提仁輔啓。一月三十日」（一九四七年二月二日天津『大公報』）。

プラタス諸島（東沙群島）　「プラタス諸島（中国名：東沙群島）」は、「東沙島と周辺の環礁から成る環礁群で東沙島以外は、満潮時には水没する」（三船 2016 二〇二頁）。これは、事実であろう。

両広総督張人駿は明治四十二年／一九〇九年三月十六日、飛鷹号による三月二日と十日の調査報告を受け、在広東日本総領事代理、領事瀬川浅之進に対し、東沙島は清国領と通報した（昭和四年四月十八日、十九日『新国華報』。浦野 1997 一五〇頁による）。

なお、この「東沙島」が「プラタス諸島（東沙群島）」とされているが、大陸近辺の東沙島ではないのかどうか確認が必要である。

清朝のプラタス島領有主張に対する日本の二面的対応　この三月十六日付け清国の申し入れについて、在清特命全権公使、伊集院彦吉は政府の指示を仰いだところ、「帝国政府に於いては無所属と思考し居りたるも、之を帝国領土と認めたるにあらす。従て清国にして同島が其所領に属する旨確証を有するに於てはその権利を承認するに躊躇せさる」旨回答した。在広東日本領事、瀬川浅之進は三月二十三日、三月十九日の訓令に基づき帝国政府の意向を両広総督に通告した。さらに帝国政府は三月二十六日、「支那側に於て西沢の事業保護を約するときは清国の領土主権主張を承諾すへき旨」伝え、同領事は三月二十九日、両広総督と会見し、「清国の領土たりしことを認むるにあらさるも、清國か邦人の企業を保護すれは、其の主張を承認するに躊躇せさる旨」強調した（浦野 1997 一五一頁）。

これによれば、日本政府の対応は、①東沙群島は「無所属」と認識しつつ、②「清国の領土」とは認めないが、③清国が領有を主張し「邦人の企業を保護」するという条件付きで「その権利を承認」するというものであり、三月時点では事実上、清国領として認めたと見られても仕方がないという点であいまいな論法であった。しかし、それに対し清国は東沙群島からの日本人の退去を要求し続けたので、日本としては清国の「権利承認」を撤回し、「無所属」論に回帰することが可能であった。

キロス 2010 は、一九〇七年から一九〇九年にかけて在広東日本総領事代理と清朝政府両広総督との交渉の結果として東沙群島は中国の領土として認めた（二〇二～二〇三頁）とし、三船 2016 もプラタス諸島は「一九〇九年に日本は清朝中国に領有権を確認した」（二〇二頁）としているが、やや単純化のきらいがある。

日清両国は明治四十二年十月十一日、「『プラタス』島引渡に関する取極」に調印し、清国は「西沢の事業を買収する価額は広東銀十六万元」とする、西沢は清国に「広東銀三万元」を交付することとした（浦野 1997 一五二～一五三頁）。

浦野 1997 によれば、日本外務省はこの取り決めは「領土権の帰属に関し明言するところなし」としており、領有権の引渡しとしては扱っていない（一五三頁）、としている。

清朝政府の海関は、一九〇八年、他国の要請を受け、西沙群島に灯台を建てることを計画した（キロス 2010 四七頁）。

一九〇九年五月中旬、「香港政庁はプラタス島に無線電信の設備をなしえ暴風警戒の便に供せんとし、同島の領土権は清国に帰すべき模様なるにより、清国の同意を求むる為既に交渉を開始せり」と香港特電は報じた（浦野 1997 一五一頁）。

浦野1997によれば、清朝両広総督は一九〇九年十月、東沙島は清国領と主張し、日本の在南京副領事、船津辰一郎はこれを否定した（一五〇頁とあり、日本政府の態度は、三月から十月に至って振れていたのであった。）

清国政府は宣統元年／一九〇九年十月、イギリス香港政庁の依頼を受け、「広東省東沙島」に無線台を建設し、気象観測を行ない、通信に供することを決めた（浦野1997 一五四頁）。

この「東沙島」は、「汽船の往来で必ず通る地」（浦野1997 一五四頁）とあるので、東沙群島なのか、大陸沿岸の東沙島なのか、確かめる必要がある。

西沙群島　『史料匯編』は、『広東水師国防要塞図説』が宣統元年（一九〇九年）に西沙群島に関して「領土を重んじて利権を保つ」と記述している（一三七頁）、と書いている。（筆者は未確認。）

『史料匯編』は、『宣統政記』が「粤疆浜海は南海大洋の中で洲島がはなはだ多い。日本人は東沙島を占拠しており、現に理に拠って力争し、当該の島を回収すべきである。また、西沙島を調べると、崖州にあって楡林港付近に属する」と記述している（一三七頁）、と書いている。

『史料匯編』は、『宣統政記』が「西沙島」は「崖州」（海南島）に「属する」と述べている（一三七頁）、と書いている。

両広総督張人駿は一九〇七年二月、広東艦隊の水師提督（海軍司令官）李准らを派遣し、西沙群島の十五の島嶼に上陸し、ウッディ島で国旗を掲げて石碑を建てた（キロス2010 四六頁）。

「西沙群島籌辦処」設置（一九〇九年三月）　陳天錫《せき》『西沙島東沙島成案匯編』（一九二八年）は、張人駿が宣統元年（一九〇九年）三月、「西沙島の事務を準備することとした」、「西沙島事務処が成立したのち」、「入手辦法大綱十条を定めた」（『史料匯編』一三八〜一四二頁）、と述べている。

清国両広総督、張人駿は宣統元年三月二十一日、「西沙群島籌辦処」を設置し、四月一日、伏波号、広航号、広金号の軍艦三隻が西沙群島に行き、調査して二十一日にもどった。この調査で、十五島（樹島、北島、中島、南島、林島、石島、東島、珊瑚島、甘泉島、金銀島、南極島、広航島、広金島、伏波島、天文島）が確認された（浦野1997一五八～一五九頁）。

一九〇九年六月一日『図画新報』は、「西沙島は大海に面し、崖州各属と水道があい隔てている」（『史料匯編』一三八頁）、と述べている。

日本政府は、一九三三年「八月七日に、亜細亜局第一課の手で「西沙（パラセル）群島の帰属に関する件」について機密文書を作成し、「一九〇九年支那政府之を併合したり」との記述がある（浦野1997二四二～二四三頁）としている。

キロス2010は、日本は清朝政府との交渉の結果、十三万ドル（広東銀）と引き換えに東沙群島を中国領土として承諾した（四七頁）、としている。（この点、筆者は未確認。）

キロス2010はさらに、清朝政府は一九〇九年に二回目の西沙群島調査を命じ、李准は西沙群島の「開発弁法」を上奏し、清朝政府の許可を得た、と述べている（四六頁）。

キロス2010は、清朝政府が一九一〇年に西沙群島の天然資源を開発する許可を中国人商人に与えることを決定した（四七頁）、としている。

これらが事実なら、清朝による領有行為となるが、確認したい。

『史料匯編』によれば、清朝広東省政府は一九一一年、西沙群島は海南島崖県の管轄に区分すると宣布した（一〇頁）という。

これが事実なら、清朝は一九一一年にはじめて西沙群島の領有を確認したことになるが、その他、東沙群島、中沙群島、南沙群島については領有確認をしていないことになる。

「西沙群島」等の名称はいつから使用されたのか

ところで、「領有」認定との関係で注意すべき問題の一つは、中国側史料には書かれている「西沙群島」「東沙群島」「南沙群島」等の名称は当時から使われていたものなのかという問題がある。清朝後期から中華民国前期にかけての中国側史料の記述について、「それが事実ならば領有行為だ」と限定をつけたのはそういうことである。当時は「西沙群島」等の名称はまだなく、後日の記述の中で「西沙群島」等の名称がかぶせられたのかもしれないという疑いがあるからである。いつから「西沙群島」等の名称が用いられるようになったのか、今後確認する必要がある。

注意すべきもう一つの問題は、「西沙群島」の名称で呼ばれている島々が現在の呼称である「西沙群島」の島々であるのかということである。中国側史料の中では、ベトナムの主張するベトナム史料中の「西沙群島」は現在の呼称である「西沙群島」ではなく、現ベトナム沿岸の島々であるという批判があったが（本書第一章「2．前近代ベトナム王朝時代」）、同様の疑問は中国の主張する「西沙群島」等の島々、特に「東沙群島」には存在するのである。キロス2010は、「中国政府による東沙群島の最初の公正な主張は清朝後期におこなわれた」（一一一頁）、と判断している。清朝後期以前には、東沙群島に対する領有権の主張は行なわれなかったという判断でもある。

2-2．中華民国北京政権（一九一二年～一九二八年）

浦野2015によれば、日本は一九一三年、プラタス島（東沙島）を中華民国に引き渡した（浦野2015八六頁）、という。

巡按使、張鳴岐は一九一五年十月、広東在留邦人、杉山某と関係のある中国人による西沙群島の開墾、燐鉱採掘権の出願に対し許可した（浦野 1997 一五九頁）。

石丸庄助は、東沙島沿岸で漁業を行なっていたが、中華民国外交部および海軍部は一九一五年、日本公使に抗議した（浦野 1997 一五五頁）。

「中央政府」（中華民国北京政権）は、蔡康らを数次にわたって東沙島に派遣し、経営に当たらせたが、失敗に帰した。一九一六年からは、商人の請負による開発を行なった（浦野 1997 一五四～一五五頁）。

『史料匯編』は、「中国政府と広東地方政府」（「中華民国北京政権」と見てよいだろう）が一九一六年から一九二一年にかけて商人の西沙群島における鳥糞の採取と開墾、植栽等の活動を批准し、商人に課税したが、商人の違法行為を発見し、その経営権を取り消した、内政部は一九二一年、商人何瑞年《かずいねん》は西沙群島で鳥糞を採取し、漁業などの実業を計画、実施したが、その後、何瑞年が経営権を日本の「南興実業公司」に譲ったので、中国政府はその経営権を取り消した（一〇頁）、と述べている。

北京政権が商人の「西沙群島」における鳥糞の採取等を許可したのが事実なら、領有行為である。ただし、日本人が会社名に「公司」を使ったということは考えにくく、中国人の記述によったものと見られる。

「中国鉄路現勢地図」（一九一五年初版、一九二二年補正版）　筆者が所蔵している「中国鉄路現勢地図」（民国三年十月二十六日湖北咸寧張鴻藻《かんねいちょうこうそう》序　黎元洪題　二百万分の一。民国四年／一九一五年十一月十日出版、民国十一年／一九二二年八月補正　咸寧張鴻藻　中華書局）には、南シナ海、南沙群島の記入はない。

一九一七年～一九二一年「西沙群島」事業　「海利公司」の何承恩は、一九一七年に「西沙群島」の測量、探検を行ない、燐鉱採掘および海産物の採取を広東省政府に申請したが、許可されなかった。鄧壮瀛は、一九一九年に玲洲の開墾を申請したが、（広東）軍政府の都合で許可されなかった（浦野 1997 一五九〜一六〇頁）。

梁国之、何瑞年らの商人は一九二一年、西沙群島での燐鉱業と漁業の経営のための許可を申請し、許可を得たのち、同年八月に創立された「西沙群島実業無限公司」が事業を開始した（キロス 2010 四八頁）。

一九二二年〜一九二七年「西沙群島」事業　海南島崖県の県長孫毓斌は、一九二二年四月に西沙群島への調査団派遣を広東省政府に申しこみ、広州市公安局が「捜査」を行なったところ、実際には開発、経営権を日本人齋藤藤四郎の「南興実業公司」に譲っていたため、広東政府実業庁は一九二七年に許可を取り消し、商人馮英彪《ふうえいひょう》に開発権を与えた（キロス四八頁）。

キロス 2010 は、何瑞年と日本との関係の問題を「何瑞年事件」と呼び、「日本の会社（または日本政府）と南方政府（広東）との間に協力関係があったのではないかと疑われている」（六二頁）、という。キロスは、これに関連して米国務省機密外交資料、英国外務省機密外交資料に、諸疑問を解明する資料があると指摘している（六二頁）。今後の課題としたい。

キロス 2010 は、「中華民国の初期から一九二七年の南京国民政府成立まで、中国政府は南シナ海問題に取り組むことを怠った」（二二頁）、と判断している。一九一七年〜一九二一年「西沙群島」事業、一九二二年〜一九二七年「西沙群島」事業は、領有権の主張という点では重要ではないという判断である。

『史料匯編』は、東沙、西沙群島を含む地図二点（一九一四年十二月版「中華民国地理新図」、一九二七年五月版「中華最新地形図」）をあげている。

2−3．中華民国「南部の政権」（一九一七年〜一九二八年）

中華民国成立後、権力は孫文派から北京政権に移行し、孫文派は第二革命を起こしたが、鎮圧された。孫文グループは、中国地域南部に一九一七年、「第一次広州軍政府」、一九二〇年に「第二次広州軍政府」、一九二三年に「第三次広州軍政府」を樹立し、北京政権に対抗した（『アジア史入門』二八〇〜二八二頁）。

松下嘉一郎は一九二五年六月、東沙島沿海で密漁中、東沙島無電建設局長兼同島総務、許慶文の部下に捕らえられ、五百ドル支払って釈放された。松下の事業は、一九二七年まで続いた（浦野 1997 一五六頁）。

南方政府と日中林鉱産業協会との協定書（一九二二年二月）

キロス 2010 によれば、陳炯明軍は一九二二年六月十六日、クーデターで南方政府（孫文派広東軍政府）を乗っ取り、「孫文を逮捕」して広州市から追放したが（孫文は逮捕されていないはず――筆者）、そのさい孫文のオフィスで南方政府と日中林鉱産業協会との協定書を発見した。英国外務省機密外交資料によれば、同年二月五日署名のこの協定で孫文は日本の会社から多数の武器と五百万円等と引き換えに広東省の海域、沿岸に関する様々な権利をこの会社に与えていた（六二一〜六二三頁）、という（本書第三章3−1参照）。

南方軍政府、西沙群島を海南島崖県の管轄に区分（一九二一年）

『史料匯編』によれば、「南方軍政府」は一九二一年、清朝広東省政府の西沙群島は海南島崖県の管轄に区分するとの宣布を重ねて表明した（一〇頁）という。

これが事実なら、「南方軍政府」は一九二一年に西沙群島の領有を確認したことになるが、筆者は未確認である。前述の「広東省の海域、沿岸に関する様々な権利をこの会社に与えていた」という「南方政府と日中林鉱産業協会との協定書」にはそぐわないので疑わしい。

国民政府樹立前の一九二一年、中国「南部の政権」（一九二一年四月七日設置の「中華民国政府」を指すと見られる──筆者）は、パラセル諸島を名目上、海南島の行政区画に編入した（ヘイトン2014一四二頁）。

筆者は不明にしてこれを知らないが、ヘイトンが呼ぶ「南部の政権」（「南方政府」「広州軍政府」とも呼ぶ）は革命「政権」ではあるが、中国南部地域の一部を支配する地方反乱集団にすぎなかったのであり、国際関係の中で外交権を持つ「南部の政権」と呼ぶのが適当なのかどうかも疑わしいほどである。この「南部の政権」は、パラセル諸島を海南島の行政区域に編入し、グアノの採掘許可を与え、フランスは保護国アンナンの代理として抗議してはいないという。

ヘイトン2014は「一九二八年以前、『列強』に承認されていなかった政府」のとった行為を現代の法廷はどう判断するのかと問いかけている（一四二頁）。「南部の政権」は、少なくとも「中華民国」を代表する正統政権とは見なされないのが国際的常識だろう。

陳衍《えん》**『福建通志』**（中華民国）、**呉錫璜**《せきこう》**『同安県志』**（中華民国）『史料匯編』は、陳衍『福建通志』（中華民国）が「林起鳳」なる者が「かつて海に浮かび七舟洋に至ると颶風《ぐ》（はやて、強風）が起こり、他の舟は皆転覆したが、起鳳ひとりは問題はなかった」と述べており、「七舟洋」の名があると述べている（八〇頁）。

『史料匯編』によれば、「七舟洋」とは「七洲洋」の別名であるという。

同じく『史料匯編』によれば、呉錫璜『同安県志』（中華民国）も「林起鳳」が「かつて遠くまで商売を行なっていたが、舟が七洲洋に至ると颶風が大いに起こり、多数の舟が沈んだが、無事だった」と述べており、「七洲洋」の名があると述べている（八〇頁）。

陳衍『福建通志』も呉錫璜『同安県志』も、林起鳳が七舟洋で颶風に遭ったが無事だったと述べているだけである。

清朝、「南部の政権」、中華民国と中華人民共和国の関係

第三に、この中国南方の革命勢力、中国国民党は一九二五年、広東に「国民政府」を樹立し、一九二六年に北伐戦争を開始して一九二八年、北京政権を打倒して南京に「中華民国国民政府」を樹立し、その後、諸外国の承認を得るに至る。この中華民国国民政府は、南シナ海の領有を主張し始める。中華民国を倒した中華人民共和国には、清朝、「南部の政権」、中華民国国民政府の領有権主張を継承する権利があるのかという問題である。しかも、大陸で打倒されたとはいえ、中華民国は台湾で存続し、依然として南シナ海の領有権を主張しているのである。中華人民共和国は国際法廷、仲裁裁判を拒否するに違いないが、国際法廷はどのように判断するのだろうか。

沈鵬飛の「中国領は西沙群島まで」主張

『史料匯編』は、「広東省政府」（「国民政府」の下部機構を指すと思われる）が大規模な調査団を西沙群島に派遣し、調査を行なった。調査団は広州に帰ったのち、詳細な「西沙群島調査報告書」を提出した（一〇頁）、と述べている。

キロス2010は、「一九二〇年代末期には、南シナ海の群島、とりわけ西沙群島では日本人が資源開発をおこなっており」、南京政府は一九二八年「二月に広東省委員会議を通して、その群島の領有権を再び主張し、天然資源の開発計画を準備することが決まった。そのために、南京政府は西沙群島を中山大学の管理下に置き、さらに中山大学教授沈鵬飛《しんほうひ》の指導する調査団を同群島に派遣」、沈鵬飛は一九二八年五月の調査の結果として『調査西沙群島報告書』を編集した（四八頁）、と述べている。（なお、中国国民党軍、国民政府が北京を陥落させたのは一九二八年六月であるから（『アジア史入門』三一八頁参照）、やや時期的な疑義はある。）

キロス2010は、六四頁でも「蒋介石の南京政府は、翌一九二八年に西沙群島を中山大学の管理下に置」いた、と書いている。

キロス2010によれば、沈鵬飛は「南沙群島（団沙群島）」ではなく、「西沙群島が中国の最南領土であると認めている」（四九頁）、という。沈鵬飛の見解は、西沙群島が中国領だという主張と西沙群島以南の南沙群島は中国領ではないという認識であったという意味を持つ。

香港在住の松永民男は、許慶文から東沙島沿海の漁業権を得たが、南京政府に派遣された東沙島管理者、黄琇に阻まれた（浦野1997 一五六頁）。

2-4．日中戦争終結まで——中華民国後期政権1（一九二八年～一九四五年）

筆者は、中国大陸における中華民国時期を前期（一九一二年～一九二八年）と後期（一九二八年～一九四九年）に区分しているが[22]、ここでは便宜上一九二八年から一九四五年を「中華民国後期政権1」、一九四五年から一九四九年を「中華民国後期政権2」と呼ぶことにする。中華民国は一九五〇年以降も、「中華民国」と名乗っているが、統治範囲が台湾島のみと大きく変化しており、別の政治実態と見るべきであるが、便宜的に「台湾中華民国」と呼ぶ。

一九二九年～一九三五年　キロス2010によれば、広東省は一九二九年二月、「東沙島海産招商承辦暫行章程」を承認し、一九三五年には「東沙島海産管理処」（プラタス群島海産管理所）を設立した（五〇頁）、という。（キロスは、わざわざ「プラタス群島」と付記しているが、この「東沙島」が現東沙群島であって大陸近海の東沙島ではないのかどうか確認したい。）

中華民国国民政府の広東建設庁長、鄧顔華は一九三〇年四月九日、東沙島で中国人と日本人が結託して海草を盗採していたのを阻止するよう須磨総領事に要請した（浦野1997 一五六～一五七頁）。

アンナン帝国は一九三一年、西沙群島に対して先有権を声明したが、これに対して中華民国外交部視察専員朱兆莘《しん》は一九三二年十一月三十日、第六十六号公函をフランス駐広州領事に提出し、「西沙群島は中国版図に属することは、実に疑義はない」（『史料匯編』一〇頁）、と述べた。

中国官憲は一九三一年四月、東沙群島で海人草を採取していた日本漁民数名を逮捕した（浦野 1997 一五八頁）。

「水陸地図審査委員会」設置（一九三三年六月）　キロス 2010 によれば、中華民国内政部は一九三三年六月、外交部、海軍司令部、教育部蒙蔵委員会などを招集し、「水陸地図審査委員会」を設置、同委員会第二十五会議は「関於我国南海諸島各島嶼中英地名対照表」を作成し、「東沙群島、西沙群島、南沙群島（現在の中沙群島）、団沙群島（現在の南沙群島）の百三十二の島、暗礁、珊瑚礁」を国土と定め、一九三五年には「中国南海各島嶼図」を出版した（五一頁）、という。（これについては、本書第四章所収地図を参照のこと。一九三五年地図は、筆者は未確認。）

キロス 2010 によれば、中華民国の広東省政府は一九三三年八月、軍艦を南沙群島に派遣し、様々な島で調査を行なった（五〇頁）、という。

『史料匯編』によれば、広東省建設庁は一九三三年、西沙群島建設計画を作成した（一〇頁）、という。

一九三五年地図　浦野 2015 によれば、「中国」（中華民国を指す——筆者）は、「水陸地図審査委員会」の一九三五年四月出版の「中国南海島嶼図」で、中国最南端を北緯四度とする南海諸島の主権を宣言した（一八〇～一八一頁）。

日本は「西沙群島は中国領」と言明したか　「一九八〇年中国外交部文書」は、フランス植民地当局のアンナン警察が一九三八年、西沙群島に侵入すると、日本外務省スポークスマンは「アンナン（安南）の警察が上陸した西沙群島は中国領土であることを、われわれは承認している」と言明した（浦野 2015 三一〇頁）、と述べている。

この点は、日本は「一九一七年から新南群島を占有していた」という日本外務省文書の主張（本書第三章参照）から言うと、「日本外務省スポークスマン」が「西沙群島」は「中国領」だと「承認」していたというのはほとんどありえないことである。もし、「一九八〇年中国外交部文書」の記述が正しいと主張するなら、それを証明する日本側文書を提示しなければならないはずである。

『史料匯編』によれば、中華民国国民政府は一九三六年、一九三〇年香港で開催された極東気象学会会議の決議に基づいて、西沙群島に気象台、無線通信局および灯台を建設した（一〇頁）、という。

これが事実なら、領有行為だと言える。

一九三九年『中国分省新図』と「西沙群島」「団沙群島」 丁文江、翁文灝、曽世英編纂『中国分省新図』（上海申報館 中華民国二八年〈一九三九年〉八月十日四版）[23]の「分省図検視表」（**図8** 『中国分省新図』）南端は、かろうじて海南島南岸が入っているだけで、南シナ海は入っていない。北緯一九度程度であり、いわゆる南沙群島は入っていない。同『中国分省新図』のうちの「広東」図は、東沙群島、西沙群島および東はパラワン島にかかっている団沙群島はあるが、「南沙群島」の名はなく、「団沙群島」と表記されている。

この図には、以下の島・礁名が記入されている（おおむね西から東へ、北から南への順）。これらは、中華民国におけるもっとも古い中国名に属するだろうが、やはり欧名からの訳名と見られる。

【西沙群島】北礁、庫勒生特群島、□□脱島、□堅島、□出礁、巴徐礁、土□塘島、樹島、石島、符勒多□礁、蒲利孟灘、林肯島、傍俾礁の十三島・礁。

【団沙群島】拉徳礁、□福□□灘、斯巴□脱島、西石、大□出礁、十字火礁、零丁礁、湾灘、安波那暗礁、馬立夫礁、双子島、来蘇灘、帝都島、沙比礁、羅湾島、沙島、伊都阿巴島、南伊島、偏島、南山湾、辛科威島、南康華里礁、調査礁、安達息破礁、方向礁、北毒蛇灘、棕色灘、傍俾灘、□□加比丹灘、牛月灘、（パラワン島周辺

図８　分省図検視表『中国分省新図』

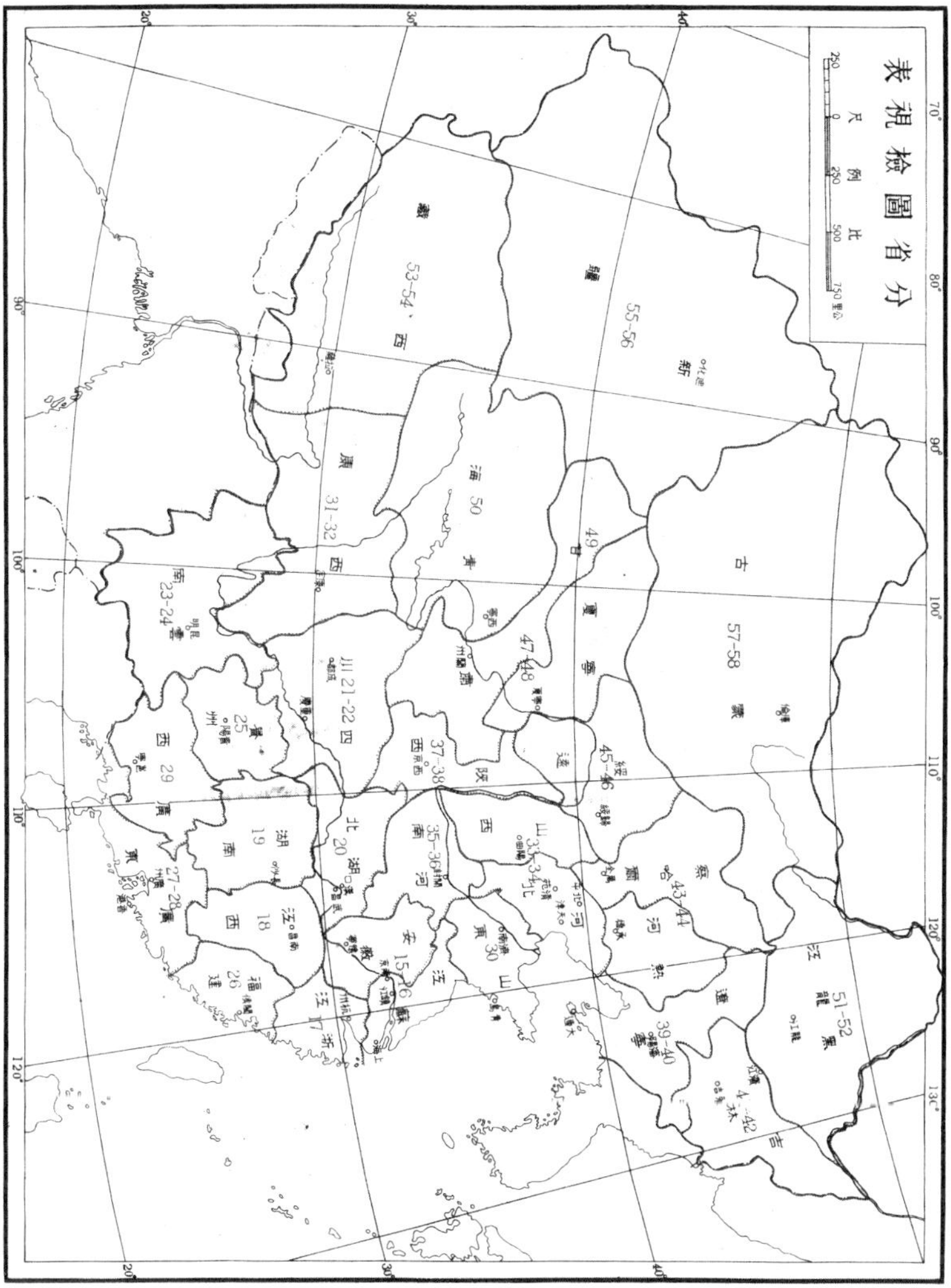

出典：上海申報館　1939年　表２

も記入されているが、これらを除く）の三十島、礁、灘、暗礁。

この島・礁名は、英名からの訳である。「東沙群島、中沙群島、南沙群島」の名はないが、「西沙群島」名は使用されている。これは、中華民国としてはじめて南シナ海の領有意思を表示したものであるかもしれない。ただし、一九三九年と言えば、日中戦争のまっただ中であり、中華民国政権が南シナ海諸島を実効支配していたとは考えられない。また、一九三九年中華民国地図には、当然のことながら「十一段線」（後述）は引かれていない。

一九四〇年十月、フランス人、アンナン人はスプラトリー群島から退去した（浦野2015九七三頁）。

許崇灝編著『瓊崖《けいがい》志略』（一九四五年自序）　許崇灝編著『瓊崖志略』（民国三十四年／一九四五年四月自序、民国三十六年／一九四七年四月、上海正中書局印行。『崖志鈎沈（三種）』所収）は、「瓊崖、またの名は海南島」とある。『瓊崖志略』には、「付近の島嶼」として「東沙群島」（北緯二〇度四二分二秒、東経一一六度四三分一四秒）、「西沙群島」（北緯、東経の記入なし）があるが、中沙群島、南沙群島はない。

日中戦争期の中華民国（一九三七年〜一九四五年）は実効支配できたのか　日中戦争期の中華民国（一九三七年〜一九四五年）が、南シナ海に対する領有意思を示していたとしても、どの程度実効支配を実現しえていたかは、はなはだ疑わしい。

『史料匯編』は、一九二八年から一九四五年までの東沙、中沙群島を含む（南沙群島は含まない）地図一点（一九三三年七月版『中国模範地図』）、東沙島、西沙群島および瓊南九島を含む地図十二点（一九三四年八月版『新制中国地図』、一九三五年九月『中華析類分省地図』、一九三六年一月版『中国地理沿革図』、一九三六年七月版『中国疆域変遷図』、一九三六年七月版『初中本国地理教科書』、一九三六年七月版『新製中国地図』、一九三六年八月版『中国新地図』、一九三六年九月版『開明本国地図』、一九三七年一月版『現代本国地図』、一九三九年版『新中国分省地図』、

一九三九年十月版『開明本国地図』、一九三九年十二月「新製中華民国大掛ける図」、一九四五年版『中華新形勢大地図』)、南海諸島の四島群を示し、北緯四度前後を含む地図一点(一九三六年版『中華建設新図』)を示した。

3．第二章小結

清朝は、十九世紀中葉までは南シナ海に対する領有意識を表明したことはなかったと見られる。しかし、十九世紀後半には領有意識を持ち始めたと見られなくもない動きがあり、二十世紀初頭の一九〇七年には「東沙島」、西沙群島に対する領有権を主張し始めたが、実効支配は弱々しいものだったと言わざるをえない。南沙群島の領有権は、主張していない。南沙群島に対する領有権の主張は、一九四五年以降となる。

フランスは、一九三三年には明確に領有を主張するが、一九三九年には実効支配を事実上失う。一九三九年から一九四五年ないし法的には一九五二年までは日本が南シナ海全体を領有する。

第三章　日本による南シナ海諸島・礁の領有

日本は、十七世紀から南シナ海島・礁と若干の関わりを持っていたが、一九一七年には占有したと主張している。日本は、南シナ海の島・礁の領有に「新南群島」という名称を付与し、日中戦争期の一九三九年三月三十日に「新南群島」領有に対する「法的手続を完了」した。しかし、日本は一九四五年八月十四日、東アジア太平洋戦争の敗北により「新南群島」から撤退、一九五一年九月八日のサンフランシスコ平和条約で「放棄」が決定され、一九五二年四月二十八日、法的「放棄」が発効した。

この領有行為は、短期間（一九三九年～一九五二年）ではあったが、その後の中華民国による「十一段線」主張とそれを引き継いだ中華人民共和国による「九段線」主張の原型となったという点で重要な意味を持つことになった。

日本と南シナ海島、礁との関わりについては、浦野1997が詳しい。

1．領有以前（十七世紀～一九三八年）

1-1．江戸幕府期（十七世紀～十九世紀）

末吉孫左衛門は慶長九年／一六〇四年から寛永十一年／一六三四年まで父子二代にわたって商人として朱印状を十三回受け、のちには御奉書を受けてルソン、シャム、トンキン（東京）に船を出した。父、孫左衛門吉康がルソン、トンキンへの渡航のさい使用していたとされる「東亜航海図」には南シナ海の西沙群島と思われる暗礁地帯が描かれていたという。角屋七郎兵衛はベトナムに渡航し、ベトナム中部の日本人町ホイアン（会安）の管理者となったが、寛永十三年／一六三六年の鎖国令で帰国できなくなった。彼は寛永五年／一六六五年、自分が使用していた「東亜航海図」を兄、七郎次郎に送った（浦野 1997 一三五頁）。

浦野 2015 は、角屋七郎兵衛が一六三一年、ベトナム貿易のためアンナンに渡航し、そこから「東亜航海図」を日本に送り届けた（八〇頁、八五頁）としており、浦野 1997 とは時点についてずれがある。

このほかにも、琉球王国の東南アジアとの貿易、交流があり、南シナ海と関わったはずである。

1–2. 明治期（一九〇二年〜一九〇九年）

西沢吉治の船は、一九〇二年に東沙群島で難破し、その後、同群島の最初の探検が彼によって行なわれた（キロス 2010 四六頁）。

玉置半右衛門は、明治三十五年／一九〇二年に東沙群島を探検した（浦野 1997 一四七頁、浦野 2015 八五頁）。基隆《キールン》の西沢商店所属船の船頭吉田某は、一九〇二年の冬、神戸港から台湾へと向かう途中、台風に遭い、プラタス島と思われる一孤島に漂着した（浦野 1997 一四八頁）。

貿易商社、恒信社所属の長風丸は、明治三十八年／一九〇五年にプラタス島に赴いた。恒信社は、在日清國公使、横浜駐在各国領事のほか、上海道台、イギリス香港政庁にも問い合わせ、プラタス島の無所属を確認した上として、外務省の許可を受けて、明治四十年／一九〇七年の夏、長風丸による再度の探検を実施した（浦野 1997 一四八頁）。

浦野 1997 は、プラタス島が「放棄せられたる島」と確認したのは一八九六年と述べていた。

長風丸による再度の探検に先立ち、水谷新六は西村竹蔵との共同事業として、計九名で一九〇七年四月上旬、台湾丸でプラタス島を探検した。水谷らは、雨風でプラタス島に取り残され、台湾総督府の救助船、城津丸で救助された（浦野 1997 一四八頁）。

プラタス島を「西沢島」と命名（一九〇七年）　長風丸の西沢吉治は、一九〇五年にプラタス島の無帰属を確認し、一九〇七年、プラタス島を西沢島と命名した（浦野 2015 八五頁）。

北緯一四度四二分二秒、東経一一六度四二分一四秒に中国が管轄する荒島の一区が香港、マカオ付近とアメリカ所属小ルソン群島の間にあり、日本商人の西沢吉次は〔光緒三十三年／一九〇七年〕六月三十日、百二十人を糾合し四国丸で同島に向かい、七月二日に上陸して宿舎を建てたとの記事がある（『史料匯編』一四三〜一四四頁）。（これは、旧暦である。）西沢は史料により「吉治」、「吉次」と名前の表記が異なる。

西沢吉治は明治四十年／一九〇七年八月八日、百五名の労働者と資材を四国丸に満載してプラタス島をめざして台湾を出航し、十二日に同島に上陸した。彼らは、同島の探検と小屋の建設にあたり、ポールに日章旗を掲げて占領の事実を明らかにし、島の名を「西沢島」とし、木標を立てた（浦野 1997 一四九〜一五〇頁）。

『清季外交史料』第二期（宣統一年／一九〇九年二月）によれば、明治四十年／一九〇七年八月「西沢島」の文字が刻まれた立木があり、日本式家屋が二十〜三十軒ある、と述べている（『史料匯編』一四六〜一四七頁）。「西沢島」命名に関して、清国「外交部」は調査を命じ、両広総督は同年十月、在南京副領事、船津辰一朗に『中国沿海険要』を示し、東沙島は清国領である旨を主張したが、副領事は同書が英訳本なので清国領の根拠とすることはできないと反論した（浦野 1997 一五〇頁）。

（なお、浦野 1997 は『中国沿海険要』とは英国海軍海道測量局 China Sea Directory, 1894、陳寿彭訳『中国江海険要図誌』を指すと思われる（二一三頁）、としている。）（清朝は一九〇一年、「総理各国事務衙門」を「外務部」に改編しており、浦野1997記述の「外交部」は「外務部」の誤りと見られる。『アジア史入門』二一七頁参照。）

日本軍艦、商船、一九〇七年「西沙島」占拠　日本政府が南シナ海諸島、礁の領有について関心を示したのは一九〇七年であったようだ。

日本外務省は、明治四十年／一九〇七年における日本の動きについてすでに見た通り以下のように記述していた（浦野1997一三九頁）。

『史料匯編』は、一九〇七年に東沙島の帰属について調査した（一三〇頁）。「光緒《こうしょ》三十三年（一九〇七年）、日本は突如、台湾方面から軍艦一艘、商船二辰丸《たつまる》一艘を派遣し、武器および日本人を満載し、わが東、西沙島占拠を図り、当地の番黎人民は群起して反対したが、日本の艦船は発砲攻撃した。張人駿は、李准を派遣して交渉させた。その結果、日本艦船はわが方に謝罪した。日本艦船二辰丸および軍艦は、ただちに退去した。」「提仁輔啓。一月三十日」（一九四七年二月二日天津『大公報』）。日本の軍艦、商船は、一九〇七年に東沙群島、西沙群島を占領しようとしたが、日清交渉の結果、撤退したとの一九四七年の記述である。

『史料匯編』は、「外務部（光緒三十三年〔一九〇七年〕九月五日」の問い合わせ文書が「港澳〔香港、アモイ〕付近とアメリカ所属小ルソン群島の間に中国管轄の荒島一区があり、北緯十四度四十二分二秒、東経百十六度四十二分十四秒」で、日本商人西沢吉治は百二十人を糾合し、六月三十日午後、四国丸に乗り、当該島に向かい、七月二日登岸し宿舎を建設しました」と述べている（一四三〜一四四頁）、と書いている。

『史料匯編』は、両広総督張人駿が光緒三十三年（一九〇七年）九月九日付けで外務部に「日本人西沢が海島を発見した件」について、「当該島は瓊《けい》州〔海南島〕海口砲口から四百八十六英海里〔マイル〕〇七十八分〔一マイルは一、六〇九四キロメートル〕あり、香港から四百七十六英海里〇九十四分である」（一四四頁）、とその位置関係を書いている。

『史料匯編』の宣統元年（一九〇九年）四月二十七日『清季外交史料』からの引用によれば、両広総督張人駿が軍機処、外務部にあてた四月二十七日付け文書に、日本人西沢吉次が「プラタス／東沙島」を利用し西沢島と改名した事実を次のように報告している。

「粤《えつ》轄東南海面第十三雑澳《おう》によれば、イギリス海部の記載に訳されているプラタスは原名東沙島であります。閩《びん》粤〔福建、広東〕漁戸は、これによって風を避け、停泊する所であり、廟宇が建てられており、食糧が蓄えられています。丙午〔一九〇八年〕の秋、日本商人西沢吉次が経営して年を越えており、西沢島と改名しました。」

（『史料匯編』一三〇～一三一頁）

この記述によれば、西沢吉次が経営を開始したのは一九〇七年頃と見られる。この記述のうち、「プラタス」島の「原名」が「東沙島」であるとしているのは逆であろうと思われる（本書第四章参照）。

『史料匯編』は、『宣統政記』が「粤疆浜海は南海大洋の中で洲島がはなはだ多い。日本人は東沙島を占拠しており、現に理に拠って力争し、当該の島を回収すべきである。また、西沙島を調べると、崖州にあって楡林《ゆりん》港付近に属する」と述べている（一三七頁）、と書いている。

『清季外交史料』第二冊（宣統一年／一九〇九年二月）によれば、「東沙島」の件につき、日本側は「無主の荒島と見なすべきだが、もし中国が同島は管轄内であると見なすのなら、地方志があるべきであり、同島はどの官どの営が管轄していたのか確証があるべきで、それらの証拠を電文で外〔務〕部に寄せられたい」と求めており、これに対して張人駿は福建、広東の漁船はここへ魚を取りに来ており、島内には海神廟が建てられているとして、「同島の状況を見るに、歴史的に粤〔広東〕に属することは疑いない」（浦野1997一四八頁）との答えを日本側は得ている、としている。

日本側の主張は、「無主の荒島」であったとの主張である。張人駿の論拠は、ややあいまいではあるが、広東側は漁業実績、「海神廟」が建てられていたことを根拠として領有を主張しているわけである。『清季外交史料』（宣統一年／一九〇九年八月）によれば、日清双方は、西沢側資産を日本円六十七万円、中国側資産を広東毫銀十六万元とし、プラタス島（東沙群島）を清国側に引き渡すこととした（浦野 1997 一五三～一五四頁）という。

1-3. 大正、昭和初期（一九一三年～一九二九年）

浦野 2015 は、日本が一九一三年、プラタス島（東沙島）を中華民国に引き渡した（八六頁）、としている。

小松重利、池田金造の西沙群島、南沙群島編入願い（一九一八年）　小松重利、池田金造は、一九一七年二月から八月にかけて西沙群島および南沙群島を探検し、燐鉱石の有望性を確認した。彼らは、西沙群島については「ウデー〔ウッディ〕島」〔林島〕、リンコルン島〔東島〕を発見し、外務省に帰属を問い合わせたが判明せず、翌一九一八年、神山閏次、橋本圭三郎の名義で内田康哉外務大臣に領土編入願いを提出した。その後、再調査が行なわれ、西沙群島のリンコルン島、中央島〔中島〕、北島、樹島、多樹島〔林島〕、多岩島〔石島〕、バットル島〔珊瑚島〕、ロベルト島〔甘泉島〕、東ダンカン島〔小三脚島〕、西ダンカン島〔大三脚島〕、「ドラモント」島〔伏波島〕、モニイ島〔金銀島〕、ツライトン島〔南極島〕のほか、彼ら両名は南沙群島の十一の島嶼の図面を添えて、再度、領土編入による開発願いを提出した（浦野 1997 一六〇頁）。

（外務省）「欧米局第二課」の一九三三年七月一日付け文書によれば、一九一八年五月から九月にかけて「ウデー〔ウッディ〕島」〔林島〕、リンコルン島〔東島〕「ノース・デインジャー」島、フラット島、ナンシャン島を発見し、右諸島を帝国版図に編入するよう内田〔康哉〕外務大臣あて願い出た（浦野1997 二二六頁）。

次いでラサ島燐鉱株式会社は同年十一月、北二子島（「ノース・デンジャー」、ノースイースト・ケー）、南二子島（ノース・デンジャー、サウスウェスト・ケー）、西青ヶ島（ウェスト・ヨーク・アイランド）（危険区域内）、三角島（チッ・アイランド）、長島（イッ・アバ・アイランド）を発見した（浦野1997 二二七頁）。（南二子を「ノース」としているのは「サウス」の誤りであろう。）

ここにおいて、同社は一九二〇年十一月、さらに中小島（ロアイタ・アイランド）、南小島（ナムイット・アイランド）、西鳥島（スプラトリー・アイランド）、丸島（アン・ボイナ・ケー）を発見した（浦野1997 二二七頁）。

一九二三年九月から十月の頃に、亀甲島（「フラット、アイランド」）、飛鳥島（「シン、コエ、アイランド」）を発見、長島、南二子島には神社、事務所等を建設した。

「平田群島」命名（一九一九年三月）　さらに、平田末治は一九一七年六月、暴風に遭い西沙群島に漂着、翌一九一八年、西沙群島に赴き、さらに一九一九年、三度目の調査隊を送り、海軍省、農商務省、外務省当局に照会し、同群島の「無所属」を確認した。平田は同年三月五日、農商務大臣山本達雄あてに燐鉱石を提出し、これらの島を「平田群島」と名づけた（浦野1997 一六〇頁）。

そのさい、提出された願書には、バットル島、オブザベーション堆、多樹島〔林島〕、モニイ島、リンコルン島、「ダンカン」島〔大三脚島〕、ロベルト島、「ドラムモント」島〔伏波島〕、の地図が添付されている。しかし、一九〇七年の清国による同群島の記録が日本の『海軍水路誌』にあることが判明し、西沙群島の開発計画は一時中断されることになった（浦野1997 一六一頁）。

三井物産会社は、一九二〇年三月二十日付けのインドシナ海軍長官ルミー大佐あて書簡で、同群島がフランス領であるかどうか問い合わせたところ、ルミー大佐は「海軍の公文書に於てはパラセル群島の所属国を決定し得へきもの毫もなし」（浦野 1997 一六一頁）と回答した。

これに対し、中国広東民政長官は一九二一年三月三十日付け命令で「一九二一年三月十一日の会議に於て広東督軍はパラセル群島を行政上海南島ヱー県支庁に付属せしむることに決定せり」（浦野 1997 一六一頁）という。西沙群島の民間開発に対する「民国政府」（広州軍政府を指すと見られる——筆者）の正式認可は、一九二一年三月、軍政府内政部あてに申請を行なった何瑞年が最初である（浦野 1997 一六六頁）という。梁国之は一九二一年三月、「合辦西沙群島実業無限公司」という事実上の日華合弁会社を設立した（浦野 1997 一六七～一六九頁）。

「平田群島（新南群島　西沙群島）の経緯」　「平田群島」問題については、「中華民国外交部檔案」に「平田群島（新南群島　西沙群島）の経緯」（日本語、活字印刷。筆者名、日付共に未記載）という次の日本の記録が含まれている。

「平田群島とは南支那海上、仏領印度支那と比島群島との中程に位置し、この群島は大別して新南群島と西沙群島より成る。此の群島の発見の遅れたる理由は、つまり此の付近はいわゆる航海危険とされていた為、大洋を通る大汽船が恐れて近寄らなかったことにあると思われる。

西沙群島中の主なる島は、多樹島、リンコルン島、ロベルト島であり、新南群島の主なる島は二子島、長島、西青島、三角島、中小島、南洋島、北子島、西鳥島等で、何れも日本名が古くからつけられており、二大群島とも全部無人島である。

これらの群島はいずれも珊瑚礁《さんご》から出来ていて、水面上わずかに出て、島には椰子、榕樹のような木も稀には生えているが、大部分は小さい雑木や雑草が茂り農産、林産方面では殆ど見るべきものはない。然し島には燐酸質グアノ、燐鉱石があり、また、鰹《かつお》、鮪《まぐろ》、飛魚、青海亀、高瀬貝等の海産は豊富である。

此《こ》の群島を第一番に発見踏査したのは大正六年〔一九一七年〕六月のことであり、それは日本人平田末治氏である。

平田氏は此の群島発見踏査後直ちに英香港総督と仏印総督に対し、此の群島の所属を質したるに対し、英総督よりは、所属不明との返事ありたるも仏総督よりは返事がなかった。

ここに於いて平田氏は各群島を更に詳細に調査を重ねた結果、燐鉱採取事業と高瀬貝採取の漁業を開始した。その燐鉱採取の主たる島は、多樹島、リンコルン島、長島、双子島等であり、これ等の事業経営には、各種の設備をほどこし、船舶の荷役桟橋の設備、岸岩を処理して入江を造り、艀舟の出入場を完全にし一日の荷役量五〇〇屯前後可能の施設にまで発展した。

昭和十年〔一九三五年〕平田末治氏は更に発展すべく、開洋興業会社を作り二、三百名の社員をここに定置した。その事業は漁船の救助、気象の観測、漁船の通信、漁場の監視等の公益事業のかたわらこの島の開発を行ったのである。

その後昭和十三年フランスがベトナム人数十人を長島、多樹島に派遣して占領宣言を発したのであるが、日本政府はこの暴挙に対し厳重抗議をなしたのである。

この紛争のさなかに米政府はこの群島が平田末治氏の発見踏査を認め『大正十四年すでにこの群島を平田群島として認めている』と発表したのである。

そこで日本政府は、新ためて平田の所有なる旨を世界に宣言したのである。その後ずっと事業を経営したるも、昭和二十年日本敗戦となり、そのまま引揚げたのである。
同全群島には現在数百万トンの燐鉱が埋蔵されている。
その後昭和三十一年八月フ《ママ》〔ィ〕リッピン、マニラ海洋学校長トーマス、クローマ氏来日し、南沙群島の領有問題が持ち上がったのであるが、それは平田群島中の新南群島に対する、フ《ママ》〔ィ〕リッピンの新主張と解されるのである。

以上」

「平田群島（新南群島　西沙群島）の経緯」によれば、日本の言う新南群島には西沙群島は含まれておらず、主として南沙群島を指している。日本の民間人、平田末治が新南群島、西沙群島を発見したのは「大正六年〔一九一七年〕」のことで、平田はその後、平田群島の開発に着手した。アメリカは一九二五年、平田群島の存在を承認し、それをうけて日本政府は平田による平田群島の所有を世界に宣言したとのことである。それは、日本政府による平田群島すなわち南沙群島の領有宣言を意味すると見られる。中華民国外交部檔案には、この日本語文書を中国語訳しようとした単語のみのメモと見られる資料もある。

ヘイトン 2014、浦野 2015 には「平田群島」についての言及はない。

南方政府と平田末治との合意（一九二二年十一月）　陳炯《けい》明軍が一九二二年六月十六日、クーデターで南方政府（孫文派広東軍政府）を倒したさい孫文のオフィスで南方政府と日中林鉱産業協会との協定書を発見したことはすでに触れたが（本書第二章2-3）、英国外務省機密外交資料によれば、同年二月五日署名のこの協定は、「一九二一年十一月に孫文と日本人の平田末治との間で合意に至っていた」（キロス 2010 六二〜六三頁）、としている。

宇垣外務大臣は、一九一七年と一九二九年の新南群島について一九三八年に次のように述べている。

「大正六年〔一九一七年、日本の〕『ラサ』工業は〔新南群島に対し〕既に探検を行ひ政府の承認を得て事業を開始し又昭和四年〔一九二九年〕特に軍艦膠州《こうしゅう》を派遣本群島を測量探検せしめ引続き開洋漁業会社の漁業進出となり無線電信台さへ建立する等我方占拠経営の既成事実厳存せる」（『日本外交文書　昭和期Ⅲ』所収「昭和十三年〔一九三八年〕八月十五日　宇垣外務大臣より在仏国杉村大使宛（電報）」）

同電報によれば、にもかかわらずフランスは「先占宣言」をしたのだと述べている。

日本は、一九一七年が日本による「新南群島」占有の年であると述べている。

「新南群島に対する帝国軍艦の行動に関しては既に大正六年〔一九一七年〕以来帝国臣民が帝国政府の支持に依り厳たる占有の事実を形成し居れり」（『日本外交文書　昭和期Ⅲ』所収「昭和十四年〔一九三九年〕二月十四日有田外務大臣より在仏国宮崎臨時代理大使宛（電報）」）

1―4．日仏対立期（一九三三年～一九四一年）

フランスは一九三三年、スプラトリー群島に対する領有権を主張したのに対し、日本はフランスによる領有権主張を一貫して否認し続けた。

日本は一九三四年、次のように述べた。

「仏蘭西《フランス》による『スプラトリ』群島（新南群島）占有問題」について一九三三年、一九三四年に日仏政府間で話し合いが行なわれ、「在巴里《パリ》日本大使は九年〔一九三四年〕三月仏蘭西外務省に対し日本政府は爾後本件は落着（clasee）したるものと考ふる旨通報」した（『日本外交文書　昭和期Ⅲ』所収「昭和十二年〔一九三七年〕十二月十七日　広田外務大臣より在仏国杉村大使宛（電報）」）。

日本政府は一九三四年、フランスによるスプラトリー群島の領有権主張に対し、「新南群島」に対するフランスの領有権を否定し、日本の領有と意思表示したということである。

日中両軍間には一九三七年七月七日、盧溝橋事件が起こった。

日本海軍は一九三七年九月三日、東沙島へも軍艦を派遣し占領、中国人将校を含む二十八名を捕虜とした（浦野1997二七五頁）。

日本軍は一九三七年十月二十六日、金門島を占領した（浦野1997三二二頁）。

井上欧亜局長は一九三七年十二月、フランス参事官バルビエに対し次のように伝えた。

「問題の群島に対しては日本は仏国の所謂先占に先ず十余年来同群島に於て現実に事業を営み来り投資も相当に上り居る事実に基き権原を主張し仏国先占の主張を否認し来たれるものにして我方は現今も亦継続して居り」（『日本外交文書　昭和期Ⅲ』所収「昭和十二年（一九三七年）十二月十七日　広田外務大臣より在仏国杉村大使宛（電報）」）

フランスは、続いて次のように述べている。

「最近同群島巡航中の『デューモン・ドゥヴリール』は『イツアバ』島（邦名長島《なが》）が千谷《ちや》を主任とする在台湾一漁業会社に属する十数名余の日本人により占拠せられ居るを発見せり」（『日本外交文書　昭和期Ⅲ』所収「在京仏国大使より九日付け書簡」）

「昭和十二年（一九三七年）十二月十七日　広田外務大臣より在仏国杉村大使宛（電報）」は、フランスがイツアバ島にフランス国旗を再掲揚しようとしたのに対し、「千谷《ちや》予備海軍大佐（形式上台湾海洋興業なる漁業会社の社員となり居れり）」は「同島の仏領たることを認め居らずと答え」た、と伝えている。

「『イツアバ』島に於ては帝国政府承認の下に一両年前より邦人会社により漁業営まれ小桟橋短波無線台其他の施設行はれ居《お》る」（『日本外交文書　昭和期Ⅲ』所収「昭和十二年（一九三七年）十二月十七日　広田外務大臣より在仏国杉村大使宛（電報）」）

「帝国臣民の同島〔新南群島〕に於ける事業経営、無線台設置及国旗掲揚に関しては帝国臣民は十数年以前より同島に於て自由且障害なく事業を経営し来れるものにして」（『日本外交文書　昭和期Ⅲ』所収「昭和十三年（一九三八年）一月十二日　広田外務大臣より在仏国杉村大使宛（電報）」）

キロス2010は、南シナ海における日本の経済的、軍事的勢力は一九三七年から増しており、同時に台湾総督府の影響が半官半民の台湾拓殖株式会社を通じて高まっていた（二〇六頁）、と見ている。

在仏国杉村大使は、「新南群島に関する仏国外務次官との会談内容報告」として、杉村大使は「仏占拠の当時我方は既に同島〔新南島〕に百万円の投資を為し数千噸の燐鉱を有したる次第」（『日本外交文書　昭和期Ⅲ』所収「昭和十三年（一九三八年）五月二十一日　在仏国杉村大使より広田外務大臣宛（電報）」）、と述べた。

日本は、フランスの動きに対抗して次の措置をとると伝えている。

「我方に於ても之が対抗上敷設艦勝力《かつりき》を派遣するに決し、同艦は本月（八月）九日『イツアバ』に入港、巡査（五名）及水兵を上陸せしめ、我方の新南群島発見及事業開始の経緯を刻める紀念碑を建立すべく行動中にして、尚近く燐鉱採掘の為相当数の人夫を派遣する予定なり」（『日本外交文書　昭和期Ⅲ』所収「昭和十三年（一九三八年）八月十五日　宇垣外務大臣より在仏国杉村大使宛（電報）」）

日本は、「新南群島」領有の準備を進めた。

フランスは一九三八年七月四日、西沙群島の先占支配を通告し、南沙群島についても七月二十五日の第三次申し入れ、八月十九日の第四次申し入れを行ない、引続き先占の事実を主張した（浦野 1997 三二二頁）。

宇垣外務大臣は、フランスに対抗して「新南群島」の領有権を正式に主張する必要があるとして、次のように伝えた。

「新南群島に対しては帝国としては仏の主権主張を極力否認すると共に、他方同島を事実上占有し仏側に対抗し来りたるも積極的に同島を日本の領有なりとは主張したることなし」「結局同群島の領有権を正式に主張するの要あるを認め、目下法律上其の他の研究を進め居る次第なり」（『日本外交文書　昭和期Ⅲ』所収「昭和十三年〔一九三八年〕九月十三日　宇垣外務大臣より在仏国杉村大使宛（電報）」）

キロス 2010 によれば、「日本軍艦が同年〔一九三八年〕十月三十日、また十二月七日に部隊、労働者などをイツアバ島に上陸させた」（八六頁）、という。


「新南群島」領有閣議決定（一九三八年十二月二十三日）　日本政府は一九三八年十二月二十三日、「外務拓務両大臣請議新南群島の所属に関する件」を審査し、次のように閣議決定した。

「一・南支那海中北緯七度乃至十二度東経百十一度乃至百十七度即ち略仏領印度支那と比律賓《フィリピン》群島との中間に存する新南群島は従来無主の礁島として知られ大正六年〔一九一七年〕以降本邦人は外国人が全然之を顧慮せざる前に於て之に巨額の資本を投下し恒久の施設を設けて帝国政府の承認及援助の下に其の開発に従事し居りたる次第なる処昭和四年〔一九二九年〕経済不況の為施設を其の儘とし一時前記本邦人が群島を引き揚げ居りたるに乗じ仏国政府は昭和八年〔一九三三年〕突如軍艦を派して之を占領し国際法上無主の土地なりとし其の仏国主権に帰属すべきを宣言し次で之を仏領印度支那政庁の所轄としたり」

「二・」「昭和十一年〔一九三六年〕本邦人が再び同群島に於て開発に従事するや」フランスが「主権を主張」

したので、「此の際仏国が領土権を主張する諸島及右と一連の新南群島諸島が帝国の所属たることを確定すること必要となれり」

「三．就いては前記新南群島諸島は別紙の名称の下に之を自今台湾総督府の所管となさんとすと謂ふにあり」

「編注一　本閣議決定は、十二月二十七日に裁可された。」（『日本外交文書　昭和期Ⅲ』所収「昭和十三年〔一九三八年〕十二月二十三日　閣議決定　『新南群島の所属に関する件』」）

日本は、関係各省協議の上、一九三八年十二月二十三日、新南群島の台湾編入が閣議で決定された（浦野 1997 三二三頁）。西沙群島についても、「一九三八年十二月二十七日に台湾編入も決定した」（八六頁）、という。

インドシナ総督は一九四〇年八月二十二日、任期を終えたイツアバ島指揮官M・ボロラウ氏に代わる者の選抜に関する通達を行なった（浦野 1997 六一八頁）。

一九四一年八月十二日、中圻欽使［ベトナム中部アンナンのフランス人総督］ブラームス氏に代わり、マハメドブアイ・モズィーン氏をアムフィトリット島嶼群（ホアンサ群島）行政長官に専任する、と決定した（浦野 1997 六一九頁）。

2．日本「新南群島」領有（一九三九年～一九五二年）

キロス 2010 は、日本軍が一九三九年二月十日、海南島に上陸し、二十八日、海南島の占領を完了、三月一日、西沙群島を占領、三月三十日、南沙群島も占領した（四五頁）と述べている。

日本軍による海南島上陸の日付は、浦野 2015 は日本は「一九三九年十月」（一四五頁）と述べているが、キロス 2010 が正しいと見られる。

フランスは一九三三年、南シナ海島・礁に対する占有を主張したが、日本政府は一九三九年二月十四日、フランス政府に対しフランスの領有主張を撤回するよう申し入れた。

「〔一九三九年〕二月十三日付にて仏の領有主張の撤回方を要請する趣旨の回答文を往電第四六号会談の際本大臣より『アンリ』大使に手交し置けり」（『日本外交文書　昭和期Ⅲ』所収「昭和十四年〔一九三九年〕二月十四日有田外務大臣より在仏国宮崎臨時代理大使宛（電報）」）

「二月十三日付にて仏の領有主張の撤回方を要請する趣旨の回答文」とは、二月十四日電報「（付記）欧三機密第四号」が「二月十三日」付「外務大臣　有田八郎」の「仏蘭西国特命全権大使『シャルル・アルセーヌ・アンリー』閣下」宛の文書であり、その中で次のように述べられている。

「新南群島に対する帝国軍艦の行動に関しては既に大正六年以来帝国臣民が帝国政府の支持により厳たる占有の事実を形成し居れる」

日本は「大正六年」（一九一七年）以来、「新南群島」を「占有」してきたが、ここに至って法的手続を行ない、「領土として編入」するのだという方針を示してゆく。

2−1．台湾総督府「告示第百二十二号」（一九三九年三月三十日）

「中華民国外交部檔案」には、台湾総督府の「告示第百二十二号」が含まれている。

（1）「告示第百二十二号」（日本語、活字印刷。「中華民国外交部檔案」）

「昭和十四年〔一九三九年〕府令第三十一号高雄州高雄市新南群島の区域は左の通り。

昭和十四年三月三十日

表6　新南群島の位置

地区	地点	地点	地点
北緯12度	7度	9度	16度
東経117度	111度30分	111度30分	114度

左記の通り

台湾総督小林躋造

新南群島は左の逐次各地点区域内に連結する全島嶼を指す。

二．新南群島の主要な島嶼の名称は左の通り。

北二子島　南二子島　西青島　三角島　中小島

亀甲島　南洋島　長島　北小島　南小島　飛鳥島

西鳥島　丸島

府令第三十一号

大正〔原文「太正」は誤記〕九年府令第四十七号州庁の位置管轄区域及び郡市の名称位置管轄区域中改正左の通り：

昭和十四年三月三十日

台湾総督小林躋造

高雄州高雄市管轄区域中「内惟」の下に「新南群島」を加え、その区域は別に告ぐ。」

「新南群島」の日本領土編入については、日本政府はフランスに通知したほか、「英、米、独、伊」にも通告することとした（『日本外交文書　昭和期Ⅲ』所収「昭和十四年三月二十八日　有田外務大臣より在仏国宮崎臨時代理大使宛（電報）」）。（表6「新南群島の位置」）

日本外務省は一九三九年三月三十一日、「新南群島」の日本領土編入をフランス大使に以下のように伝えた。

「一・三月三一日午前十一時在京仏国大使の来訪を求め沢田次官より」文書を読みあげ、「新南群島を三月三十日付を以て台湾総督府の管轄に編入を了せる旨并びに右の次第を仏本国政府に通報ありたき旨を付言したり
「二・」「『アンリ』大使は」「日本は実効的占有（occupation effectual）にも同時に着手せらるるものなりやと反問せり依て次官は我方は以前より実効的占有を行ひ居るものなるを以てこの点は問題とならず唯法律上の手続未了なりしに付今回之を完了せるものなりと述べたる」（『日本外交文書　昭和期Ⅲ』所収「昭和十四年三月三十一日　沢田（廉三）外務次官、在本邦アンリ仏国大使会談」）

「実効的占有（occupation effectual）」は、「実効支配」と同義であろう。

日本は、中華民国、フィリピン、ベトナム、オランダ／インドネシアなどは通告対象としていない。中華民国は日本と交戦中だったし、フィリピンはアメリカの植民地、ベトナムはフランスの植民地、インドネシアはオランダの植民地だった。

（キロス 2010 は、「日本政府は西沙群島、東沙群島、そして南沙群島（いわゆる新南群島）の完全な占領を四月九日に公式に宣言した」（四五頁）と述べているが、「四月九日」という日付は不正確である。また、キロス 2010 は、台湾総督府が「一九三九年の二月に西沙群島、南沙群島（新南群島）、を公式に編入させた」（二〇七頁）と述べているが、「二月」は不正確である。）

（2）「新南群島」各島日本名称（一九三九年～一九五二年）

日本外務省は一九三九年四月十七日、新南群島の島名を発表した。（**表7**「新南群島」各島日本名称）
日本名のもとは、西洋名であるわけである。

表7 「新南群島」各島日本名称（日本外務省 1939年4月17日）計13島

新名称〔日本名〕	旧名称〔西洋名〕
北二子島	North Danger North East Cay
南二子島	North Danger South West Cay
西青島	West York I.
三角島	Tihi tu I.
中小島	Loai ta I.
亀甲島	Elat I.
南洋島	Nanshan I.
長島	Titu aba I.
北小島	Sand Cay
南小島	Nam Yit I.
飛鳥島	Sin Cowe I.
西鳥島	Spratley I.
丸島	Amboyna Cay

出典：浦野 2015年 67〜68頁

2–2．仲裁裁判付議提案、仏、英の抗議、米の拒否およびオーストラリア紙の分析

（1）仲裁裁判付議提案と拒否

日本の「新南群島」編入決定を前にして、フランス政府は二月十七日、「新南群島問題」について仲裁裁判に付議する提案を行なった。

「新南群島の問題に付ては仏蘭西政府は去る二月十七日書簡に於て帝国政府が仏の主権を容認せざることを認めらるると共に本問題を仲裁裁判に付議する用意ある旨を示唆し越されたり」（『日本外交文書 昭和Ⅲ』所収「昭和十四年四月三日 在サンフランシスコ佐藤総領事より有田外務大臣宛（電報）」）

これに対し、沢田次官は三月二十一日、次のように拒絶した。

「本件を仲裁裁判に付議せんとの示唆に付ては帝国政府は右を以て本問題の円満解決に関し貢献し得るものと思考せず又右に付議するの必要を認めざるものなり」（『日本外交文書 昭和Ⅲ』所収「昭和十四

年四月三日　在サンフランシスコ佐藤総領事より有田外務大臣宛（電報）」）

なお、キロス2010によれば、フランスは中華民国にも仲裁裁判提案をしていた（本書第二章1-2．参照）という。

(2) 仏、英の抗議

日本が「新南群島」編入を決定すると、仏、英両国は抗議した。

フランスは、「四月五日在京仏国大使沢田次官を来訪し別紙抗議文を手交せり」（『日本外交文書　昭和Ⅲ』所収「昭和十四年四月五日　沢田外務次官、在本邦アンリ仏国大使会談」）。

イギリスは、「十日在京英国代理大使『ドッヅ』（『クレーギー』支那旅行中）沢田次官を来訪し新南群島編入に関する日本の主張を容認し得ざる旨の後記公文を手交し」た（『日本外交文書　昭和期Ⅲ』所収「昭和十四年四月十二日　有田外務大臣より在英国重光大使宛（電報）」）。

(3) 米の拒否、抗議

キロス2010は、アメリカのハル国務長官が一九三九年五月十七日、日本海軍の西沙群島、南沙群島の占領に対して抗議文書を提出した（一〇二頁）、と述べている。

『日本外交文書　昭和期Ⅲ』によれば、アメリカは日本による「新南群島」編入に対して、「米国政府は」「日仏間主張の相違の当否は暫く置き米国政府は国際間の問題は交渉、協定又は仲裁に依り調整すべきことを唱道する」と述べつつ、「日本政府が主権を主張する根拠を正当と看做《みな》さるべき何等の行動をも従来執らざりし島嶼又は珊瑚礁を一括其の領域に編入せる措置は何等国際的効力を有せずと思考す」（「昭和十四年五月十八日　在米国堀内大使より有田外務大臣宛（電報）」）と否認の態度を表明している。

なお、キロス2010によれば、スペインからアメリカに割譲されたフィリピン領土の「珊瑚礁三角」と重なり合うことを避けるため、日本政府は一九三九年にもアメリカに向けて新南群島の境界線を変更した（二一四頁）、という。

（4）オーストラリア紙の分析

オーストラリア紙は、日本による「新南群島領有」の意図について次の分析を発表した。

日本による「新南群島領有」は「軍事上重要なる地にある」、「日本の最後の目的は比律賓《フィリピン》及《および》新嘉坡《シンガポール》にあることは明白」、「『マラッカ』海峡に近き同島の位置、河内《ハノイ》、新嘉坡、『ボルネオ』油田及馬尼剌《マニラ》を飛翔圏内とする航空機の根拠地となるべき事実及海南島より更に南方七百哩の地点に日本軍の前哨を置くこと」（『日本外交文書　昭和期Ⅲ』所収「昭和十四年四月四日　在シドニー若松総領事より有田外務大臣宛（電報）」）である。

2-3．『官報』第三六八三号（一九三九年四月十八日）による公告

『官報』第三六八三号（昭和十四（一九三九）年四月十八日）掲載の「台湾総督府令第三十一号」（一九三九年三月三十日）は、次の通りである（図9　告示『官報一一二号』第三六八三号）。

「大正九年（一九二〇年）府令第四十七号州、庁の位置、管轄区域及郡市の名称、位置、管轄区域中左の通り改正す

昭和十四年（一九三九年）三月三十日

台湾総督　小林　躋造

高雄州高雄市の管轄区域中「内惟」の下に「新南群島」を加え其の区域等は別に之を告示す

付則

図9　『官報122号』第3683号

交通至難ノ島嶼ニ住所又ハ就業ノ場所ヲ有スル者ニシテ正規ノ期限ニ申告ヲ爲シ難キモノノ申告期限ノ延長ニ付テハ州知事又ハ廳長ハ臺灣總督ノ認可ヲ受ケ特別ノ規定ヲ設クルコトヲ得

附　則

本令ハ公布ノ日ヨリ之ヲ施行ス

（別記樣式省略）

◉臺灣總督府令第三十一號

大正九年府令第四十七號州、廳ノ位置、管轄區域及郡市ノ名稱、位置、管轄區域中左ノ通改正ス

昭和十四年三月三十日

臺灣總督　小林躋造

高雄州高雄市ノ管轄區域中「內惟」ノ下ニ「新南群島」ヲ加ヘ共ノ區域等ハ別ニ之ヲ告示ス

附　則

本令ハ公布ノ日ヨリ之ヲ施行ス

本令は公示の日より之を施行す」

2-4．一九三九年四月十八日『朝日新聞』記事

『官報』第三六八三号と同日の一九三九年四月十八日『朝日新聞』記事「新南群島の管轄決定　けふ公告、中外に闡明」は、次のように記述している。

「帝国政府では古くから無主の珊瑚礁島嶼として知られていた南支那海の新南群島を三月三十日付の台湾総督府令により『高雄市の管轄に属せしめた』が〔一〕更にこれを本十八日付官報によって公告し、内外に闡明することとなった、而《しか》して帝国政府では三月三十日に台湾総督府令を公布すると共に昭和八年〔一九三三年〕に七島嶼□にその島嶼を領土に編入することを宣言した仏国を始め関係諸国にこれを通告する必要を認め〔、〕三十一日にアンリ駐日仏大使を外務省に招致してこの旨を通告し、更に同日英米両国に対してもワシントン及びロンドンに於て同様の通告をなした」。

「大正七年〔一九一八年〕十一月小倉卯之助中佐を首班

とする探検隊がラサ島燐鉱会社の依嘱により暮の十二月二十六日に小島を発見二子島と命名、更に翌八年〔一九一九年〕一月一日に南二子島、十日に西青ヶ島を発見、西青ヶ島に上陸して同島上に占領標木を建てた。」

『朝日新聞』記事「新南群島発見に生きた記録」（一九三九年四月十八日） 同じく一九三九年四月十八日『朝日新聞』記事「新南群島発見に生きた記録」によれば、海軍中佐小倉卯之助（六十二歳）は大正七年、「ラサ工業株式会社」の探検船報効丸（八三トンの老朽船）の首班として監督船長佐藤昌男、農学士近藤三□〔衛？〕、歩兵中尉武藤□〔寿？〕治らほか、乗組員二十余名を率いて渡島した。

小倉らは、「この群島に小帆船を漕ぎ寄せて第一歩を印し、『日本領土』の記念すべき標識を打ち樹《た》てた。」「十二月二十六日、「ノースデンジャー」島（北二子島）を発見、三十日、」「北険礁に上陸調査した。」「三十日、檜の標柱をこの島に打ち立て、この日を以て帝国□〔領？〕土となった」。「二ケ月に亘り五島の調査を完了して翌大正八年四月に東京に□〔もどって？〕きた」。「大体英名のウエストヨーク、イツアバー等は皆遭□〔難？〕船の名からとったもの」。「一帯に浅瀬や岩礁が多く」「普通の汽船では近寄る事が困難だ」。

海軍中佐副島村八（六十一歳）は大正九年、探検隊長として一二五トンの発動機船、第二和気丸で第二次調査を行ない、「西鳥島始め都合十一島の調査を完了、夫々《それぞれ》の島嶼に長さ四尺、三寸角の木標に日付、帝国領土、〔ラサ工業〕社長恒藤博士の名を記して防腐剤を塗り、秘密の箇所に埋めて置いた」。

日本の「ラサ島燐鉱会社」は大正七年〔一九一八年〕、南シナ海諸島の開発に着手した（一九三九年四月十八日『朝日新聞』）。

副島村八は大正十二年、第三次の探検隊長として帆船兼用の南星丸（二〇〇トン）で南シナ海の群島を調査した。

日本は一九二一年、長島（のち太平島。英名：イツアバ島）に出張所を設置（浦野 2015 八六頁）した。その後、日本海軍は一九三七年、東沙島を占領し、日本は一九三八年、長島を含む新南群島、西沙群島を編入した（浦野 2015 九〇頁）。

新南群島の範囲は、『朝日新聞』同記事によれば、「北緯七度乃至十二度〔、〕東経百十一度乃至百十七度」である。

一九三九年四月十八日『朝日新聞』記事「法的根拠　我方び実効的先占　仏の宣言は不完全」の法的見解は次の二点であるとする。

「一、無主の土地の領土編入についての条件は第一に当該国が領土編入の意思をもっていてこれを表明すること、第二に当該国がこの新領土に対し実効的占有の条件を持っていることである。

二、而して領土編入の意思は今回総督府令を以て公告したので明かであり実効的占有の条件は大正七年〔一九一八年〕ラサ島燐鉱解釈が事業経営に着手した時に始まっている。」

このうち、一の条件は、拙著『尖閣問題総論』で確認したことと同じである。

『朝日新聞』同記事は、フランスとの関係を次のように論じている。

一、フランスは昭和八年〔一九三三年〕七月二十五日、アストロラ、アラート両通報艦が新南群島を発見したという理由で同島に対する先占宣言をした。

二、これらの諸島は無主の地として長年一般に知られていた。大正七年以来、ラサ島燐鉱会社が開発に従事し、永久的施設を施しており、日本政府はこれを最初から承認し、援助も行なっており、実効的先占は日本にある。

三、フランスはこの実情を無視し、一方的に先占宣言を行なった。日本政府はこれを承認せず、昭和八年八月二十一日、時の沢田駐仏代理大使はフランス外務省に対し抗議的警告を提出した。

四、フランスの先占宣言は、経度を以て島嶼の位置を指摘していない。

また、フィリピンとの関係にては、一八九八年の米西戦争講和条約第三条により、比島の「本島に最も近接せる部分は北緯七度四十分、東経百十六度より北緯十度、東経百十八度」の一線なので、「我が方の範囲と抵触しない。」

フランスは一九三九年五月五日、テュア・ティエン省に付属するクレセントおよび付属島嶼［永楽群島］とアムフィトリトおよび付属島嶼［宣徳群島］という二支庁に分割処理することとした（浦野1997三四一頁）。

フランスは一九三九年九月十一日、メーリング号を長島［イツアバ島／太平島］に派遣し、アンナン人十七名を上陸させたが、同船はそのまま座礁した（浦野1997三五四頁）。

2―5．日本軍仏印進駐からサンフランシスコ平和条約へ

日本の仏印進駐　日本は、東アジア太平洋戦争中の一九四〇年九月、北部仏印（フランス領ベトナム北部）に進駐した。

フランスは一九四〇年十月三日、南シナ海からバン、ホーレン号で引き上げることを受け入れた（浦野1997三六三頁）。

新南群島は一九四二年十二月五日、大暴風雨により全島が破壊され、また津波によって島は水面下約二～三メートルに没した。以後の事情はわかっていない（浦野1997三六九頁）。

日本は一九四五年三月、フランス勢力を倒し、ベトナムにはグエン朝の第十三代皇帝バオダイ帝（在位一九二六～一九四五。八月二六日退位）を元首とした。

キロス2010は、日本軍が一九四五年三月、インドシナ半島でフランス勢力を倒し、ベトナムを独立させ、十一日

にバオダイ帝がベトナムの独立宣言を発した（一三一頁）、としている。

カイロ宣言（一九四三年七月）、**ヤルタ協定**（一九四五年二月）、**ポツダム宣言**（一九四五年七月）　連合国は、日本の敗戦が見通される状況の中で、カイロ宣言、ヤルタ協定、ポツダム宣言をまとめたが、カイロ宣言、ヤルタ協定、ポツダム宣言は南シナ海の扱いについては言及していない。

サンフランシスコ平和条約（一九五二年四月）　日本は一九四五年八月、敗戦により南シナ海から撤退した。日本は一九五一年九月、戦後処理のサンフランシスコ平和条約（「日本国との平和条約」、一九五二年四月二八日発効）に調印し、その第二条（f）で南シナ海諸島を放棄した。

「日本国は、新南群島及び南沙群島に対するすべての権利、権原及び請求権を放棄する。」

サンフランシスコ平和条約は、一九五二年四月二十八日に発効した。

日本は「新南群島及び南沙群島」を放棄したが、当時の状況から言って、これらの海域は米軍の勢力下にあったと見るべきだろう。

日華平和条約（一九五二年四月）　日本は一九五二年四月、中華民国と日華平和条約（「日本国と中華民国との間の平和条約」。日台条約とも略称される）に調印し、新南群島、西沙群島の放棄を確認した。

「第二条　日本国は、一九五一年九月八日にアメリカ合衆国のサン・フランシスコ市で署名された日本国との平和条約（以下「サンフランシスコ平和条約」という。）第二条に基き、台湾及び澎湖諸島並びに新南群島及び西沙群島に対するすべての権利、権原及び請求権を放棄したことが承認される。」

日本の敗戦と「新南群島及び南沙群島」放棄後、中華民国（台湾）、フランス、ベトナム、フィリピン、中華人民共和国、マレーシアなどが「新南群島及び南沙群島」すなわち南シナ海の西沙群島、中沙群島、東沙群島、南沙諸島に対する領有権をめぐって争うようになる。中華民国は、一九三九年には南シナ海の領有意思を持っていたと見られるが、一九四五年には日本が「新南群島及び南沙群島」から撤退したのち、直ちに南シナ海の領有権を表明したのであった。このことは、中華民国による南シナ海における「十一段線」主張の前提であったと見られる。

3. 第三章小結

日本は、一九一七年から事実上、南シナ海を占領してきたと称しているが、一九三九年三月三十日、新南群島に対する日本による実効支配の「法的手続きを完了」した。日本は、一九四五年八月十四日、連合国に降伏し、一九五一年九月八日のサンフランシスコ平和条約で南シナ海諸島、礁の放棄に同意し、一九五二年四月二十八日、同条約は発効した。

第四章　南シナ海の島・礁名

中国は、南シナ海の島・礁名は中国が命名したと言い、日本ではふつう中国名が用いられているが、南シナ海の島・礁名は欧名が先で、大部分の中国名は欧名の訳なのである。南シナ海の島・礁は、ドイツ、イギリス、フランスなどが十九世紀に調査、測量を行なっている。

欧名の初出と思われるものは、浦野 1997 によれば「英海軍海図」（一八八一年、一八八五年、一八八七年、一八八八年）に発表されている（一二頁）。

『史料匯編』には、一九三五年三月付けの中国名と欧名対照表、「南海諸島礁中外新旧名称対照表」（一九四七年十二月）が載せられている（一七四～一七九頁）。

なお、広東民政庁の「広東省政府批建字第一四八号」（一七年／一九二八年七月二十七日）には、「西沙群島は、住民は絶無である」（『史料匯編』二〇二～二〇四頁）と述べられている。

浦野 1997 には、日付未記入で南沙群島、西沙群島、中沙群島、東沙群島の島・礁名が記入されており、それぞれに英語名、中国名、台湾名、ベトナム名、日本名、北緯・東経が示されている（二〇～三四頁）。

これとは別に、「中華民国外交部檔案」には中華民国による南海諸島名の命名表が四種収められている。

1．中華民国「南海諸島訳名表」三種

「中華民国外交部檔案」南海諸島命名表四種から見て、中国名は欧名の訳であることがわかる。そのうち一種は、コピーが不完全なので省略する。西洋名／欧名には明らかな誤記が多数あるが、原資料通り表記する。

1–1．中華民国「南海諸島訳名表」

中華民国「南海諸島訳名表」（**表8**）には、西洋名で九〇（内、重複一）の島、礁があげられている。

1–2．中華民国「南海諸島名称一覧表」

次に、**表8**をもとに作られたと見られる漢字名を先に置き、西洋名をあとに於いた「南海諸島名称一覧表」（ペン書き）があるが、コピーに欠落があると見られるので省略する。その次に**表9**の「南海諸島名称一覧表」がある。東沙、西沙、中沙、南沙、団沙等の群島名を除き、島・礁数は九三で、**表10**とは島名の出てくる順序が違い、漢字島名の一部に改訂が加えられている。この島名表が、その後の中華民国の主張する南シナ海諸島の中国名となるものと見られる。

この表では、「団沙群島」は「パラセル群島（西沙群島）」であるが、『史料匯編』は「南沙群島が団沙群島であることは疑いない」（二一六頁）としており、キロス2010も「南沙群島（団沙群島）」（四九頁）、「南沙群島（一九四七年までは団沙群島と呼ばれる）」（一〇九頁）、「団沙群島（南沙群島）」（一一〇頁）としている。

表9では、英名のない礁に中国語名が付けられたものが一つ（第二恒礁）ある。

表8　南海諸島訳名表

西洋名	訳名一般	決定
Trident Shoal	土来塘島	特里頓沙
N. Danger	北険島	北険島
Lys. Shoalr		来沙
Thi-Tu I. &. Reefs	千津　鉄都島	帝都島
Subi Reef		沙比礁
Loaita B. R.	羅湾島	頼他島
Lankian Cayr		蘭肯
Loaita or South I.		頼他南島
Tizard B. R.	鉄沙島	鉄沙群島
Itu Aia	伊都阿巴	黄山馬峙
Sand Cay	沙島	北小島
Petley Reef		舶特来
Eldad Reef		厄爾達
Gaven Reefs		哥文
Namyit I.	南依島	南小島
Western or Flora Temple Reef	西石	西礁
Discovery Great Reef	大児出島	大発見島
Discovery Small Reef	岩城礁	小発見島
Read Bank		
Templer Bank		
Sandy Shoal		
Seahorse or Routh B.K		海馬灘
Fairie Queen		福利后灘
Lord Aukland Shoal		奥克蘭沙
Carnatis Sh		喀奈提沙
Brown B.K		棕色灘
Pennsylvania N. Reef		北賓礁
Pennsylvania		賓礁
Amy Douglas		阿迷達哥拉
3rd Thomas Shoal		湯母第三沙
Flat I.		偏島
Nanshan I.		南山島
Mischief		米其夫
West York		西約克島

Ganges N. Reef		北恒礁
Ganges Reef		恒礁
Pennsylvania		賓礁
Fieri《ママ》 Cross or N.W. Investigator R		火十字礁
Dhaull Shoal		道耳沙
London Reef		零丁礁
Central R		中礁
W. Reef		西礁
E. Reef		東礁
Cuarteron Reef		加特隆礁
Ladd Reef		拉徳礁
Sp《ママ》iratly or Storm I. ＊		斯普拉特島
Owen Shoal		奥文沙
Stay Shoal		止沙
Barque Canada		巴克坎達
Lizzie Weber		立茲韋伯
Pearsom	飛鳥島	皮爾孫
Sin Cowe I.		辛科威島
Fu□ry Wreck Shoal		反西来克沙
Ganges Reef		恒礁
Cornwallis South Reef		南康華里礁
Cay Marino		克馬利諾
Investigator Shoal		調査沙
Alicia Annie		亜里西亜安
N. E. Shea		東北沙
S. W. Shea		西南沙
Glasgow		格拉斯哥
Commodore Reef		科□（牟？）豆礁
North Viper Sh. or Sea Horse		北衛堡灘
Viper Shoal		衛堡灘
2nd Thomas Sh.		湯母第二沙
Sobina Sh.		薩比那沙
125 Thomas Sh.		湯母第一沙
Investigator N. E. Sh.		東北調査沙
Royal Captain Sh.		司令沙

Half Moon Sh.		半月沙
Director		方向礁
Bombey Sh.		旁俾沙
Rifleman Bank		来福門灘
Bombey Castle		旁俾堡灘
Orleana Sh.		阿連那沙
Kingston Sh.		金斯頓沙
Amboyna Cay		安波那礁
Mariveles Reef		馬立夫礁
Ardasier Breakers		安達息破礁
Gloucester Breakers		格洛塞破礁
Swallow Reef		燕礁
Royal Charlotte Reef		沙洛礁
Louisa Reef		路易沙礁
North Luconia Shoals		北路科尼沙
Friendship Sh.		友誼沙
Sea-horse Breakers		海馬破礁
South Luconia		南路科尼沙
Herald Reef		海拉爾灘
Sterra Blanca		勃蘭克
James Sh.		詹姆沙

付注：ペン書き、制作日付未記入。「中華民国外交部檔案」
以上の表で、「（消去？）」としたものの原文は漢字の上に黒丸が付けられている。
（Pennsylvania は、二度出てくるが、重複であろう。）
＊ 「Spiratly or Storm I.」は「Spratly or Storm I.」の誤りと見られる。

表 8 は、制作年月日が記入されていないが、外交部「中国、フィリピン南沙群島事案（中華民国 45 年 5 月～ 6 月）」に収められているので、遅くとも 1956 年まで作成である。

表 8 では、英名の礁名に対する中国語訳名がつけられていない礁が 3 つある。Nanshan I. は、中国語名が英名のもとであるかもしれない。

表9　中華民国「南海諸島名称一覧表」

島名	旧名	西洋名
東沙群島		Tung Sha Tas (Pratus I.)
西沙群島		Hsi- Sha Chung-Tas (P《ママ》racel Is.)
中沙群島		Chung-Sha Chung-Tas (Macch《ママ》sfield B. R.)
南沙群島		Nan- Sha Chung-Tas
団沙群島(図1-(1)(2))		Twan- Sha Chung-Tas
特里頼沙	土来塘島	Trident Shoal
双子島	北険島	North Danger
北小島		N. E. Cay
南小島		S. W. Cay
来沙		Lys. Shoal
帝都島	千津　鉄都島	Thi-Tu I. &. Reefs
沙比礁	須美	Subi Reef
頼他群礁	羅湾島	Loaita B. R.
蘭肯		Lamkiam Cay
頼他島		Loaita (or South I.)
団沙群島	鉄沙島	Tizard B. R.
長島	伊都阿巴	Itu Aba
北小島	沙島	Sand Cay
舶特来		Petley Reef
厄爾達		Eldad Reef
哥文		Gaven Reefs
南小島	南依島	Namyit I.
西礁	西石	Western (or Flora Temple) R.
大発見礁	大児出島	Discovery Great R.
小発見礁	岩城礁	Discovery Small Reef
利得灘		Read Bank
台普拉灘		Templer Bank
散得灘		Sandy Shoal
海馬灘		Sea Horse (or Routh) B.[K]
福利后灘		Fairie Queen
奥克蘭沙		Lord Aukland Shoal
喀奈提沙		Carnatis Sh
棕色灘		Brown B.[K]

北賓礁		Pennsylvania N. Reef
賓礁		Pennsylvania
阿迷達哥拉		Amy Douglas
湯母第三沙		3rd Thomas Sh
平島		Flat I.
南山島		Nanshan I.
米其夫		Mischief
西約克島		West York
北恒礁		Ganges N. Reef
恒礁		Ganges Reef
賓礁		Pennsylvania
火十字礁		Fiery Cross (or N. W. Investigator R.)
道耳沙		Dhaull Sh.
零丁礁		London Reef
中礁		Central Reefs
西礁		W. Reef
東礁		E. Reef
加特隆礁		Cuarteron Reef
拉徳礁		Ladd Reef
斯普拉特島		Spratly (or Storm I.)
奥文沙		Owen Sh.
止沙		Stay Sh.
巴克坎達		Barque Canda
立茲韋伯		Lizzie Weber
皮爾孫		Pearson
辛科威島	飛鳥島	Sin Cowe I.
反西来克沙		Fancy Wreck Sh.
第二恒礁		
南康華里礁		Cornwallis South Reef
克馬利諾		Cay Marino
調査沙		Investigator Sh.
亜里西亜安		Alicia Annie
東北沙		N. E. Shea
西南沙		S. W. Shea
格拉斯哥		Glasgow

艦隊長礁		Commodore Reef
北衛堡灘		N. Viper Sh. (or Sea Horse)
衛堡灘		Viper Sh.
湯母第二沙		2nd Thomas Sh.
薩比那沙		Sabina Sh.
湯母第一沙		1st Thomas Sh.
東北調查沙		Investigator N. E. Sh.
船長沙		Royal Captain Sh.
半月沙		Half Moon Sh.
指向礁		Director
旁俾沙		Bombay Sh.
来福門灘		Rifleman Bank
旁俾堡灘		Bombay Castle
阿連那沙		Oleana Sh.
金斯頓沙		Kingston Sh.
安波那島		Amboyna Cay
馬立夫礁		Marivelles Reef
安達息破浪礁		Ardasier Breakers
格洛塞破浪礁		Gloucester Breakers
阿連西灘		Ardasier B.K
燕礁		Swallow Reef
沙洛礁		Royal Charlotte R.
路易沙礁		Louisa Reef
北路科尼沙		North Lnconia Shoals
友誼沙		Friendship Sh.
海馬破浪礁		Sea-horse Breakers
南路科尼沙		South Luconia Sh.
海拉爾灘		Herald Reef
勃蘭克		Sierra Blanca
詹姆沙		James Sh.

付注：ペン書き、制作日付未記入。「中華民国外交部檔案」

1-3. 中華民国「南海諸島名命名表」（一九四七年十二月決定）

「中華民国外交部檔案」には、中華民国三十八年（一九四九年）八月二十二日『中華日報』が収められており、ペンネーム「西沙」による「うるわしき西沙群島」と題する一文と「南海諸島礁中外新旧名称対照表」（表9参照）が掲載されており、同紙には「梁嘉彬が〔葉〕公超部長に進呈」したとの一九五六年五月六日付けの毛筆手書きの書きこみがある。

「うるわしき西沙群島」は、その前書きで、中国、フィリピン関係は現在良好である、「われわれ」は四年前に西沙群島に処女偵察飛行を行なった、当時はフランス兵が西沙群島で活動しており、大きな無線局を設置していた、フランスは十五年前に九つの小島を占領していたなどと述べたうえで、当時、某院長が次の一文を発表したと述べている（以下、要旨）。

「われわれ」は三四年（一九四五年）冬に南京から広州に飛行し、翌日、海南島の三亜基地に到達し、さらに西沙群島に上陸した。林島は、西沙群島中、最大の島だ。これは、日本人が戦争中、フランス人から奪ったものだ。周囲はすべて砂浜で港や軍事施設を建設するのは困難なので、到来する船は入れず、小船に乗り換えて上陸するしかない。現在、郵政、電報は設備が整っており、住民は九十余名で、女性、子供はいない。

次に見る「南海諸島礁中外新旧名称対照表」は、中央研究院近代史研究所檔案館が二〇一四年四月現在、公開している南海諸島名のうち、作成日付は未記入であるが、もっとも古いと見られるものである。島、礁数は、東沙群島三、西沙群島三十三、中沙群島二十九、南沙群島百六、計百七十一、とする。

これは、『史料匯編』の言う一九四七年十一月に中華民国内政部が決定し、公布、施行したという東沙、西沙、中沙、南沙群島および各島、礁、沙、灘の名称だと思われる（一一～一二頁）。

浦野1997は、台湾が一九四七年十二月一日に『南海諸島新旧名称対照表』を公布したと言っている（一一頁）。名称がやや異なるが、同一物と思われる。さらに、『史料匯編』が収める「一九四七年内政部公布南海諸島新旧名称対照表」には「中外旧名」があるだけで、「日本名」がないが、その他は一致する。

表10では、旧名「団沙群島」が日本名「新南群島」となっており、その新名が「南沙群島」となっている。表10の日本名は、日本名とは思えない表記が多い。

「南海諸島訳名表」、「南海諸島名称一覧表」は、表10付注の言う一九四七年内政部文書であるかもしれない。

表10の「以内各島礁」は、もちろん具体的島名ではない。「危険地帯」は四あるが、重複ではなく、それぞれの海域で名付けられているところであろう。

表10では、「N.E.Cay」の中国名が付けられていない。

南シナ海諸島の島、礁名はほとんどすべて欧名がもとで、漢字名はその訳語である。欧名のbankは浅瀬、cayは岩礁、珊瑚礁、reefはオランダ語がもとで岩礁、暗礁、砂州、shoalは浅瀬、砂洲の意である。表10の「以内各島礁」は、もちろん具体的島名ではない。「危険地帯」は四あるが、重複ではなく、それぞれの海域で名付けられているところと見られる。

表10では、旧名「団沙群島」が日本名「新南群島」となっており、その新名が「南沙群島」となっている。

「南海諸島訳名表」（ペン書き。制作日付未記入。「中華民国外交部檔案」）、「南海諸島名称一覧表」（ペン書き。制作日付未記入。「中華民国外交部檔案」）は、表10付注の言う一九四七年内政部文書であるかもしれない。

次に、「南海諸島訳名表」をもとに作られたと見られる漢字名を先に置き、西洋名をあとに置いた「南海諸島名称一覧表」（ペン書き。中華民国外交部檔案、近代史研究所檔案館。以下、近代史研檔案と略称）があるが、コピーに

表10　梁嘉彬「南海諸島礁中外新旧名称対照表」（1947年12月決定）

新名	旧名	日本名	英名
●東沙群島	東沙群島	同	Pratus Is
東沙島	東沙（大東沙）島	同	Pparas《ママ》 I.
北衛灘	同	同	N. ver ker Bank
南衛灘	同	同	S. Verker Bank
●西沙群島	同	同	Paracel Is
永楽群島		新月群島	Crescent Group
甘泉島	□〔呂〕島	甘泉島	Robert I.
珊瑚島	□〔筆〕島	珊瑚島	Pattle I
金銀島	銭島	金銀島	Money I
道乾群島	浮航島		Duucan Is
探航島	灯島、□〔灯〕□島、大三脚島	大三脚島	Dumcan I
広金島	掌島	小三脚島	Palm I
普卿島	伏波島	杜林門島、都島	Drummond I.
森屏灘	天文島（灘）	天文島	Obsarvation Bank
羚羊礁			Antelope Re e《ママ》j
宜徳群島		海神島群	Amphitrite Greup
西沙洲			West Sand
趙述島	樹島	樹島	Tree I.
北島	同	同	North I.
中島	同	同	Middle I.
直島	同	同	Louth I.
北沙洲			North Lod
中沙洲			MEddle Sand
南沙洲			South Sand
永興島	多樹島、林島、武徳島、樹島、巴島	林島	Woody I. *
石島	石島小林島	石島	Rocky I.
銀礫灘	亦爾剔斯灘		Iltis Bank
北礁	北沙島（灘）	北沙島	
華光礁	□〔覓？〕出島	発現礁	North Reef
玉琢礁	烏拉多島	符勒多爾島	Discovery Reeg
盤石嶼	海瑞島		Vuladore Ref
建中島	特里屯島、土来塘島	柏蘇寄島	Passu Keak
	磦	南極島	Triton I.

西渡灘	台□島	台□島（林康島）	Dido Bank
和五島	東島、玲州島		
滿尖石	同	玲州島	Lincoln I.
蓬勃礁	孟買	傍俾	Piramid Rock
湛涵灘	則衡志兒灘、約翰灘	則衡志兒灘	Bombay Reef
濱湄灘	蒲利孟灘	蒲利孟灘	Jeharugire Bank
●中沙群島	南沙群島	金輪堆	Bremen Bank
西門沙			Macclesfield Bank
本固暗沙			Siamese Shoal
美濱暗沙			Bankok Shoal
魯班暗沙			Magpie Shoal
立夫暗沙			Carpenter Shoal
比微暗沙			Iliver Shoal
隠磯灘			Pigmy Shoal
武勇沙			Engeria Bank
済猛沙			Howard Shoal
海鳩暗沙			Learimonth Shoal
安定連礁			I. lover Shoal
美渓暗沙			Adington Patch
布德暗沙			Smith Shoal
波洑暗沙			Bassett Shoal
排波暗沙			Balfour Shoal
果淀暗沙			Parry Shoal
排洪灘			Cawston Shoal
濤静暗沙			Penguin Bank
控湃暗沙			Tanerd Shoal
華夏暗沙			Combe Shoal
石塘連礁			Cathay Shoal
指掌暗沙			Hardy Patches
南屏暗沙			Hand Shoal
漫歩暗沙			Maress n Shoal
欒四暗沙			Walker Shoal
屏南暗沙			Phillip Shoal
民主礁			Payne Shoal
憲法暗沙			Scarborough Reef
一統暗沙			Truro Shoal
●南沙群島	団沙群島	新南群島	Helen Shoal

危険地帯			Tizond Bank＊＊
以西各島礁			
双子礁	雙峙		
北子礁			North Danger
	北危島	北二子島	N. E. Cay
南子礁			(North Danger)
永登暗沙		南二子島	S. W. Cay
楽斯暗沙			(South Danger)
中業群礁		千律	Trident Shoal
	帝都群島(□〔鉄？〕□)		Lys. Shoal
中業島			Thi-Tu Reefs
渚碧礁	帝都島	三角島	
道明群礁	沙碧礁		Thitu I.
楊信沙洲	第三峙	中小島	Subi Reef
□〔湘？〕南鑰島			Loaita Bank and Reefs
鄭和群島			Lankiam Cay
		千□〔里？〕□〔錐？〕	Loaita I
太平島			Tizard Bank and Reefs
敦譲沙洲	黄山馬峙、長島、大島	長島	
舶蘭礁		北小島	Itu Aba
安達礁		東北□〔礁？〕	Sand Cay
		□〔東？〕□	Petley Reef
鴻麻島		〔礁？〕	Eldad Reef
南薫礁	南乙峙	南小島	Nemyit
		三角礁、西南	Grven Reefs
福禄寺礁		□〔礁？〕	
大現礁			Flora Reef
小現礁	大発現礁		Discovery Great Reef
永暑礁	小発現礁		Discovery Small Reef
逍遥暗沙			Ficry Cross
尹慶群礁			Dhaull Shoal
中礁			London Reef
西礁			Central Reef
東礁			West Reef
華陽礁			East Reef
南威島			Guarteron Reef
日積礁	島子峙、西鳥島		Spratly Stovm

奥援暗沙			Ladd Reef
南薇灘			Owen Shoal
蓬勃堡			Riifleman Bank
奥南暗沙			Bdamay Bank
金盾暗沙			Orleana Shoal
広雅灘			Kingston Shoal
人駿灘			Prince od Wales Bank
李准灘			Alexandrle《ママ》 Bank
西衛灘			Gainger Bank
万安灘			Prince C ns`xt Bank
安波礁洲			Vanguard Bank
隠遁暗沙			Amboyna C`y《ママ》
危険地帯			Stay Shoal
以東各島			
海馬灘			
蓬勃暗沙			Seahors or Rauth Bank
船長暗沙			Bombay Shoal
半月暗沙			Royal Coptiau Shoal
危険地帯			Half Moon Shoal
以南各島			
保衛暗沙			
安渡灘			Viper Shoal《ママ》
弾丸灘			Ardasier Bank
皇路礁			Swallow Keef《ママ》
南通礁			Royal Charlotte Reef
北康暗沙			Lousia Reef
盟誼暗沙			Luconia Shoal
南安礁			Friendship Shoal
南屏礁			Sea hore Brekers
南康暗沙			Hayce Reef
海□礁			South Luconid Shoals
海安礁			Herald Reef
澄平礁			Stigant Reef
曽母暗沙			Sterra Blanca
八仙暗沙	詹姆沙		Zames Shoal ＊＊＊
立地暗沙			Parsons Shoal
危険地帯			Lydis Shoal

以内各島礁			
礼楽灘			
忠孝灘			Reed Bank
神仙暗沙			Tenplier Bank
仙后灘			Samdy Shoal
蘭暗沙			Fairie Queen
紅石暗沙			Lord Aukland Shoal
棕灘			Carnatis Shoal
陽明礁			Brown Bank
東坡礁			Pennsyluania N Reef
安塘島			Pennsyluania
和平暗沙			Amy Doiuglas
費信島			End Thomas Shoal
馬歓島	平島、□島、羅孔	亀甲島	Flat I
西月島			Nashan
北恒島	西約克島、紅□峙	西青島	West York I
恒礁			Ganges N. Reef
景宏島	辛□〔科？〕、威島、第峙		Ganges Reef
伏波礁			Sin Cowe I
汎愛暗沙			Ganges Reef
孔明礁			Faney Wreck Shoal
仙娥礁			Pennsy Lvania Reef
美済礁			Alicia Annie Reef
仙賓暗沙			Mischief Reef
信義暗沙			Sabina Shoal
仁愛暗沙			1st Thomas Shoal
海口暗沙			Ond Thomas Shoal
畢生島			Investigator N E Shoal
南華島			Pearson
立威島			Comwallis Sauth Reef
南海礁			Lizzie Weber
息波礁			Marivels Reef
破浪礁			Ardasies Reef
玉諾礁			Gloucester Breakers
楡亜暗沙			Cay Marino
金吾暗沙			Investigati Shoal
校尉暗沙			S-W- Shoal

南楽暗沙 司令礁 都護暗沙 指向礁			N-E-Shoal Glasgow Commodore Reef N-Viper Shoal (Sen-horse) Direstor

備考欄	東沙群島：北緯 20 度 42 分、東経 16〔116〕度 43 分の間、旧名大東沙。北衛、南衛ともに珊瑚灘。この群島の漁生産は豊かで、□はとりわけ特産。
	西沙群島：〔西〕沙群島は宋代より七淵洋、十里石塘等と称し、清代に至るもこの称あり。西洋人は Chienei Racks あるいは Paracel islandI A d Ree js と訳している。この群島は一群の広大な低く平らな珊瑚島と礁で、北緯 15 度 46 分と 17 度 8 分の間、および東経 11〔111〕度 11 分と 112 度 54 分の間にある。
	森□〔屏〕島（灘）： 物産は水産、漁業および鳥糞、□鉱がもっとも豊富。
	趙述島：北緯 16 度 59 分、東経 11〔111〕度 16 分。
	永興島：北緯 16 度 50 分、東経 112 度 20 分。
	中沙群島：西沙群島の東にあり、およそ北緯 15 度□ 4 分から 16 度 15 分と東経 113 度 40 分から 114 度 57 分の間にある。
	民主礁：中□□□□北緯 18 度 8 分、東経 117 度□ 5 分□。
	憲法暗沙：中心位置は北緯 16 度 19 分、東経 11 □度 41 分。
	一統暗沙：中心位置は北緯 19 度 12 分、東経 11 □度 53 分。
	南沙群島：□□南北は北緯 11 度 30 分（北□□）から南に伸び北緯 4 度（曽母□□□付近）まで、東西は東経 109 度□□分、中 117 度 50 分、□□□□広い。□□区西沙群島大□□□。この群島は□わが国の国民が発見してすでに□百年たち、無論、地上の文献および地下の文献はともに証拠がある。民国以後、歴□日本およびフランスが高望みし、民国 22 年、□国は突然占領を宣布し、この群島は 6 □□□により、□□明。わが国は抗議し□□。民国 20 □年、日本は武力で占領し、□□□□「新南群島」と改称し、□□台湾□□甫管轄し、□□□力。民国 34 年、はじめて□台湾光復し、国領を回収し、□現在、わが国は軍艦が引き続き駐留している。
	太平島：中国□書□□□□。

付注：上表□一項各島、礁の新訂名称は 36 年〔1947 年〕12 月内政部が公布したものによる。『史料匯編』には、鄭資約編著『南海諸島地理志略』（1947 年商務版）を見よ、との注がついている。

＊　ヘイトン 2014 によれば、1947 年 1 月以降、互いに主権を争う二者がパラセル諸島を半分ずつ占領することになり、中華民国がウッディ島を仏領ベトナムがパトル島を占領したが、1950 年、共産軍に海南島を奪われると、国民党はウッディ島から引き揚げ、スプラトリー諸島のイツアバ島（太平島）からも引き揚げることにした（98 頁）、共産中国の部隊は 1955 年にウッディ島に部隊を置いた（98 頁）という。

＊＊　**表 10** では、Tizond Bank が「南沙群島」と訳されている。

＊＊＊　「Zames Shoal」は、「James Shoal」であろう。

欠落があると見られるので省略する。その次に以下の「南海諸島名称一覧表」がある。東沙、西沙、中沙、南沙、団沙等の群島名を除き、島・礁数は九十三で、「南海諸島訳名表」とは島名の出てくる順序が違い、漢字島名の一部に改訂が加えられている。この島名表が、その後の中華民国の主張する南シナ海諸島の中国名となるものと見られる。

中国は、尖閣問題については中国が釣魚島を「発見し、命名した」ことが尖閣諸島は「古来、中国のものである」証拠と主張しているが、南シナ海の島々については中国が「発見」したとまでは言っているが、「命名した」とは大部分は言ってこなかったと見られる。中国が釣魚島を「発見し、命名した」とは証明できないことは、拙著『尖閣問題総論』で述べた通りである。南シナ海諸島の場合も同様だが、南シナ海諸島の島名は、基本的に西洋名をもととして訳名を考案している。この点は、尖閣問題の場合とは異なる。

ところが、二〇一六年二月十六日ＮＨＫテレビ報道は、中華人民共和国が南シナ海諸島について「中国の固有の領土で、中国が発見し命名した」と表明したと伝えた。この報道が事実とすれば、「中国が発見し命名した」と言う根拠文献名を明示すべきであり、それなしの発言なら出任せと言わざるをえない。

2．群島名

2－1．群島名対照

南シナ海の群島名は、浦野 2015 によれば、十八世紀、清朝の時代に付けられたものが先で、ヘイトン 2014 によれば十九世紀にイギリスが命名したという。

中国名	英名	ベトナム名
東沙群島	プラタス群島	チュオンサ群島

西沙群島　パラセル群島　ホアンサ群島
中沙群島　マックルズフィールド堆
南沙群島　スプラトリー諸島　チュオンサ群島

英名＝プラタス群島 Pratas Islands は中国名＝東沙群島、ベトナム名は未確認だが、浦野 2015 では東沙群島はチュオンサ群島とされることもある。英名＝マックルズフィールド群島「Macclesfield Islands」は中国名＝中沙群島、ベトナム名は未確認。欧名＝パラセル群島 Paracel Islands はベトナム名＝ホアンサ群島（黄沙群島）、中国名＝西沙群島である。英名＝スプラトリー群島 Spratly Islands はベトナム名＝チュオンサ群島（長沙群島）、中国名＝南沙群島とされる。なお中国側からは、ベトナムの言うホアンサ群島は中国の言う西沙群島ではないという異論もある（後述）。ヘイトン 2014 によれば、「英国船〈マックルズフィールド〉号の船長ジョン・ヘイルによって、一七一六年に初めて文献に記録された」（七二頁）という。

2-2．南シナ海の歴史的群島名

南シナ海の群島名、海洋名を歴史的に整理しておこう。（表11「群島名、海洋名表」）ただし、「千里長沙」「万里石塘」が現在のどの海域にあたるのか、はっきりしないものもある。前近代に中国地域の商人や漁民が南シナ海諸島を「千里長沙」、「万里石塘」といった名称で呼んだことはあるが、国家としての命名ではなかった。

表11　群島名、海洋名表

時期	群島名、海洋名			
漢代『後漢書』	漲海			
晋代	珊瑚州	—	—	—
南北朝「武帝誄《るい》」	漲海			
隋代『隋書』	—	焦石山	—	—
唐代『皇華四達記』	—	九乳螺洲	—	—
宋代『武経総要』	—	九乳螺洲	—	—
『嶺街代答』	—	—	—	千里長沙、万里石塘
『諸蕃志』		千里長沙		万里石塘
『宋史』	七洲洋			
『通志』	日南漲海			
『宋史紀事本末』	七星洋			
元代『元史』	—	七洲洋	—	万里石塘
『島夷志略』				万里石塘
明代『鄭和航海図』	石《ママ》〔万〕里石塘 石星石塘	— 石星石塘	石《ママ》〔万〕里石塘 万生石塘嶼	—
『正徳瓊台志』	— —	— —	— —	千里長沙、万里石塘
『広東通志』	烏豬、独豬、七洲			
『海録』	(東沙)	—	—	—
『万州志』	—	千里長沙、万里石塘	—	千里長沙、万里石塘
清朝前期『泉州府志』	—	七洲洋	—	—
	—	万州九州洋	—	—
清朝後期から中華民国1928年まで				
イギリス	パラセル群島	プラタス群島	マックルズフィールド群島	スプラトリー諸島
フランス				
ベトナム		ホアンサ群島(黄沙群島)		チュオンサ群島(長沙群島)
日本				
中華民国1928年以降				
中華人民共和国	東沙群島	西沙群島	中沙群島	南沙群島

付注：史料により筆者作成。

3．島・礁数

「一九八〇年中国外交部文書」（三〇八～三一三頁）によれば、西沙群島は島、礁、灘合計三十五である（浦野三一二頁）。浦野2015は、西沙群島は三十島嶼、としており（浦野一七八頁）、現在、領土紛争地域となっている。（なお、「南シナ海諸島」と「南沙群島」が混同されることもあり、要注意である。）

（1）プラタス群島（東沙群島）

プラタス群島（東沙群島）の島・礁数は、**表10**では「三」個、中華人民共和国が一九八三年に発表した南シナ海諸島の地名「二百八十七」個のうち「六」個（浦野二二一～二二三頁）だった。

（2）パラセル群島（西沙群島、ホアンサ群島）

パラセル群島の島・礁数は、**表10**では「三十三」個、中華人民共和国一九八三年発表も「三十三」個、中華人民共和国一九八三年発表では「三十三」個（浦野二二三～二二五頁）で、中華人民共和国は中華民国を踏襲しているわけである。

（3）マックルズフィールド堆（中沙諸島）

マックルズフィールド堆の島、礁数は、**表10**では「二十九」個、中華人民共和国一九八三年発表では「二十九」個（浦野二二六～二二八頁）、ベトナム資料では「百三十余」個（浦野三一二頁）で大きく食い違っている。

中国の公式見解では、「中沙諸島」に含まれるのはマックルズフィールド堆のほか、北はヘレン瀬、南はドレイヤー瀬の間にある海中の岩礁その他ということになっている。東のスカボロー礁もこれに含むとされており、これは中沙諸島中、海面に顔を出している唯一の場所だ（ヘイトン一六六頁）という。

（なお、浦野2015は二二頁で「マクルスフィールド群島」はよいが、一三二頁、一三五頁で「マックレスフィード堆」としている点は間違いで、ヘイトン2014は「マックルズフィールド」（七二頁）英文原書「the Macclesfield Bank」（四三頁、四四頁、五五頁、五八頁、九七頁、一一六頁、一一七頁、一二五頁）であり、ヘイトンが正しい。）

（4）スプラトリー群島（南沙群島、チュオンサ群島）

スプラトリー群島の島、礁数は、**表10**では「一〇六」個、中華人民共和国一九八三年発表では「一二九」個（浦野二八～三七頁）であった。

南シナ海諸島のうち、南沙群島海域には浦野2015によれば二百三十以上の島、岩礁、浅瀬、砂州がある（浦野四七頁、一七五頁）。

「中華民国空軍司令部」の航空写真（後出）から見ると、林肯島、抜陶児島、金銭的島は「島」に見えるが、水深が浅いためそう見えるだけなのかどうかわからない（**図11-⑴**、**図11-⑵**）。

南シナ海諸島の大部分は「礁」　南シナ海諸島の礁の大部分は海面下にあり、人間の住めないところなのである。したがって、礁、砂州などに住民はいなかったに違いないが、「南シナ海諸島」という場合、その大部分はながく無人で、かつ無主地であったと見られる。

マックルズフィールド堆（中国名：中沙群島）は、全長約一四〇キロメートル、幅は六〇キロメートルあり、水深でもっとも浅い部分は水深九メートルである（ヘイトン一六五頁）。すべて水面下だということになる。ヘイトン2014は、中沙「諸島」とは地理学上のフィクションである、海底地図を見れば、「諸島」などなく、つまり島の集まりなどなく、孤立した岩礁があるだけだ（一六六頁）と指摘している。

南沙群島の係争地域は「従前、当該国の実効支配が欠如していた」（一七五頁）という浦野2015の指摘は、妥当である。

4. 南シナ海の島・礁名の「命名」者は誰か 南シナ海諸島・礁名の「命名」者はイギリス

一九三九年日本外務省資料新南群島島名は、英名がもとになっていた。

中華民国の南シナ海諸島・礁名は、「中華民国外交部檔案」の**表9**で見たように、ほとんどすべて欧名（英名、仏名など）がもとで、漢字名はその訳語である（**図10**『中国分省新図』広東）。

中華人民共和国は一九八三年四月、「南海諸島」地名調査を行ない、地名二百八十七を公表した（浦野二一三～二一五頁）。浦野2015は指摘していないが、これも英語名が前提となっている。

「礁」の欧名　欧名のbankは浅瀬、cayは岩礁、珊瑚礁、reefはオランダ語がもとで岩礁、暗礁、砂州、shoalは浅瀬、砂洲の意である。bankは、「堆」と訳されることもある。

日本では、漢字名が親しみやすいという関係で中国名が通用しているが、南シナ海諸島の群島名は別として、最初の島・礁名は中国名ではないので、欧名を優先すべきである。

尖閣問題との違い　中華人民共和国の「南シナ海＝中国領」論は、「釣魚島（尖閣諸島）＝中国領」論と異同がある。中華人民共和国は、尖閣問題については中国が釣魚島を「発見し、命名した」ことが尖閣諸島は「古来、中国のものである」証拠と主張している。中国が釣魚島（尖閣諸島）を「発見し、命名した」とは証明できないことは、拙著『尖閣問題総論』（二〇一四年）で指摘した通りであるが。反論もなく、今なお中華人民共和国は「古来、中国

図10 『中国分省新図』広東

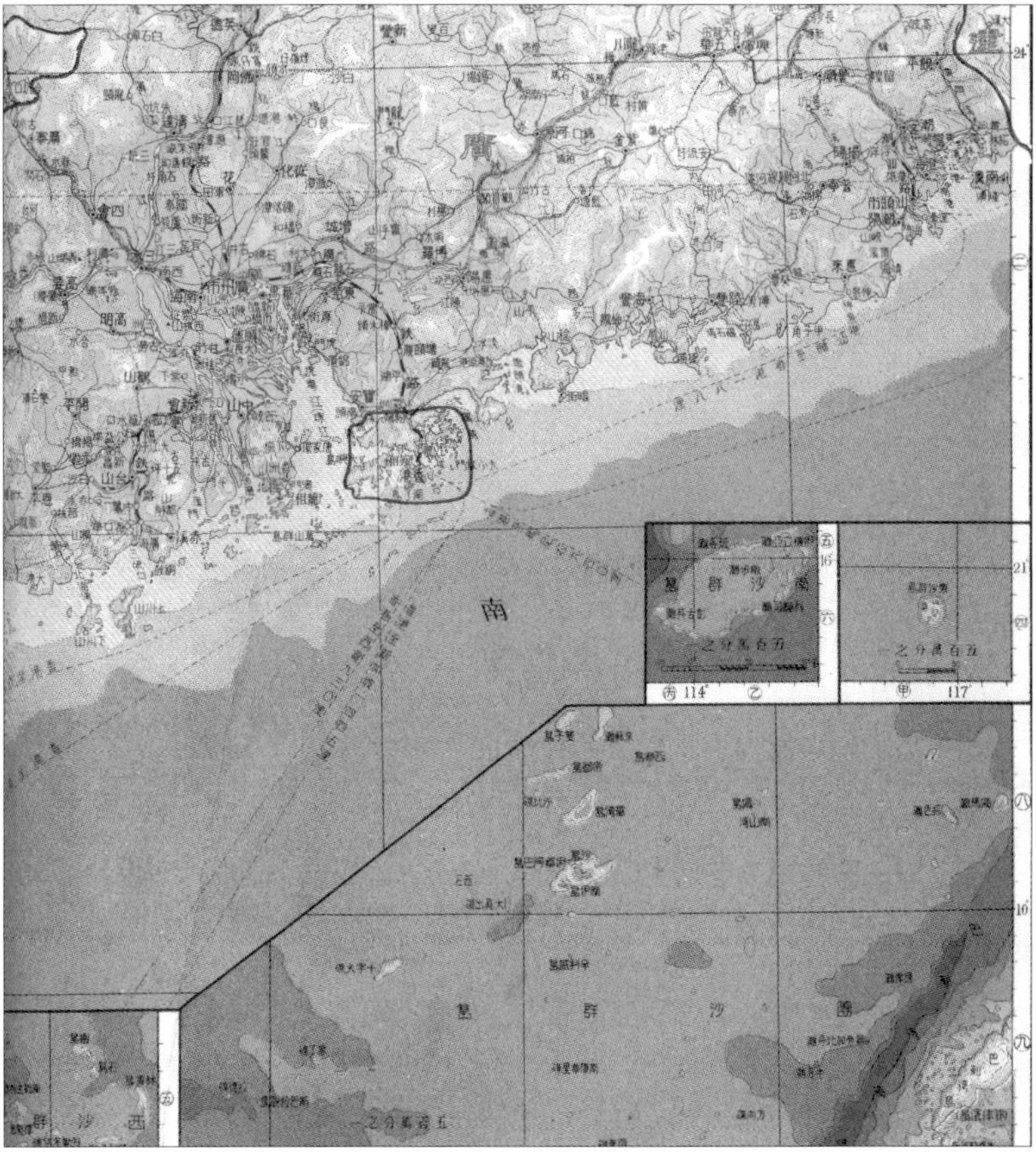

出典：上海申報館　1939年　27～28頁

のものである」と言い続けている。思考するということがないようである。

南シナ海の島々については、中国が「発見」したと言っているものもわずかにあるが、「命名した」と言っているものはなかったようである。南シナ海諸島の場合も中国が「発見した」と言える証拠がないことは同様だが、南シナ海諸島の「島名」は基本的に欧名／西洋名をもととして訳名を考案したのである。この点は、尖閣問題の場合とは全然異なる。

ところが、二〇一六年二月十六日NHKテレビ報道は、中華人民共和国が南シナ海諸島について「中国の固有の領土で、中国が発見し命名した」と表明したと、伝えた。この報道が事実とすれば、南シナ海諸島は「中国が発見し命名した」と言うなら、根拠文献名と根拠となる文章を明示すべきであるが、それなしの発言なら何の根拠もない口から出任せということになる。

軍艦からの命名四島

「中華民国外交部档案」によれば、永興島（**図11−(1)** 中華民国空軍航空写真）、中建島、中業島、太平島（**図11−(2)** 中華民国空軍航空写真）は東アジア太平洋戦争が終結したのち、日本による南シナ海の領有放棄後に中華民国が派遣した軍艦名からとった島名とのことであり（後出）、これらも古来中国が付けた島名ではないと言っているのである。

また、永楽島の名は、明の永楽帝から取ったものではあるだろうが、**表10**では「旧名」欄は空白で、「日本名」「英名」はあるが、「新名」として出てくる。永楽島の名は、いつ付けられたものなのか不明だが、永楽帝の時代の十五世紀ではなく、二十世紀のことであるのは間違いないだろう。**表8**にも**表9**にも永楽島の名はない。サバを読むにも程がある。

スプラトリー島の島名

ヘイトン 2014 によれば、スプラトリー群島という名称は一八四三年に同海域を航海し

図11-(1)　永興島

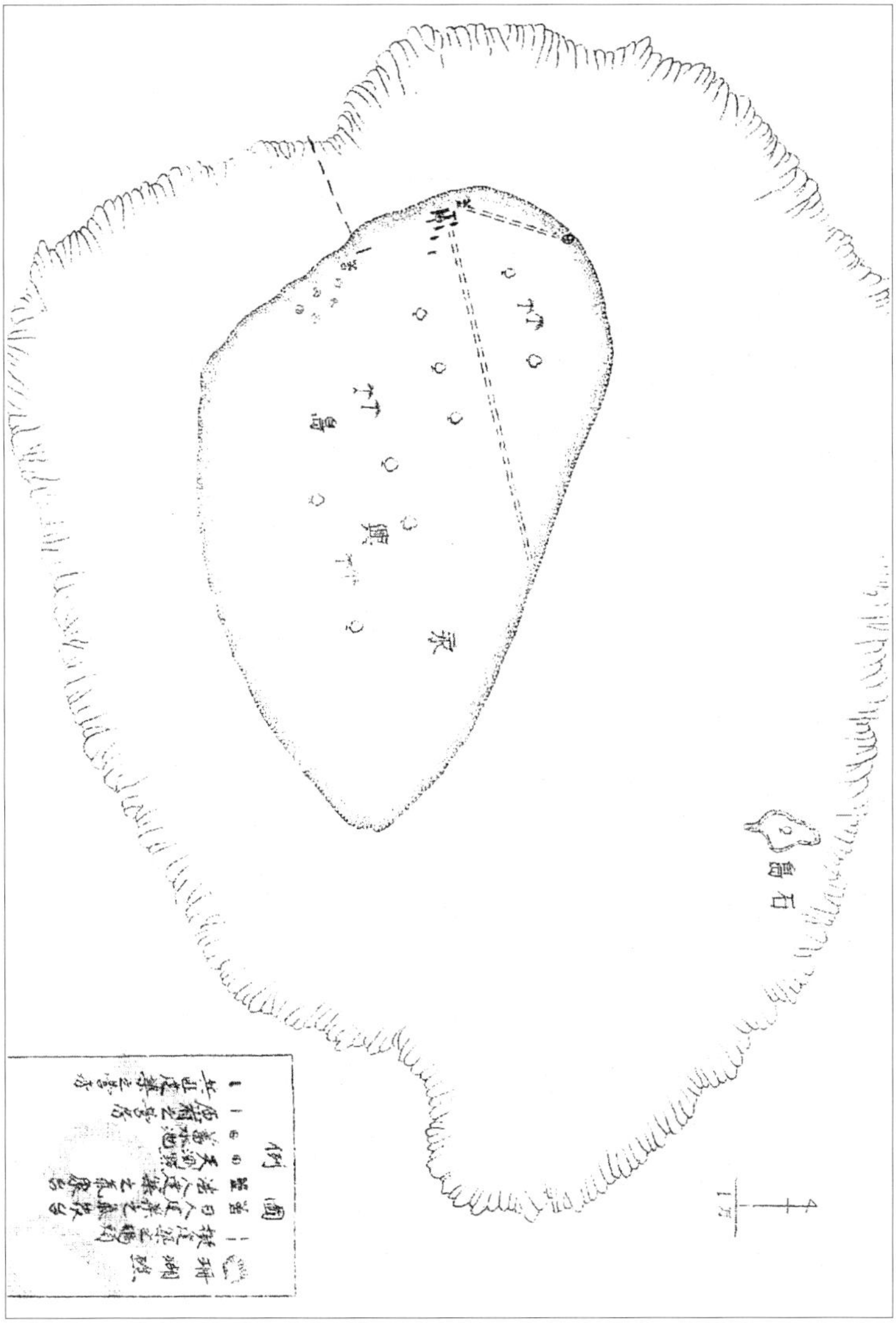

出典：中華民国空軍航空写真　1947年2月6日

図 11-(2)　太平島

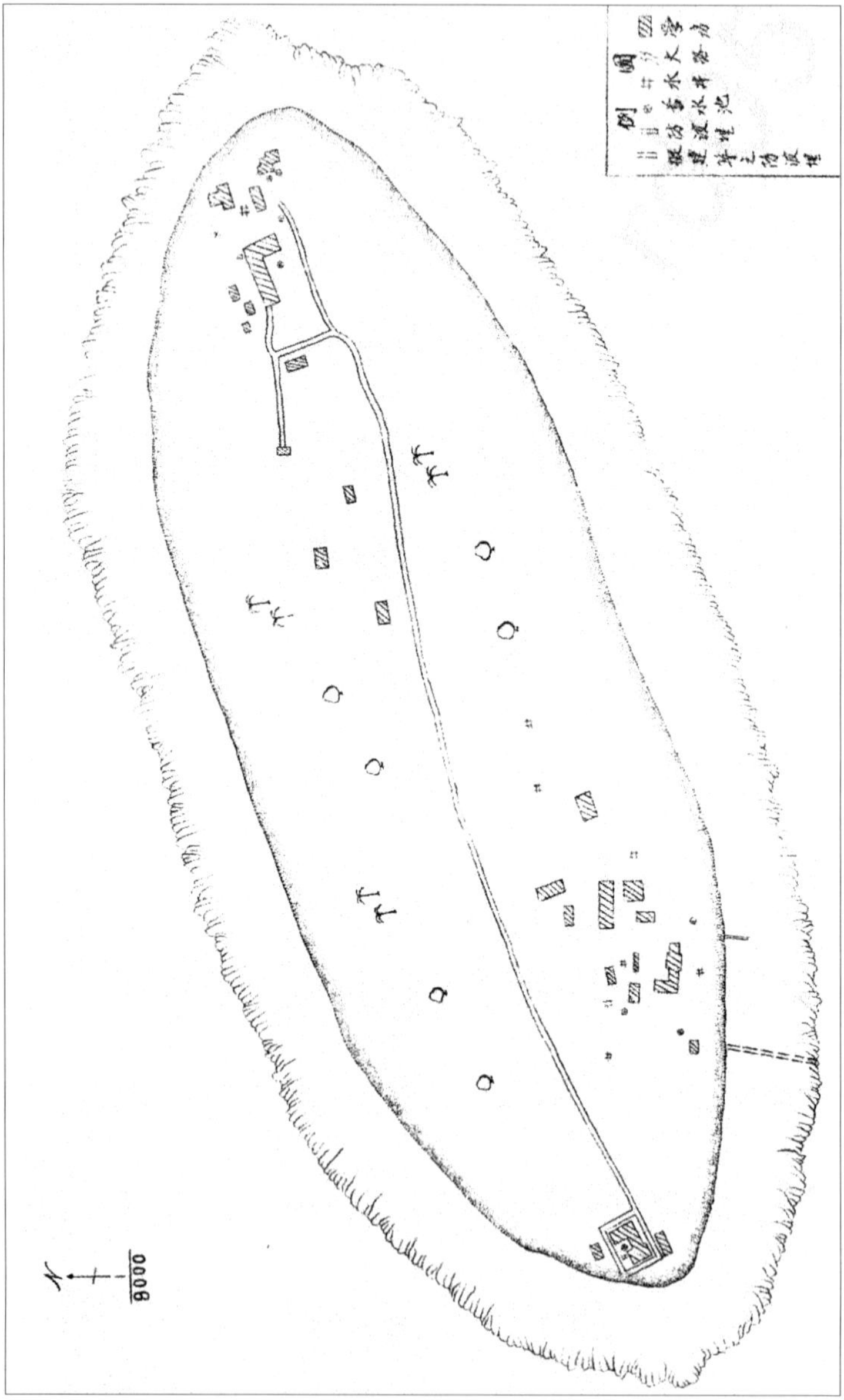

出典：中華民国空軍航空写真　1947 年 2 月 6 日

たイギリス人船長リチャード・スプラトリーから名付けられた。イギリス海軍水路局は一八八一年以来、同局の発行する海図には「スプラトリー島」の名が記載されることになった（一三三頁）という。この海図を公表、紹介してほしいものである。

ストーム島の島名　ヘイトン2014によれば、スプラトリー島の別名、**表9**の「Storm I.」（嵐島）は、スプラトリーより前の航海者、東インド会社の測量士ジェームズ、ホーズバラが記録した島名だった。スプラトリー島は一八四三年三月二十九日に発見された。「長さ七五〇メートル、幅三五〇メートル」（一三四頁）の砂地だった。

表9では「中沙群島」は「二十九」個だが、それらはすべて「礁」名が付けられている。中華民国期の訳名は、正しかったのであり、浦野2015によれば中華人民共和国においても「黄岩島」のほかはすべて「暗沙」、「灘」、「礁」をとっている。

しかし、特に二十世紀の後半から各国から積極的な領土主張が行なわれるようになり、国家間対立が生じてゆき、一部の島・礁には領有を主張する国家から人員が送りこまれていった。地球上の「近代国家」による国境線区分が、南シナ海に及んできたのである。とは言うものの、それぞれの国々の領土主張の根拠、特にその「歴史的根拠」は必ずしも明らかではなく、関係各国の領土に対する認識は「国際的に共有」されているわけではない。

一九四七年以降の地図資料　浦野1997は、一九四七年以降の南シナ海諸島・礁の名称に関する日本の地図資料として海上保安庁『南シナ海水路誌』第一巻（一九六八年六月）、第三巻（一九六九年三月）ほかをあげており、ベトナム、マレーシア、アメリカなどの資料名をあげている（一三頁）。

中華人民共和国、「南海諸島」地名発表（一九八三年四月）　浦野1997は、中華人民共和国が一九八三年四月二十四日に発表した中国地名委員会『我国南海諸島部分標準地名』で南シナ海諸島の地名を発表しているが（一一頁）、これは中華民国が一九四七年に発表したものによっていると見られる。

5. 第四章小結

中華民国が一九四七年に発表した東沙群島、中沙群島、西沙群島、南沙群島などの群島名および各島・礁名は、おそらく十九世紀中頃にイギリスが命名したものと見られ、中国名はその訳名と見られ、南シナ海諸島・礁は「中国が発見し、命名した」わけではない。

第五章　南シナ海をめぐる領有権対立の戦後史

本章では、戦後から現在までの、フランスの復帰、コーチシナ共和国／南ベトナム、北ベトナム／現ベトナム、中華人民共和国、中華民国／台湾、マレーシア、ブルネイ、インドネシアなどの主張およびアメリカの主張を取り上げる。

1．中華民国／台湾（一九四五年～現在）

中華民国は、連合国の一員として第二次世界大戦の戦勝国となった。中華民国は、日中戦争では劣勢に立ちながら持久戦を維持できたのはソ連、アメリカ、イギリスの支援に負うところが大きかった。日本の敗戦後、中華民国は日本の植民地であった台湾を接収し、日本の領海となっていた南シナ海各島・礁をも接収しようとした。

1-1．日中戦争終結以後——中華民国後期政権2（一九四五年～一九四九年）

中華民国は一九四五年十二月八日、台湾気象局が西沙群島の接収に入り、一九四六年九月十二日、東沙群島を、十二月十二日、南沙群島を、それぞれ接収した（浦野 2015 一六六頁）。

中華民国、ウッディ島（林島／永興島）に国旗（一九四五年十二月）　キロス 2010 によれば、中華民国台湾省の二名が一九四五年十二月八日に西沙群島に派遣され、リンコルン島（林康島、現在の東島）およびウッディ島（林島、現在の永興島）に向かい、十二日に到達した。ウッディ島では、日本軍による気象台の残存物その他を調査し、木碑を設置した（一一〇頁）、という。

浦野2015も、中華民国台湾省は東アジア太平洋戦争における日本の敗戦をうけて、一九四五年十二月、西沙群島の林島（永興島）に中華民国国旗を掲揚した（九五頁）、と述べている。浦野2015はまた、中華民国は一九四五年十二月、西沙群島の林島（永興島）を接収した（一八一頁）、と述べている。

中華民国、西沙、南沙群島接収（一九四五年九月〜十二月）　中華民国広東省政府は一九四五年九〜十二月、南沙群島を、一九四五年九月、東沙群島を、一九四五年十一月、永興島を接収した（浦野1997九七四頁）。中華民国広東省政府は一九四六年八月、東沙、西沙、南沙群島を接収し、十二月までに旧日本領土の南海諸島は接収された（浦野2015一八一頁）。

アメリカ、中華民国に軍艦譲渡（一九四五年〜一九四六年）　キロス2010によれば、アメリカ政府は中華民国海軍総司令部に八隻の軍艦を譲渡し、中華民国の軍人を訓練して一年後の一九四六年七月に軍艦と中国人乗務員は上海にもどった（一一四頁）、という。

中華民国広東省政府は一九四六年八月、東沙群島、西沙群島の調査に着手し、九月十三日、南海諸島の接収方針を決定した（浦野2015九八頁）。

中華民国軍は一九四六年九月、東沙群島、西沙群島、南沙群島に進駐した（浦野2015一八一頁）。

中華民国、永興島に上陸（一九四六年九月／十一月）　中華民国は一九四六年九月、「宣徳環礁」の「永興島」に上陸した（三船2016一九八頁）。

「中華民国外交部檔案」所収史料五点　「中華民国外交部檔案」には、西沙群島、南沙群島の接収に関連する「院

令南海諸島協助接収事案協議記録」、「団沙群島（すなわち新南群島）事件に関する会議記録」、「南海群島管理局所轄郷（鎮）村（里）一覧表」、「空軍司令部写真情報処判読結果報告」、「第一期南沙群島移民計画」などが収められている。『史料匯編』は、南海諸島の四島群を示し、北緯四度前後を含む地図十七点（一九四七年七月版『新編中国地理教科書』、一九四七年七月版『世界地理教科書』、一九四七年七月版『中国分省新地図』、一九四七年七月版『新編中国地理教科書』、一九四七年版『本外国地理教科書』、一九四七年八月『中華形勢講授地図』、一九四七年九月『現代中国大地図』、一九四七年十二月版『中国新地図』、一九四七年版「南海諸島位置図」、一九四八年二月『中華民国行政区域図』、一九四八年三月版『現代中国大地図』、一九四八年四月『中国新地図』、一九四八年七月版『中国分省地図』、一九四八年九月『世界分国新図』、一九四九年一月『中華民国新地図』、一九四九年四月版『最新中国大地図』、一九四九年九月『新中国地図』）を示した。

1―2．「院令南海諸島協助接収事案協議記録」(24)（ペン書き。「中華民国外交部檔案」）

「中華民国外交部檔案」によれば、一九四六年九月に「南海各島の接収」をめぐって会議が開かれた。

「時間：三十五年（一九四六年）九月二十五日午前九時　地点：内政部会議室

出席者：沈黙（外交部代表）　馬定波（国防部代表）　姚汝鈺（海軍総司令部代表）　傅角今（内政部代表）

主席：傅角今　記録：曹照孟

決議事項

1．南海各島の接収において、いかに接収範囲を画定するかの件

決議：内政部が作成した「南海諸島位置略図」が示した範囲に基づき、行政院が確定し、広東省政府がそれ

に従うことを命令する。

2. 内政部が南海諸島名称一覧表を訳し、公決して頂きたい件
決議：修正決定し、行政院に上程して確定して頂く。

3. 南海各島に関する資料をいかに収集し、接収の参考にすべきかの件
決議：海軍総司令部に広く収集して内政部に送り、まとめて準備するよう依頼する。

4. 本件進行状況を協議し、いかに上級に回答するか
決議：内政部に回答して頂く。

5. 各島接収後、いかに表示するかの件
決議：広東省政府が接収に出発する以前に石碑の制作を準備し、立てる準備をし、長島、双子島、一斯普拉特島等のところおよびその他の適当な島で、わが国の領土であることを顕示させ、石碑を立てる地点、形態および碑文等を内政部に書簡で通知し調査に備える。

6. 接収後、各島・礁の名称をいかに改定するかの件
決議：内政部が現有の中国語、西洋語の訳名を参照して立案し、行政院に上程して確定したのち、内政部が詳細な地図を作成し、公布、周知させる。

7. 南海各島の接収に関する情報は暫時秘密とすべきか否かの件
決議：完全に正式接収する以前は、すべて発表しない。

8. 接収軍艦はいかに派遣するかの件
決議：国防部が速やかに派遣するよう要請する。」

1―3．「団沙群島（すなわち新南群島）事件に関する会議記録」（ペン書き。「中華民国外交部檔案」）

「中華民国外交部檔案」によれば、内政部、国防部、海軍総司令部、外交部は一九四六年九月十三日、新南群島の範囲について議論している。この文書では、団沙群島は南沙群島内にあり、太平島の西に位置し、南威島は含まないとする。

「時間：三十五年〔一九四六年〕九月十三日午前十時

地点：外交部会議室

招集人：内政部　傅角今　　国防部　馬定波

　海軍総司令部　姚汝鈺

外交部美洲〔アメリカ〕司　程希孟　陳世材　王思曽　沈默

情報司　凌乃鋭

亜東〔東アジア〕司　張廷錚

欧州司　李文顕

主席：程希孟顧問　　報告者：陳世材補佐　　記録者：沈默

主席は、今回の会議の議題ののち、陳世材補佐に本部〔外交部〕の団沙群島（すなわち新南群島）接収処理の件の状況を報告して頂く、と報告した。

陳世材補佐：本部は最近、新聞報道によれば、フィリピン外務大臣がフィリピン政府は新南群島（すなわち団沙群島）を国防線とすると声明したとのことである。

また、行政院秘書処が新南群島と南沙群島が同地の二つの名前なのかどうかを究明するよう書簡で要請することを、本部は許可した。

本部は、直ちに駐マニラ総領事館、駐ハノイ海軍総司令部、広東省政府および台湾省行政長官公署に代電した。駐マニラ総領事館がアメリカ、フィリピンの関係各方面に問い合わせたところ、いずれも知らないとのことであったとの返電があった。また、海軍総司令部は、新南群島は南沙群島の別称ではなく、その主要な島嶼は団沙群島等を含むと返電してきたので、地図を本部に送ることを許可した。また、台湾省行政長官公署の返電によれば、団沙群島とは新南群島とのことで、本部に参考資料を送ることを許可した。海軍総司令部の返電はアメリカ海軍の資料に基づいており、台湾省行政長官公署の返電は前日本の台湾総督府の資料に基づいており、両者にはかなり出入りがある。行政院の命令を奉じ本部が内政、国防両部と協議し、適切に対応等を行なうこととし、本日特に各位にご出席頂いた。[25]

海軍総司令部と台湾省行政長官公署の双方の電文内容の異なる点は、以下の通りである。

（一）海軍総司令部は団沙群島は新南群島の一部とし、台湾省行政長官公署は団沙群島はすなわち新南群島としている。

（二）海軍総司令部は新南群島は南沙群島、フィリピン婆羅洲および交趾半島の間にあるとし、台湾省行政長官公署は同群島は西沙群島、フィリピン婆羅洲および交趾半島の間にあるとしている。[26]

（三）海軍総司令部は新南群島は東経一一二度から一一七度に散布しているとし、台湾省行政長官公署は同群島は東経一一一度から一一七度に散布している。

現在、われわれが討論すべきことは、（一）いかにして広東省政府がこれらの島嶼の接収に協助するか、（二）いかにして同群島の地理、位置および名称を画定するか、（三）もし接収により外交問題を引き起こすなら、いかにして交渉資料を準備するか、である。

討論省略
決議（一）国防部が広東省政府に協助し、速やかに団沙群島を接収し、接収の地理的範囲は内政部が決定する。
（二）同群島の地理的位置および所属各島の名称に関しては、内政部が詳細な図を制作し、新たに確定し、院に上程し、定めなければならない。
（三）当面は各国に同群島の主権問題を提出する必要はない。ただし、将来発生しうる紛争に対応する見地から、内政、国防両部および海軍総司令部が関連資料を直ちに外交部に送り、交渉の用に備えなければならない。
（四）以上各点は、外交、内政、国防三部が合同で行政院に回答する。」

この文書によれば、中華民国も当初は海軍総司令部が団沙群島は新南群島の一部だと言い、台湾省行政長官公署は団沙群島はすなわち新南群島だとするなど、日本名＝新南群島と南沙群島が同地の二つの名前なのかどうか未確認だった。

中華民国国民政府各部は、この時点（一九四六年九月十三日）では団沙群島の地理的範囲について明確な認識を持ってはいなかったのであり、沖縄県「釣魚島」の場合、中国が「発見し命名した」と主張したのとは違って、南シナ海各島は「中国が発見し命名した」との立場には立っていないことになる。

中華民国軍、ウッディ島等に上陸（一九四六年十一月）　中華民国軍は一九四六年十一月、西沙群島の永興島（ウッディ島）に上陸した（浦野 2015 九八頁）。

中華民国政府内政部は、一九四六年十一月から十二月の間に海軍部委と共同で蕭次尹と麦蘊瑜をそれぞれ西沙、南沙群島接収専員とし、永興、中建、大変、中業の四艦に分乗し、島上で接収儀式を行ない、石碑を再建した。碑文は、それぞれ「海軍西沙群島修復記念碑」「南沙群島太平島」などであった（『史料匯編』一一頁）。

キロス2010によれば、中華民国の遠征隊、永興号、中建号は一九四六年十一月二十四日から三十日まで西沙群島のウッディ島のほかに、太平号、中業号は十二月十二日から十七日まで南沙群島のイツアバ島ほかへ赴くことになった。当地で記念石碑を刻み、様々な島で石碑を立て、公式的接収を完了していた（一一一頁）、とする。

「一九八〇年中華人民共和国外交部文書」は、「中国」（中華民国）政府が一九四六年十一月、十二月に西沙群島、南沙群島を接収し、記念碑を立て駐留兵を置いた（浦野2015三〇九頁）、と述べている。

中華民国軍は一九四六年十二月十五日、フランス軍の引きあげをうけ、南沙群島の双子島、南極島、帝都島（中業島）に上陸し、中華民国国旗を掲揚した（浦野2015九八頁）。

中華民国駐仏公使館は一九四七年一月十九日、主権は中国に属するとの公告を発表した（『史料匯編』一一頁）。中華民国政府は一九四七年一月十九日、在南京フランス大使館あてに西沙群島の主権は中国に属する旨の通告を行なった（浦野1997三九四頁）。

中華民国外交部は一九四七年一月二十一日、フランス駐中国大使に会い、西沙群島の主権は中国に属するとの公告を発表した（『史料匯編』一一頁）

中華民国外交部は一九四七年一月二十八日、フランス駐中国公使館に照会し、フランス軍が西沙群島の珊瑚島に侵入したことに抗議した（『史料匯編』一一〜一二頁）。

1-4．「中華民国空軍司令部写真情報処判読結果報告」

中華民国空軍は、空から南シナ海諸島西沙群島の状況を撮影し、次の報告書（**表12**）を作成した。

表12　空軍司令部写真情報処判読結果報告

空軍司令部写真情報処判読結果報告			
地名	西沙群島（広東省）	航高	10000フィート、4500フィート、□500フィート
位置	東経110度～113度 北緯15度50分～17度10分	焦点距離	24〃6〃
地勢標高	海平面	比例	$\frac{1}{5000}$　$\frac{1}{9000}$　$\frac{1}{19000}$
偵察任務文号	36年〔1947年〕 致丹013号	カメラ機種類と装置	アメリカ式垂直カメラ
写真来源	空軍第12偵察中隊	判読完成年月日	36年〔1947年〕3月20日
撮影年月日	36〔1947年〕年2月6日	参考地図	200万分の1航空図
撮影時刻	9時50分	付件	写真図4枚 写真標定図1枚

説明：(1) 西沙群島中の最大島嶼、林島、石島、樹島および鶯非士来特列島は、いずれも判読報告第21号に述べられており、本報告が判読した写真は群島中の林島東南の林肯島および林島西南の抜陶児島、羅擺脱島および金銭島を含んでいるだけで、当該各島の位置は標定図を見られたい。

(2) 報告内各地名および位置の標定は、200万分の1航行図に基づく。

各島詳細説明：(1) 林肯島 Lincoln island（付第一撮影図を見られたい）は、林島（林島はすでに前判読報告第21号内で詳しく説明した。同島は西沙群島中最大の島嶼である）東南48キロメートルのところで、東経112度45分、北緯16度40分、面積2340メートル×92メートル、全島に小さい樹木が生えており、建築物は発見されていない。

(2) 抜陶児島 Pottle island（付第二撮影図を見られたい）は、林島西南85キロメートル、東経111度36分、北緯16度33分、面積800メートル×420メートル、全島の周囲に樹木多く、中央に建築物があり、洋式単層で、家屋は大小計10軒、最大のものは30メートル×14メートル、貯水池が1つ、島の南端にトーチカ2個が作られており、フランス軍曹が同島東北端の砂浜に上陸したことがある。現在なおパイロットの偵察報告によれば、フランス軍が占領している。

(3) 羅擺脱島 Robert island（付第三撮影図を見られたい）は、抜陶児島西南6.4キロメートル、東経111度35分、北緯16度31分、面積1000メートル×420メートルで尖葉状の形をしており、全島の周囲はすべて樹木に囲まれており、中間は荒地であり、その他の目標は発見されていない。

(4) 金銭島 Money island（付第四撮影図を見られたい）は、羅擺脱島西南 13 キロメートル、東経 111 度 30 分、北緯 16 度 25 分、面積 100 メートル× 460 メートルで楕円形であり、全島には十字形の道が 2 本あり、島の東端には家屋 2 軒があり、このほかにはその他の目標は発見されていない。

完

本報告は計 3 部作成され、第 21 号の判読報告を補充する。

判読　毛培墉 印

報告整理　王飛鳳 印

作成

確認　劉錦濤 印

付注：ペン書き、報告書の作成年月日未記載だが、写真判読完成は 1947 年 3 月とある。「中華民国外交部檔案」

次の二点の文書は、作成日付がわからない。

1-5. 中華民国による南シナ海諸島行政区画

中華民国は、南シナ海諸島について「南海群島管理局所轄郷（鎮）村（里）一覧表」（表13）による郷村行政区画を定めた。

この行政区画の設置は、中華民国が一九五六年頃までに当該島嶼を領有し実効支配しようとした意思の表明であると言える。しかし、中華民国から南シナ海諸島の領有権を「継承」している中華人民共和国は、こうした行政区画の設置は行なっていないようである。

表13　南海群島管理局所轄郷（鎮）村（里）一覧表

郷(鎮)名称	郷(鎮)公所所在地	村(里)名称	村里長事務所所在地	管轄区範囲
太平郷	太平島			
	太平村	太平島		太平島南□〔遼？〕礁、福禄寺礁、大現礁、小大現礁
		敦□〔謙？〕村	敦□沙洲	敦□沙洲、舶蘭礁、北恒礁、安達礁、恒礁
		鴻麻村	鴻麻島	鴻麻島、孔明礁、□済礁、仁愛暗沙
		景宏村	景宏島	景宏島、汎愛暗沙、伏波礁、仙□〔賊？〕礁、信義暗沙
		玉諾村	玉諾島	玉諾島、校尉暗沙、南□〔楽？〕暗沙、指向礁、司令礁、都護暗沙、金吾暗沙、保衛暗沙、□亜暗沙
南威郷	南威島			
		南威村	南威島	南威島西礁、中礁、□□〔議場？〕礁、東礁、日積礁、永暑礁、逍□暗沙、奥援暗沙、蓬勃堡礁、奥□暗沙、南□□、金南□〔暗？〕沙、□□〔雅？〕□〔灘？〕、人□灘、李準灘、西□〔衛？〕灘、万安灘
		畢生村	畢生島	畢生島南□〔華？〕礁
		立威村	立威島	立威島安渡沙洲、南海礁、息波礁、破浪礁、□丸礁、□〔皇？〕路礁、南□〔通？〕礁、盟誼暗沙、北康暗沙、南安礁、南康
				暗沙、□□礁、澄平礁、曽母暗沙、安渡□〔灘？〕、南屏礁、八仙暗沙、立地暗沙
安塘郷	安塘島			
		安塘村		
			安塘島	安塘島礼楽□〔灘？〕、忠孝□〔灘？〕、陽明礁、仙后灘、神仙暗沙、海馬灘、□灘、□蘭暗沙
		□〔黄？〕信村	□〔黄？〕信島	□〔黄？〕信島和平暗沙
中業島	中業島			
		中業村	中業島	中業島中業群礁、□明群礁、渚碧礁
		南　村	南　島	南島楊信沙州
		西月村	西月島	西月島
		双子村	中業島	南子礁、北子礁、楽斯暗沙、永登暗沙

東沙郷	東沙島			
		自由村	東沙島	東沙島北部北衛□〔灘〕、南衛□〔灘〕
		平等村	東沙島	東沙島中部
		博愛村	東沙島	東沙島南部
永□〔興?〕郷	永□〔興?〕島			
		永□〔興?〕村		永□〔興?〕島、銀□〔礫〕灘
		石島村	石島	石島
		和五村	和五島	和五島、西渡□〔灘?〕、□〔高?〕尖石□〔カン?〕□〔灘?〕、□〔濱?〕湄灘、蓬勃礁、立夫暗沙、魯班暗沙、□□〔濱?〕暗沙、本固暗沙、西門暗沙
				華夏暗沙、控拝暗沙、□静暗沙、排洪灘、果淀暗沙、排波暗沙、波洑暗沙、布□〔蘭?〕暗沙、□〔美?〕渓暗沙、安定□〔連?〕、□〔礁?〕、海鳩暗沙、済猛暗沙、武勇暗沙、石□〔塘?〕□〔連?〕礁、比□暗沙、指掌暗沙、□□暗沙、屏□〔南?暗沙、〕暗沙、灘、民主□、憲法暗沙、一統暗沙、楽西暗沙、漫歩暗沙
趙述郷	趙述島			
		趙述村	趙述島	趙述島亜沙□〔洲?〕、北礁
		北島村	北島	北島北沙洲
		中興村	中島	中島中沙洲
		南島村	南島	南島南沙洲
水楽郷	甘泉島			
		甘泉村	甘泉島	甘泉島羚羊礁
		金銀村	金銀島	金銀島
		珊瑚村	珊瑚島	珊瑚島森屏島
		晋卿村	晋卿島	晋卿□玉塚礁
		□〔道?〕乾村	□〔探?〕航島	□〔探?〕航島、広金島、華光礁
		□石村	□石島	□石□
		中建村	中建島	中建島
以上合計八郷(鎮)三十二村(里)				

付注:活字印刷、一部手書きによる書き加えあり。作成年月日未記載。「中華民国外交部檔案」

1-6.「第一期南沙群島移民計画」

「第一期南沙群島移民計画」（張振国作成。活字印刷、作成年月日未記載。「中華民国外交部檔案」）には、次の四島への移民計画が述べられている。

「一．太平島

1．島長：一三〇〇メートル　島幅：三五〇メートル

2．建築物と井戸：島上には無人の要修繕の家屋五棟と井戸七がある。

3．農作物および牧畜。蔬菜を栽培できる。牛、羊、豚、山芋、さつまいも等を[27]□できる。

4．停泊所：島の東南に良好な停泊所がある。

5．家屋を修繕できれば、六十人が移民できる。

二．中業島（太平島の北四二海里）

1．島長：六五〇メートル　島幅：三二〇メートル

2．建築物と井戸：建築物なし。井戸一がある。水は清く、四十人に供給できる。

3．農作物および牧畜。太平島と同じ。

4．停泊所：島の西南に停泊所があるが、良好ではない。

5．家屋を建てられれば、四十人が移民できる。

三．西月島（太平島の東北四四海里）

1．島長：六〇〇メートル　島幅：二八〇メートル

2．建築物と井戸：島には建築物はなく、井戸一がある。水は濁り、修理ののち、使用できる。

3．農作物および牧畜。太平島と同じ。
4．停泊所：東北に停泊所があるが、良好ではない。
5．家屋を建て、井戸を修理できれば、四十人が移民できる。

四．南子礁（太平島の北一一〇海里）
1．島長：四〇〇メートル　島幅：三〇〇メートル
2．建築物と井戸：島には建築物はなく、井戸が二つある。水は清く、塩味はしない。水深は三メートル前後である。
3．農作物および牧畜。蔬菜を栽培できる。島には燐鉱が堆積しているだけで、農作物、牧畜は条件が劣る。
4．停泊所：西北角にあり、満潮時に小舟が□[28]乗り付けられる。
5．家屋を建てれば、三十人が移れる。」

三船2016によれば、中華民国は台湾移転後、「東沙を高雄市の管轄へ移した」（二〇二頁）。

キロスは、中華民国政府は一九四七年五月に西沙、南沙群島を海南島の管轄下に置いた（一一二頁）、という。

キロス2010によれば、中華民国の中元企業有限公司が一九四七年九月に西沙群島の天然資源を二十年間で開発する請願書を行政院資源委員会に願い出た（一一七〜一一八頁）、という。

中華民国は、一九八二年二月七日に南沙群島、東沙群島への移住を開始した（浦野1997七二〇頁）。

中華民国、「西沙管理処」、「南沙管理処」設立（一九四七年十月）　キロス2010は、中華民国政府が一九四七年から西沙群島と南沙群島を海軍総司令部と広東省の管理のもとに置き、「西沙管理処」、「南沙管理処」の設立を通じて群島の管理を施行した、十月には内政部が南シナ海のすべての島嶼の「地名対照表」および地図を公布していた

（一一一～一一二頁）、と述べている。

中華民国内政部は一九四七年十一月、東沙、西沙、中沙、南沙群島および各島、礁、沙、灘の名称を改めて決定し、公布、施行した（『史料匯編』一一～一二頁。本書第四章参照）。

キロス2010は、一九四六年に西沙群島に配備した中華民国海軍の分遣隊はフランスの水兵にはとてもかなわなかった（一二七頁）、と述べている。

キロス2010によれば、中華民国広東省建庁は一九四七年に南方漁業公司に海人草、鷓鴣菜（Caloglossa leprieurii）の採取権を与えた（一一八頁）、という。

キロス2010によれば、一九四九年から一九五二年の期間に南シナ海での中華民国の漁獲量の詳報はほとんどない（一二二頁）、という。

中華民国、U字線／「十一段線」主張（一九四八年）　キロス2010は、一九四八年一月に公布した地図において中華民国はU字線を描き、その内側を「中国の伝統水域」として公式に表現してきた（一一二頁）、と述べている。これはその後、「十一段線」と呼ばれるものである。キロスは、ここには「中沙群島（マックズフィールドバンク）のような水中に沈んでいる珊瑚礁」も含んでいるのか（一二六頁）、などと批評している。

U字線の範囲は、明確ではないが、当時の領海は三海里とするのが普通だったので、その範囲まで広げていたものと見られる。

中華民国政府軍、西沙、南沙管理処から撤退（一九四九年六月）　中華民国では、人民解放軍（中国共産党軍）の攻勢の前に劣勢に立たされた政府軍（国民革命軍）は、キロス2010によれば一九四九年六月、南シナ海でも西沙、南沙管理処に駐屯した水兵の多数は撤退した（一一四頁）、という。

中華民国政府は一九四九年十二月、台湾に撤退した。

2．戦後フランスの復帰、イギリスの主張および南ベトナム

フランスの復帰　フランスは、日本が東南アジアを占領したため、インドシナ植民地を喪失したが、一九四五年八月、東アジア太平洋戦争における日本の敗北後、インドシナに復帰してきた。

北ベトナムと南ベトナム　ベトナム北部には、インドシナ共産党の主導下にベトナム民主共和国（北ベトナム）が一九四五年九月に樹立された。

フランス砲艦サブーニャン・ド・プレッツャ号を送り、黄沙群島を再占領した（浦野 1997 六二二頁）。

一九四六年「三月六日にベトナム・フランス暫定協定等により、ベトナム民主共和国のフランス連合内での独立が認められたが、フランスのいくつかの会議を受けて南部を含む全ベトナムの統一はフランス側によって拒否され」、「十二月にハノイでフランス、ベトナム両軍が交戦し、第一次インドシナ戦争が始まった」（キロス 2010 一三二頁）。

フランス軍は、一九四七年一月にパッツル島［珊瑚島］を占拠した（浦野 1997 三九六頁）。

イギリスの主張（一九四六年〜一九五〇年）　東アジア太平洋戦争終了後、南シナ海に隣接するボルネオ島では一九四六年六月二十六日、ブルック国王（Sir Charles Vyner Brooke）により、サラワクはイギリスに割譲され、英連邦領土となり、七月十五日には北ボルネオおよラブアン島もイギリスの直轄下の植民地となった（キロス 2010 一三五頁）。

イギリス植民地省は一九四六年九月二十七日、戦前の主張をめぐる情報を集め、イギリスは南沙群島のスプラトリー島やアンボイナ岩礁の領有権主張を放棄していないので、対日平和条約交渉で日本はスプラトリー島やアンボイナ

岩礁の請求権を放棄すべきだと外務省と勧告した（キロス 2010 一五五頁）。

イギリス外務省は、一九五〇年八月二十四日付けオーストラリア政府への返書で中華人民共和国が南沙群島を占領することに抗議すると述べた。同年、オーストラリアが南沙群島を国際上の信託統治領に置こうと提案したとき、イギリス政府はオーストラリア提案を拒否した（キロス 2010 一三六頁）。

イギリス政府は、一八九五年の「植民地境界法」（Colonial Boundaries Act）に従って一九五四年に英領ボルネオの領地を南沙群島の南側にあたる大陸棚を含めて拡大した（キロス 2010 一三六頁）。

フランス、ベトナム臨時中央政府承認（一九四七年六月）　キロス 2010 によれば、次のようであった。

「フランスがバオダイを擁してまず一九四七年六月二十七日にサイゴンでベトナム臨時中央政府を認め、さらに一九四八年六月五日の『アロング、ベイ宣言』（Déclaration dé la Baié d'Aong）を通じて、この国家の独立を認めており、一九四九年三月九日にフランスとベトナム国二カ国の協定でいわゆるベトナム連合州（Etat associédu Vietnam）の法律的な承認を与えていた」（一三二頁）。

中華民国政府軍が台湾に撤退して以降、フランス軍は一九四七年一月、再び六百名以上の軍事要員で西沙群島のクレセント群島［永楽群島］を占領した（浦野 1997 三九六頁）。

インドシナでは、フランスがバオ・ダイの擁立工作をすすめており、ベトナム国が一九四九年七月一日、成立した。一九五〇年十月十四日、中圻総督ファン・バン・ギアオ将軍は西沙群島と南沙群島の主権をベトナム国に委譲する式典を珊瑚群島［南沙群島］で挙行した（浦野 1997 三九九頁）。

東北アジアでは、一九五〇年六月二十五日、朝鮮民主主義人民共和国軍（北朝鮮）が大韓民国（南朝鮮）に侵入し、朝鮮戦争が始まっていた。北ベトナムとフランスの戦闘は、一九五四年にフランス軍がディエンビエンフー会戦で北ベトナム軍に敗北し、終結した。これは、第一次インドシナ戦争（一九四六年～一九五四年）と呼ばれる。

フランス政府は第一次インドシナ戦争中、同時に西沙群島、南沙群島の領有権を再び主張し、一九四七年から西沙群島のクレセント群島（群島の西側）のみを占領し、そこに置かれた駐屯地にベトナム人を派遣した（キロス2010二〇五頁）。

サンフランシスコ平和条約案　一九五一年二月三日と三月二十三日のアメリカの平和条約草案、四月のイギリス草案、五月三日の米英合同草案には、南シナ海諸島の帰属は言及されていなかった（キロス2010一五五頁）。六月十四日と七月十二日の対日平和条約では、イギリスの主張と調和させるためにスプラトリー群島（南沙群島／新南群島）に言及せず、スプラトリー島（西鳥島／ストーム島）のみを含めており、その結果として「日本国は、西鳥島及び西沙群島に対するすべての権利、権原及び請求権を放棄する」（Japan renounces all right, title and claim to the Spratly Islands and to the Paracel Islands.）という一節が挿入された。キロス2010は、これはイギリス、アメリカの側の交渉の結果だったと見られる（一五六～一五七頁）、と述べている。

バオ・ダイ政府首相チャン・バン・ヒューは、ホアンサ群島とチュオンサ群島に対するベトナムの主権を確認する声明を行なったが、どこの国も反対の声をあげなかった（浦野1997六二一頁）

サンフランシスコ講和会議では、ソ連代表のグロムイコは「日本国は、満洲、台湾、及びこれに近接するすべての諸島、澎湖島、東沙島、西沙島、マクスフィールド堆、並びに、西鳥島を含む新南群島に対する中華人民共和国の完全なる主権を認め」るよう主張した（浦野1997四〇三頁）。

キロス2010は、ソ連代表のグロムイコは「西沙群島」等の領土を中華人民共和国に返還することを主張したが、本会議議長はグロムイコ提案を拒否した。南ベトナム代表のチャン・バン・フーは第七本会議で西沙、南沙両群島の領有権をはじめて主張した（一五七〜一五八頁）。

キロス2010は、「イギリスは対日平和条約の締結直前にみずからの領土請求（スプラトリー島のみ）を七月十二日に改訂した対日平和条約米英共同草案に含めることに成功したが、数週間以内にイギリス、フランス、アメリカの間で交渉が行なわれた結果として、フランスも主張するすべての海域、すなわち南沙群島（スプラトリー群島）の参照項目を第二条（f）に挿入」することと決定されたのである（二一八頁）、と述べている。

サイゴン政権は一九五五年、インドシナから撤退するフランス軍に代わって海軍陸戦隊を派遣した。

フランスは一九五六年四月、南ベトナムから撤退した（浦野2015 一〇二頁）。フランスによるベトナム統治は、一九五六年に南ベトナムに引き継がれた（浦野2015 一九二頁）。

ベトナム戦争（一九六〇年〜一九七五年）　フランスの撤退後、南ベトナム解放民族戦線が一九六〇年十二月に結成され、北ベトナムはそれを支援した。アメリカは、南ベトナム政府を支援して米軍が介入し、一九六四年には北ベトナムへの北爆を開始した。ベトナム戦争（一九六〇年〜一九七五年）である。ベトナム戦争はカンボジアにも波及し、一九七〇年から一九七五にかけては第二次インドネシア戦争とも呼ばれた。南ベトナム解放民族戦線が一九七五年四月に南ベトナムの首都サイゴン（現ホーチミン市）を陥落させ、ベトナムは統一に向かった。

2-1. フランスの復帰

日本の敗北をうけてインドシナに復帰したフランスは、ベトナムの再植民地化をめざし、引続き南シナ海を掌握しようとした。

フランスは一九四五年十月、スプラトリー群島（南沙群島）に軍事上陸を果たした（浦野2015 一九二頁）。

テリー・ダルカンリュー仏国インドシナ高等弁務官長は一九四六年五月、エスカラムッシュ号を西沙群島バットル島に派遣した（キロス 2010 一一九頁）。

フランス政府は一九四六年五月、軍艦サヴォルニャン・ブラツァヤ号を西沙群島に派兵し、九月まで駐屯した（キロス 2010 一一九頁）。フランスは一九四六年五月、軍艦をパラセル群島（西沙群島）に派遣し、九月まで占領した（浦野 2015 九五頁、一六六頁）。

フランス軍艦シュヴルイユ号の水兵は一九四六年十月五日、南沙群島のスプラトリー島とイツアバ島に上陸し、イツアバ島に石碑を建てた（キロス 2010 一三〇頁）。フランスは一九四六年十月、パラセル群島を占領した（浦野 2015 一八一頁）とし、さらにフランス軍艦シュヴルイユ号は一九四六年十月、スプラトリー群島（南沙群島）のスプラトリー島（南威島）、イツアバ島に石碑を建立し、十二月、引きあげた（九八頁、一八一頁）。フランス海軍はイツアバ島に舞い戻り、一九四六年十月五日、フランス再領有を宣言する石碑を建て、一九三三年の併合を復活させた（ヘイトン 2014 一三八頁）。

フランスは一九四六年、砲艦サブーニャン・ド・ブレッチャ号を送り、南沙群島を再占拠した（『一九七九年ベトナム文書』。浦野 2015 三〇三頁による）、と述べている。

フランスが一九四七年一月九日、西沙群島はベトナム領だと声明した（浦野 2015 九八頁、一三〇頁、一六六頁）。

フランスは一九四七年一月、「パットル島（珊瑚島）」を占領した（キロス 2010 一一一頁、一一五頁）。フランスは一九四七年一月十七日、軍艦トンキンノア号で西沙群島ウッディ島を巡回し、十九日、パットル島を占領した（キロス 2010 一一一頁、一一五頁）。

フランスが一九四七年一月十八日、パラセル群島の「パッツル島（珊瑚島）」を占領した（浦野 2015 九九頁）。フランスは一九四七年一月、パラセル群島（西沙群島）の「パスツル島（盤石嶼）」を占領した（浦野2015一八二頁）。

フランスは一九四七年四月、パラセル群島の「パスツル島（珊瑚島）」を占領した（浦野2015一八一頁）。（以上の浦野2015の記述は、「パッツル島（珊瑚島）」、「パスツル島（珊瑚島）」、「パスツル島（盤石嶼）」の島名および占領の月について、混乱している。）

フランス軍、ベトナム軍は一九四七年一月、パラセル群島の林島（ウッディ島）に上陸し、中華民国軍を撃退した（一九二頁）。

フランス軍、ベトナム軍は一九四九年四月、フランス軍艦（A・O号）を西沙群島すべての海域に派遣し、ロベルト島、ドラモント島、ダンカン島、モニイ島その他に上陸し、各地で石碑を建立した（浦野2015一三一頁）。

バオダイ帝政府の内閣官房長官ブー・ロク王子は一九四九年四月に「西沙群島の領有権を再び主張した」（キロス2010一三二頁）。

2-2. 南ベトナム――コーチシナ共和国／ベトナム臨時中央政府／ベトナム国

フランスは一九四六年八月、「コーチシナ共和国（南圻国）」を樹立した。

フランスは一九四八年五月、「ベトナム臨時中央政府」を設立してコーチシナ共和国を吸収し、さらにベトナム南部に一九四九年六月、再びバオダイを元首（一九四九年六月～一九五五年四月）とする「ベトナム国」を樹立した。

フランスは一九四九年七月、西沙群島、南沙群島の主権をベトナム国に委譲した（浦野2015九九頁）。

フランスが一九五〇年四月、西沙群島のクレセント諸島を占領した（一三一頁）。浦野2015も、フランスは一九五〇年四月、パラセル群島（西沙群島）のクレセント諸島（永楽諸島）を占領した（キロス2010九九頁）。

フランスは一九五〇年十月、スプラトリー群島（南沙群島）を南ベトナムに委譲した（浦野2015 一六六頁）。

フランス政府は一九五〇年十月十四日に西沙群島の支配を南ベトナム政府に譲渡（キロス2010 一三二頁）したが、フランス政府連合州事務大臣ジャン・ルトゥルノーは一九五一年五月七日に南沙群島はフランスの「海外県」（Département de la France d'Outre-Mer 一三三頁）であると述べた（キロス2010 一三三頁）。

フランスは、一九五〇年代初期に西沙群島のクレセント群島で駐屯地を補強した（キロス2010 一三八頁）。

バオダイ政府首相チャン・バン・ヒューがサンフランシスコ講話会議において一九五一年九月七日、「私たちは、チュオンサ〔中国名：南沙群島〕とホアンサ〔中国名：西沙群島〕の両群島に対する古くからの私たちの主権を確認する」（『フランス―アジア』第六六、六七号、一九五一年十一～十二月）との声明を行なった（「一九七九年ベトナム文書」。浦野2015 三〇一頁、三〇四頁）。

ベトナムは、チュオンサ群島に主権標識を立てた（「一九七九年ベトナム文書」。浦野2015 三〇一頁）。

フランス外務省スポークスマンは一九五一年七月十二日、同日発表された対日講和条約米英共同草案中の「南シナ海の島嶼の権利」を何ら中華人民共和国、中華民国政府に「譲渡しない」という現状維持〔案〕を喜んで受けると述べていた」（キロス2010 一三三頁）。

サンフランシスコ平和条約では、日本は南シナ海諸島、礁を「譲渡」ではなく、「放棄する」となった。

一九五二年三月二十五日、フランス連邦会議（Assemblée de l'Union Française）の審議中、ベトナムのグエン・カック・ス外務委員会報道官は「南沙群島は古代よりベトナムの領土」と主張し、モーリス、シューマン外務省長官は「西沙群島、南沙群島はフランス連邦下に置かれると宣言」し、ベトナムのプー・キンは「この島嶼」には「ベトナムの権利がある」と述べ、さらに翌日、モーリス、フォール対日平和条約批准書報道官は「その島嶼は『遺棄された地』（terrae derelictae）になってしまった」と述べた（キロス 2010 一三四頁）。

サンフランシスコ平和条約は一九五二年四月、日本は南シナ海島嶼を「放棄」するとして発効した。

フランスは、一九五四年に第一次インドシナ戦争に敗北し、ベトナムは一九五四年のジュネーブ協定により、北緯一七度線でベトナム民主共和国（北ベトナム）とバオダイ・ベトナム国（南ベトナム）に分割された。

フランスは一九五四年七月二十一日、インドシナ・ジュネーブ協定でインドシナにおける植民地支配権を喪失した（キロス 2010 一三三頁）。

フランスは一九五五年一月、パラセル群島（西沙群島）のウッディ島（永興諸島）に軍艦を派遣した（浦野 2015 一〇一頁）。

サイゴン政権は一九五五年、インドシナから撤退するフランス軍に代わって、海軍陸戦隊一個中隊を派遣してホアンサ群島に駐屯させた（浦野 1997 六二二頁）。

サイゴン政権は一九五六年、軍艦を派遣してチュオンサ群島を支配し、チュオンサ群島はプゥウックトゥイ省に属するとの大統領令を出した（浦野 1997 六二二頁）。

フランス政府は、一九五六年にも南沙群島の権利は譲渡していないと表明した（キロス 2010 一三三頁）。一九五六年以降、フランスと中華人民共和国との間で衝突が起こった（浦野 2015 一〇一頁）。

フランスは一九五六年四月六日、南ベトナムからの撤退を実施し、四月十二日までに完了した（浦野 1997 四一三頁）。

2—3．「中華民国外交部檔案」中のベトナム関係資料

「中華民国外交部檔案」には、以下のベトナム関係資料が含まれている。

(1)「一九五六年七月十三日発外交部収電第３５６４号」〔タイプ印刷〕

発信者：蔣思□　地点：サイゴン
発電：45年〔一九五六年〕7月13日14時0分
受信：45年7月14日10時0分

「台北外交部[29]（一）ベトナム外務省政楊庁長は沈祖濤□〔秘？〕書に電〔電話ないし電報〕で尋ねた。中国外交部スポークスマンは十一日、中国政府は艦を派遣して一部隊を運び、南沙群島に上陸した、確かなニュースの有無、新聞で見られると答え、政府の確かなニュースはまだ□、と声明した。（二）ベトナム側がどのようにこの問題を再提議するか、いかに答えるべきでしょうか。蔣思□」

(2) 中華民国駐順化領事館「ベトナム西沙・南沙両群島を高望み」〔民国四十八年〔一九五九年〕四月分専題報告〕〔ペン書き〕

張絢編

「ベトナムは西沙、南沙両群島を高望みしている

一．西沙、南沙両群島の主権は誰に属するか。

二．最近発生した事態

1．「ベトナム西沙群島開発会社」の契約。

2．海南島漁民の拘留。

三．抗議と声明。

1．匪共〔中国共産党〕の抗議。
2．ベトナムの西沙群島に対する主権の声明。
3．ベトナムの南沙、西沙両群島に関する照会
四．今後の事態の変化への注意。

一．西沙、南沙両群島の主権は誰に属するか。

西沙群島（Paracel IS.）は、北緯一六度から一七度、および東経一一一度から一一三度の間に位置し、わが国海南島の七洲洋中にあり、楡林港の東南百五十海里に行き、西にベトナムの海岸から二百四十海里離れ、灘、礁以外に、島嶼十五があり、面積は約三〔平〕方キロメートルである。海南島南面の障壁であり、南洋航路の要衝にあたり、わが国海防の要地である。

南沙群島（Spratly Is.）は、北緯四度から一二度、および東経一〇九度から一一七度の間に位置し、大小の島嶼九十六があり、重要なものは十二である。面積は一六、〇〇〇平方メートルから三六、〇〇〇平方メートルである。西沙群島の東南は、東沙、中沙、西沙諸群島と同じく相当重要な戦略的地位を持っており、同群島等は散布区域は広かったので、地理的条件の制限を受け、その中の島嶼は□居のないものはその他の国家の高望みを引き起こすことになった。

わが国は秦、漢以来、海上活動は遠く南海に達しており、隋、唐のときには南海全体がわが勢力の範囲の中にあった。南宋末年にはすでに西沙群島を発見しており、明の成祖のとき、わが国は南洋と頻繁に往来しており、わが粤《えつ》〔広東〕と海南島の漁民はしばしばその地に至り、島には「孤魂廟」が建てられている。三保太監が西洋に下ったが[30]、南海諸島を通過した。西沙群島珊瑚礁の下には「永楽通宝」の貨幣が発見された。その間の永楽島

は、明の成祖の年号を名としており、明らかにそれがわが国と悠久の歴史関係があることがわかる。南沙と南海中のその他の諸島は、わが国が発見し経営したものである。すなわち否認すべからざる事実であり、またわが国固有の領土の一部である。

抗戦勝利後、わが政府は日本軍より西沙、南沙等群島を接収し、当時、わが国防部、内政部、連勤総部は人員を派遣して永興、中建、太平、中業の四艦に乗り、同群島等に赴き調査、測量を行なったので、西沙群島中の両島は「永興」、「中建」と名づけ、記念とした。永興島には「わが南疆を固めん」との記念碑が建てられた。また、南沙群島の太平島には、石を建て旗を掲げた。南威島には、碑を建てた。「中業」、「太平」両島もまた勝利後に接収した両艦を記念して得られた名である。

二．最近発生した事態

1．「ベトナム西沙群島開発会社」の契約書

本年一月六日、ベトナム副総統兼経済部長阮玉書は、ベトナム経済部において契約書を取り決めた。同契約書は、シンガポールの外国の一会社に西沙群島の鳥糞層を開発することを委託している。ベトナムの「西沙群島開発会社」を代表する者は著名な弁護士で国会議員の陳文斎であり、シンガポール側の某外国会社は一華僑代表である。同契約書は取り決めしたとき、まだ正式に公布されていなかった。推測によれば、その内容は、（一）シンガポールの某外国会社は西沙群島の六百万トンを超える鳥糞層の開発の委託を受けた。（二）当該外国会社によって数千万元が投資され、機器、用具および船舶を購入し、開発工作の用に備えている。（三）毎年、当該外国会社が最低限五万トンの鳥糞を開発し、ベトナムの「西沙群島開発会社」に供給しなければならない。もしこの量に達しない場合は、罰金あるいは契約が取り消される。

この情報が放送されると、各方面は驚きを感じた。なぜなら、西沙群島はわが領土であり、主権はわれに属するからだ。どうしてベトナム政府の出しゃばりを許容することができるだろうか（一月十五日順48字第 0129 号代電参照）。ベトナム政府は各方面のこの事に対する注意に鑑み、ベトナム鉱業局が次の声明を発出した。

一．契約者は民営企業名の契約で契約期間は五年であり、商業協定ではない。

二．鳥糞の開発数量は、六百万トンではない。同社は、実地調査を経て開発計画を実行する。（甲）先の六カ月で開発されるものは、あまり見るべきものはない。（乙）あとの六カ月以内には、少なくとも二万トン開発できる。（丙）二年目から毎年、少なくとも五万トンが得られる。

三．計画に基づいて開発される鳥糞のトン数は毎年、ベトナムに運び、国家の需要に供せられる。

四．ベトナム西沙群島開発会社は、人材、機材が欠乏している。それゆえ、当該外国会社が採掘に責任を負い、運輸、船舶はベトナム側が責任を負う。ベトナム側に船舶がないときは、外国籍船舶を用いる。

五．当該外国会社は必要な機材および中継運輸方法の計画を用意しなければならない。

六．開発会社は、監督権を保有し、鳥糞を受け取ったのち、初めてサイゴンで支払いを行なう（一月三十日順48字第 0142 号代電参照）。

2．海南島漁民の拘留

ベトナム側外務省の声明によれば、本年二月二十二日、ベトナム海軍巡邏支隊は西沙群島に上陸した若干日《ママ》〔数？〕の中国人を捕獲し、同島にキャンプを張っている。言語が通じないので、彼らを「越中」の峴《けん》港に押送して調査したところ、その結果、彼らは海南島の漁民であることが明らかになったので、二月二十六日、彼らを釈放し、同時に彼らに十分な食料と水を与え、原地に帰らせた、とのことである。

三．抗議と声明

1．匪共〔中国共産党〕の抗議

匪新華社は、匪偽外交部が本年二月二十八日、ベトナムが西沙群島の「道乾」Lucan島で匪共区漁民を捕えたことに抗議し、ベトナム政府がたびたび西沙群島の中国領土を侵犯したと述べた、と報道した。

匪が最近、出版した雑誌『中国建設』はまた、西沙群島に関する論文を発表した。その趣旨は、匪共海産調査団は六年前に同群島に上陸したことがある。同群島の最大の主島は永楽島で、住民は数百名おり、二百余の工作人員の「国営」肥料会社、調査団団員および気象人員と漁民を含む。島の木造にはすべて「西沙群島はわがふるさと」「西沙群島を建設しよう」等のスローガンが書かれている。また、去年一年間で価値百三十万米ドル以上の海産、十万トンの鳥糞肥料が中国大陸に運ばれたと言っている。また、匪共の言うところによれば、島に派遣されて駐在している人員の多くは朝鮮戦争に参加した「老兵」だという。

同誌が以上に言っているところによれば、匪共がもし真実同群島を占拠しているのなら、経済以外に別に軍事上の企図がある。

2．ベトナムの西沙群島に対する主権の声明

ベトナム政府は本年三月三日、西沙群島の主権について以下の声明を行なった。

「西沙群島は、最近数世紀以来、すでに1802年、嘉隆皇朝はすでに特別部隊を設立し、その名を『黄沙隊』として同群島を防衛させた。同部隊は、わずかにフランスが『越中』に保護勢力を設立したとき、初めて解消され、フランスが防衛責任を負った。1945年三月九日、日本がフランスのインドシナにおける政権を転覆する前夜、西沙群島は依然としてインドシナ防衛隊が占有していた。戦後は、フランス政権がベトナム名義で改めて占領

し、同群島に気象台および歩兵の一隊を置き、鎮守させた。1951年のサンフランシスコ市での講和会議において、日本が同群島に対する占領権を放棄し、ベトナム代表団長が改めてベトナムの西沙群島に対する主権を実証した。1956年三月、フランス軍撤退後、ベトナム政府は海軍陸戦隊を同群島に派遣し、フランス軍と交代したのは、ベトナムは最近二世紀以来、あるいはフランス軍を仲介として、あるいは自分の軍隊で実際に同群島を保守しコントロールしており、歴史的観点では同群島はベトナムの所有なのである。」

3．ベトナムの南沙、西沙両群島に関する照会

四月二十八日、ベトナム新聞社サイゴン通信の報道によれば、わが政府は退役軍人を南沙群島に派遣し、鉱産を開発し、ベトナム政府はわが駐ベトナム大使館に照会し、わが政府に伝達させた。同照会は、こう言っている。

「南沙群島は、ベトナムの蕃切（Phan □〔C?〕hick）から二百八十海里の距離にあり、頭頓（Cap St Jacque）から約三百四十海里の距離にあり、はるかに遠い歴史を追究する必要はない。ベトナムは明命皇朝（1834）年にすでに南沙群島をベトナム地図に記入しており、当時は長沙群島と名付けていた。法治時代には、同群島は巴地（Boria）省に属し、島には気象台が建てられ、その状況は第二次世界大戦の爆発までで、戦時には南沙群島と西沙群島は同一の運命にあり、日本軍に占拠されていた。戦後、サンフランシスコ講和会議で日本は戦時に占領していた島嶼の権利の放棄を宣言した。ベトナム代表団は、同会議でベトナムの当該両群島に対する主権を改めて表明した。1956年、フランス軍は南沙群島から撤退した。ベトナムは探検隊を同群島に派遣し、ベトナム国旗を樹立した。1956年十月二十二日、ベトナム大統領は南沙群島を新設立の福綏省の領土内に合併するよう命じた。ベトナム政府は、ベトナムの西沙群島および南沙群島に対する主権をたびたび改めて声明した。」

ベトナム政府の声明と照会について研究、注意に値することは‥

一．ベトナムがはるかに遠い歴史を追究せず、また当該両群島の主権を遠く遡ろうとしないのは、ベトナムには明らかに問題があるからではないのか。

二．当該両群島は必ず一八五九年にフランスがサイゴンを占領した前後に、フランス軍が占拠したときでなければならず、フランスのベトナムにおける政権が崩壊したのち、ベトナムはそのおかげを受け継いで両群島をおのれがものとしようとしている。

三．阮福映の嘉隆王朝は一八〇二年に成立し、翌年一八〇三年、すなわち清《しん》の仁宗嘉慶八年に阮〔グエン〕朝は国使戸部尚書鄭懐徳らを北京に朝貢させ、わが国は嘉隆皇を越南王に封じた。当時、ベトナムはわが国に蕃属していた。一八三四年の明命王朝に至っては、すでに蕃に封ぜられたのちのことであり、それよりやや遅い三十一年間のことであり、さらに言うに足りない。

四．今後の事態の変化への注意

南沙、西沙両群島がわが国領土の一部であることは、歴史、地理、法理と事実について言うなら、すでに議論の余地はなく、ベトナム政府はこともあろうに占領したいと思い、しかもこれを所有したということは理解に苦しむ。ベトナムがこれを所有する理由は、最近二世紀以来、一八〇二年の阮福映王朝が西沙群島を部隊で守衛し、明命王朝がすでに南沙群島をベトナム地図に繰入れたということであるが、秦、漢、隋、唐から明、清に至るまで、当該両群島にとどまらず、すなわち南海諸島はすべてわが国領土に属するのである。わが政府は最近、西沙群島で発生した問題について沈黙を保持してきた。声明を発表する前まで、あるいは中越が合作して共産主義に抗していたその段階ではベトナム政府を刺激して同盟関係を傷つけたくはなかったからである。

今後、わが国が当該両群島問題を処理するにあたっては、いくつかのことに注意すべきもののようである。一つは、歴史、地理、法理と事実に基づいて、当該両群島問題がわが国領土であることを改めて表明すべきか否かである。二つ目は、ベトナム政府が軍隊を派遣して当該両群島に駐留するかどうかを注視することである。三つ目は、ベトナム政府が主宰し契約している「ベトナム西沙群島開発会社」とシンガポールの某外国会社との契約は継続して進め、同群島の鳥糞を採掘するのかどうかである。四つ目は、匪共が称している、西沙群島中の永興島に派遣した人員は二百余人で朝鮮戦争に参加した「老兵」だというのは事実なのかどうかである。五つ目は、ベトナムが採掘しようとしている鳥糞で、その島嶼は居住する人がいないのかどうかであり、さもなければ匪共がもし永興島に人員を派遣し工作しているのなら、必ずやベトナム政府と同群島の開発問題のためにまず衝突するだろう。要するに、当該両群島はわが国が南洋を通る要衝であり、防衛の要地であって実に軽視することはできないのである。

要するに、上述の両群島は主権においてもとよりわが所有であることはいささかも疑義はないが、固定した住民がいないために、あるいは実際上の占拠がないために、あるいは実地開発がなされていないために、しばしば隣国の攻撃が起こり、最近では四月二十八日の報道によれば、わが政府のスポークスマンの語るところでは、退役軍人を派遣して南沙群島を開発することを考慮すると言っている。もしそれが事実となり、行動で一切を表わすならば、上述の考慮すべきすべての問題はすべて一挙に解決するのである。

「順化」とは、ベトナムの「ユエ」のことである。

ベトナムの文書が言う「はるかに遠い歴史に遡る」必要はないという主張は、秦漢の当時、中国地域王朝が南シナ海を領有していた根拠は存在しないから論及する必要はないとの趣旨であろうが、中華民国順化領事館文書の編者、張絢はベトナム側は「はるかに遠い歴史に遡る」ことができないではないかと主張しているわけである。それはそうなのだろうが、だからといって秦、漢の当時、中国地域王朝が南シナ海を領有していたという根拠は存在しないという事実を覆せるわけでもない。

西沙群島海底から見つかった永楽通宝は、沈没船あるいは明の鄭和の艦隊が通過したとき落としたものと考えられるが、この落し物は明王朝が西沙群島を領有していたことを証明するものではなく、これをもって西沙・南沙群島が「中国固有の領土」であることを主張することはできないことは正常な思考力、判断力があれば、議論の余地のないことであろう。

中華民国の張絢はベトナムによる南シナ海領有の論拠は、フランスによる領有を受け継いだにすぎないと指摘しているが、ベトナム側は一八〇二年、グエン（阮）王朝の嘉隆帝の時代から領有していると主張している。

中国地域王朝清朝とベトナム、グエン王朝との間には朝貢／冊封関係があったが、朝貢／冊封関係があったということは、グエン朝が清朝の領土であったということを意味するものではない。また、清朝は漢族王朝ではなく、マンジュ（満州）族王朝だった。

明朝の鄭和が大航海で南シナ海を通過したことや、南シナ海から永楽通宝が発見されたなどといったことが、「中国」が南シナ海諸島を領有した証拠でもなければ実効支配した証拠でもないのは言うまでもないことだが、「南シナ海＝中国の固有の領土、領海」論が中華民国では少なくともすでに一九五九年には明示されており、中華人民共和国はこれを引き継いでいるわけである。

中華民国とベトナム（南ベトナム）の関係は、これまで中国とベトナムの共産主義勢力との対抗関係の中で同盟関係にあったが、ここに至って国境紛争が発生したという認識である。

住民の問題については、永楽島には「数百名」とあり、両群島には「固定した住民がいない」とあったりで、不統一が見られる。

この「中華民国駐順化領事館文書」の記述によれば、永興島、中建島、中業島、太平島は英語名からの訳ではなく、中華民国軍艦名からの採用であった。

2-4. ベトナム共和国（一九五五年十月〜一九七五年四月）

ベトナム国では、一九五五年十月にバオダイ政権が倒され、ベトナム共和国（南ベトナム）が樹立された。南ベトナムでは、一九五五年十月二十三日に国民投票が行なわれ、ゴ・ジンジエム首相が大統領になり、アメリカは南ベトナムへの直接援助を約束した（浦野 1997 四一一頁）。

一九五五年に成立したベトナム共和国（南ベトナム。サイゴン政権とも呼ばれる）は、フランスの南ベトナムからの撤退をうけて、ホアンサ群島（西沙群島）、チュオンサ群島（南沙群島）の一部島嶼を接収した（浦野 2015 一〇二頁）。

サイゴン政権は一九五五年、インドシナから撤退するフランス軍艦に代わって、海軍陸戦隊一個中隊を送って、ホアンサ群島に駐屯させた、と「一九七九年ベトナム文書」は述べている（浦野 2015 三〇四頁）。

フランスは一九五六年四月、南ベトナムから撤退し、ベトナム共和国（南ベトナム）はホアンサ群島とチュオンサ群島（南沙群島）の一部島嶼を接収した（浦野 2015 一〇二頁）。ベトナム共和国（南ベトナム）は一九五六年四月、フランス軍に代わってホアンサ群島（西沙群島）およびチュオンサ群島（南沙群島）を接収した（浦野 2015 一六六頁）。南ベトナムは一九五六年六月、チュオンサ群島の領有権を声明した（浦野 2015 一六六〜一六七頁）。

ベトナム共和国（南ベトナム）は一九五六年、「宣徳諸島」の西半分を占領した（三船 2016 一九八〜二〇〇頁）。

南ベトナムは一九五六年七月、ホアンサ群島（西沙群島）のチャム・テエン島（フーニャット島／甘泉島）を占領、同年八月、チュオンサ群島（南沙群島）に上陸した（浦野2015 一〇三頁）。
南ベトナムは一九五六年八月、南沙群島に立ち入った（浦野2015 一六七頁）。

チュオンサ群島、フゥックトゥイ省所管　サイゴン政権が一九五六年、軍艦を派遣してチュオンサ群島を支配し、チュオンサ群島はフゥックトゥイ省に属するとの大統領令を出した、と「一九七九年ベトナム文書」は述べている（浦野2015 三〇四頁）。

南ベトナムは一九五七年二月、ホアンサ群島（西沙群島）および「チュオンサ群島（東沙群島）」に対する主権声明を発した（浦野2015 一六七頁）。

南ベトナムは一九五七年五月、ホアンサ群島のグエトティエム諸島（クレセント諸島／永楽諸島）に上陸した（浦野2015 一〇三～一〇四頁）。

南ベトナムは一九五九年四月八日、ホアンサ群島（西沙群島）に対する主権を声明した（浦野2015 一〇六頁）。

ベトナム戦争下南ベトナム、チュオンサ群島に主権標識　その後、アメリカは南ベトナムを支持して第二次インドシナ戦争（一九六〇～一九七五）、すなわちベトナム戦争を行なっていった。

サイゴン政権は一九六一年、ホアンサ群島をクアンナム省に属するディンハイ村という行政単位として組織するという大統領令を出し、チュオンサ群島に主権標識を立てた（「一九七九年ベトナム文書」。浦野2015 三〇四頁による）。

南ベトナムは、一九六一年から一九六三年にかけ、チュオンサ群島のチュオンサ島［南威島］、アンバン［安波沙洲］ソントゥタイ［南子島］、ソントゥドン［北子島］チツ［中業島］、ロアイタの六つの島に主権の存在を示す標識を設置した。最終的に一九六〇年から一九六七年にかけてアンバン、チツ、ロアイタ、ソントゥタイ、ソントゥドンなど十五の島嶼について測量、撮影、地図作成がなされ、島の中華民国石碑とその建築物を破壊し、ベトナム共和国の領有権を示す石碑が立てられた（浦野 1997 四三一〜四三二頁）。

南ベトナムは一九六三年五月、チュオンサ群島六島に主権碑を建立、クアン・ホア島（琛《ちん》航島）に行政センターを設立した（浦野 2015 一〇六頁）。南ベトナムは一九六三年五月、チュオンサ群島（スプラトリー群島）六島嶼に主権碑を建立し、ホアンサ群島（パラセル群島）の統治は文民統治から軍部統治に移行した（浦野 2015 一九二頁）。

南ベトナムは一九六六年八月、チュオンサ群島からも引きあげた（浦野 1997 九八四頁）。

ホアンサ群島、クアンナム省編入　南ベトナムは一九六九年十月二十一日、ホアンサ群島をクアンナム省に編入した（浦野 2015 一〇七頁）。サイゴン政権が一九六九年、ディンハイ村（ホアンサ群島内）をクアンナム省ホアバン郡ホアロン村に編入する決定をした、と「一九七九年ベトナム文書」は述べている（浦野 1997 六二二頁、浦野 2015 三〇四頁）。

南ベトナムは一九七一年七月二十一日、チュオンサ群島（東沙群島）のナム・イエット島（鴻庥島）を占領し、併合した（浦野 2015 一〇七頁）。

サイゴン政権外相チャン・バン・ラムは一九七一年、マニラのASPAC会議の席上、ホアンサ群島とチュオンサ群島に対するベトナム主権を再度確認する発言を行なった（「一九七九年ベトナム文書」。浦野 1997 六二二頁、浦野 2015 三〇四頁による）。

南ベトナムは一九七二年十二月、五十海里漁業水域を決定した（浦野 2015 一九二頁）。

「一九七九年ベトナム文書」は、サイゴン政権は一九七三年九月三日、チュオンサ群島をフゥックトゥイ省ダットドー郡フゥオックハイ村に編入する決定を行なった（浦野 1997 六二三頁、浦野 2015 三〇四頁による）、と述べている。

南ベトナム政府は一九七三年七月二十日、沖合八鉱区をモービル、エクソン、カナダのコンソーシアム、シェルの子会社ベクテンに割り当てた。南ベトナムは一九七三年九月、スプラトリー諸島の十島を正式に自国領に編入し、主島のスプラトリー島とナム・イエット島――イツアバ島から礁湖をはさんで目と鼻の先にある――に何百という兵を配置した（ヘイトン 2014 一〇七頁）。

ナム・イエット島、フォクツィ省に併合　南ベトナムは一九七三年七月、チュオンサ群島（東沙群島）のナム・イエット島（鴻庥島）を占領し、九月、フォクツィ省に併合した（浦野一九三頁）。（浦野 2015 では、「ナム・イエット島の占領」は、一九七一年（一〇七頁）と一九七三年（一九三頁）の記述があり、どちらかが間違いだろう。）

南ベトナムは一九七三年九月（?-）、イツアバ島と同じ環礁、ティザード堆の一部、ナム・イエット島に向かった（ヘイトン 2014 一四七頁）。

南ベトナム、シンカウ島、アンボイナ島占拠（一九七三年九月?-）　南ベトナムは同じ頃（一九七三年九月（?-）、ユニオン堆のシンカウ島（シントン島、スプラトリー諸島で七番目に大きな島）とさらに南のアンボイナ島（アンバン島）も占拠した（ヘイトン一四七頁）。「シンカウ島、アンボイナ島」は、「島」でよいようである。

南ベトナム、ホアンサ群島支配喪失（一九七四年一月）　ベトナム海軍特殊部隊員十五名が一九七四年一月十七日木曜日、マネー島（金銀島）に上陸した（ヘイトン 2014 一一一頁）。

一九七四年一月、ホアンサ群島で中華人民共和国と南ベトナムが交戦した（浦野 2015 一九三頁）。

サイゴン政権外務省スポークスマンは一九七四年一月十二日、ホアンサ群島とチュオンサ群島は中国のものだという中国の一九七四年一月十一日の声明に反対すると声明した（「一九七九年ベトナム文書」。浦野 1997 六二三頁、浦野2015三〇四頁による)。

サイゴン政権外務省スポークスマンが一九七四年一月十六日、ホアンサ群島に対する主権を確認する声明を出し、国連安全保障理事会議長に対し、事態に対処するため適切な措置をとるよう要求した要請文書を送付した(「一九七九年ベトナム文書」。浦野1997六二三頁、浦野2015三〇四頁による)。

中華人民共和国、ホアンサ群島を占領(一九七四年一月) 中華人民共和国は一九七四年一月十九日、ホアンサ群島を占領した。サイゴン政権外相は一九七四年一月二十日、中華人民共和国がベトナムのホアンサ群島を占領したことを審議する緊急安全保障理事会の開催を求めた緊急電を国連安全保障理事会へ送った。南ベトナム共和臨時革命政府は一九七四年一月二十六日、中国がベトナムのホアンサ群島を占領したことに対するみずからの立場を表明した(浦野1997六二三頁)。

南ベトナム共和臨時革命政府は、これによって中国寄りの対応を修正する糸口にしようとしたものと見られる。

南ベトナムは一九七四年二月、南海諸島の主権を声明した(浦野2015一九三頁)。

南ベトナムは一九七四年五月二十一日、領海法を制定し、十二海里を適用した(浦野2015一〇九頁、一九三頁)。

南ベトナムは一九七五年二月十四日、「黄沙群島(パラセル)及び長沙群島(スプラトリー)に対する外交白書」(一九七五年白書)を発表し、それらに対する主権を主張した(浦野2015一〇九頁)。

南ベトナムは一九七五年二月、チュオンサ群島にヘリコプター基地を建設した。

南ベトナム崩壊(一九七五年四月) 南ベトナム政府は、ベトナム戦争に敗北し、一九七五年四月三十日、崩壊した。

キロス2010によれば、フランスもイギリスも南シナ海諸島、礁に対する主張を現在まで放棄していない(一三八頁)。

3．台湾中華民国（一九五〇年~現在）

本書では、一九五〇年以降を「台湾中華民国」と称し、略称を「台湾」とする。一九九一年李登輝政治革命以降は、政治実態が一九五〇年代以降とも変化しているが（『アジア史入門』四二〇~四二一頁）、国家名称を変更するまでには至っていない。

キロス2010によれば、中華民国海軍は一九五〇年五月に西沙群島から撤退した（一一八頁）、という。

台湾は一九七九年九月六日、二百海里経済水域宣言を行なった（浦野1997五七九頁）。

中華民国総統李登輝は一九九〇年一月、東沙群島を視察した（浦野1997一〇〇三頁）。

台湾、「東沙環礁国家公園」に指定（二〇〇七年一月）　「台湾政府」は二〇〇七年一月十七日、プラタス諸島（東沙群島）を「東沙環礁国家公園」に指定した（三船2016二〇二頁）。

中国の南シナ海島嶼領有主張の論点について　キロス2010は、中国（北京、台北）の南シナ海島嶼領有主張の論点について、「太古の時代から発見し、占有している」という論点のほかに次の八点があると整理している。

①群島は一九四六年に公式に接収された。②西沙群島、南沙群島にそれぞれ管理処が設置された。③いくつかの島で石碑が刻まれた。④島嶼、海域の詳細な地図が公布された。⑤ジェームズ浅瀬（曽母暗礁、北緯四度/東経一一二度）は中国最南端の地点と「認められた」。⑥珊瑚礁、島嶼の改訂した地名対象表が公布された。⑦西沙群島、南沙群島に電信台、起床台が建設された。⑧南シナ海海域で中華民国国籍の漁民が活動を続けていた。（一二四~一二五頁）

キロスは、これを「中国（北京、台北）」の主張としているが、以上の論点は中華民国時代に属するもので、中華人民共和国はそれを踏襲しているということである。

キロスはこの八点について、「他の当事国より正当性に適うことを意味していない」、「ある事項は国内法に属し、したがって、一方的な行動と見なされる」、「他の事項は個人的な行動である」、「近代の国際法の観点からみれば、領有権の紛争を解決するためにはそれほどの重要性を持っていない」（一一六頁）などと批判的に論評している。

筆者から言えば、「太古の時代から発見し、占有している」という論点が成立しないことは本書第一章の1で詳述した。①から④までおよび⑦は、一方的な中華民国の領有意思の表明行為であった。⑤は中華民国の自己主張にとどまり、他国が「認めた」という事例は存在しない。⑥は中華民国、中華人民共和国がともに行なっているが、島、礁の中国名は英名の訳にすぎないことは本書第四章で明らかにした。⑧は南シナ海周辺国の漁民がひとしく利用していたのであり、中国による領有の根拠にはならない。

4. フィリピン

フィリピン地域は一五六五年以来、スペインの植民地だったが、米西戦争の結果、一八九八年以降、アメリカの植民地となっていた。フィリピンの境界は、一八九八年十二月十日のパリ平和条約、一九〇〇年十一月七日のフィリピンの隣接島嶼および一九三五年の憲法で確定されてきたが、これらには南沙群島は含まれていない（キロス 2010 一四六～一四七頁）。

太平洋戦争中は、日本軍が米軍を駆逐してフィリピンを統治したが、太平洋戦争がアメリカの勝利に終わると、一九四六年七月四日、フィリピンは独立を果たし、フィリピン共和国が成立した。フィリピン政府は、ただちに南沙群島の領有権を主張したものの、確固たるものではなかった。

民間人トーマス・クロマは、フィリピン独立後、直ちに南シナ海に対する関心を示し、南シナ海「自由国」（『フリーダム・ランド』）の建国を宣言し、みずからその大統領に就任した。キロス 2010 によれば、クロマは「フリーダム・ランドの国家主席、最高議会主席」（一四二頁）となった。その後、フィリピン政府はクロマの活動を支持し、さらに「フリーダム・ランド」を吸収した。

「中華民国外交部檔案」は、一九五六年のクロマの活動に関する情報を収めている。フィリピン共和国は一九四七年、アメリカとの間に米比軍事基地協定、米比軍事援助協定を締結したが、一九九二年、米軍基地は一掃された（『アジア史入門』一九四～一九五頁、四三二頁）。しかし、中華人民共和国が急速にフィリピン沿岸近辺まで領土支配を広げてくると、フィリピンは再び対米関係の改善を図ったが、二〇一六年七月、大統領に当選したドゥテルテは反米的姿勢をとり、状況はやや不透明になっている。

4–1．フィリピン（一九四六年～一九五六年）

フィリピン副大統領、外相エルピディオ、キリーノは一九四六年七月、パラワン島から三百海里以内にある「新南群島」（南沙群島）は国防範囲内に置かれるため、フィリピン政府はその群島を領土に編入すべきである、と述べた（キロス 2010 一四四頁）。フィリピン外相は一九四六年七月二十三日、南沙群島を国防範囲に包含すると宣言した（浦野 2015 九八頁、二〇二頁）。フィリピン外相は、一九四七年にも「新南群島」はフィリピンに与えられるべきであると要求した（キロス 2010 一四四頁）。

トーマス・クロマは、一九四七年に大規模な出資をしてビサイアン水産株式会社を設立し、翌年、フィリピン海洋研究所を開設した（キロス2010―四一頁）。

中華民国海軍は、一九四九年から一九五〇年にかけての中国大陸からの中華民国政府軍の退却をうけ、南沙群島から撤退したので、この海域での軍事的空白が生じた（キロス2010―四八頁）。

フィリピン政府は、一九四九年四月の閣議で海軍副少将ホセ・V・アンドラデを南沙群島に派遣する決議を行なった（キロス2010―四四頁）。フィリピン海軍軍艦は一九四九年四月、南沙群島に巡回行動を行ない、中華民国政府はこれに抗議した（キロス2010―一五頁）。

一九五一年のサンフランシスコ講和会議第六回全体会議では、フィリピン外相カルロス・ロムロは南沙群島の主権には触れなかった（キロス2010―一五頁）。

フィリピンは一九五五年三月、南海諸島囲いこみの過程で「群島水域論」を提起した（浦野2015―二〇四頁）。

「カラヤーン群島」　フィリピンの元軍人でフィリピン海洋研究所所長のトーマス・クロマは一九五五年五月、フィリピン外相カルロス・ガルシア宛の書簡でカラヤーン諸島に対する先占による合法的な領有であると確認し通告した。ガルシアは、同島は無主地であると認め、領有支持を表明した（浦野2015―二〇五頁）。

トーマス・クロマは一九五六年三月、スプラトリー群島を探検し、「無主の島嶼を発見し、カラヤーン群島と命名した」と発表した（浦野2015―二〇一、二〇一頁）。

「フリーダム・ランド」　一九五六年三月、スプラトリー群島の一部にカラヤーン群島を発見したとして、五月、「フリーダム・ランド」の存在が宣言された（浦野2015―二〇一～二〇二頁）。トーマス・クロマは一九五六年三月、南沙諸島を探検し、パラワン沖の無人島をカラヤーン群島と命名し、五月に領有を宣言した（浦野2015―二〇四頁）。

キロス2010は、「フリーダム・ランド」の位置についてクロマの一九五六年の発表では、北緯一一度五〇分、東経

一一八度、北緯一〇度三〇分、東経一一八度、北緯七度四〇分、東経一一六度、北緯七度四〇分、東経一一三度、北緯八度三六分、東経一一一度五〇分、北緯一一度五〇分、東経一一四度一〇分であった（一四三頁）。

浦野2015は、「彼ら」が一九五六年四月二十九日、イツアバ島（太平島）に上陸し、五月二十七日、再上陸した。その後、「彼ら」はスプラトリー島（南威島）で占領宣言を発し、「フリーダム・ランド」と命名した（一〇一頁）、と述べている。浦野2015は、これに対し中華民国はクロマの言う島嶼は中華民国の版図に含まれると主張した（一〇二頁）、と述べている（浦野2015の記述のうち、「彼ら」（一〇一頁）がフィリピン在住のアメリカ退役軍人を含むのかどうか、不鮮明である。）

キロス2010は、クロマが一九五六年五月十一日、自分の船舶を南沙群島に派遣し、イツアバ島を含む様々な島嶼においてフィリピン海洋研究所の旗を立て、五～六月にいくつかの島がクロマに属する旨の掲示を掲げた（一四一頁）、と述べている。

キロス2010によれば、クロマが一九五六年五月十五日に六万四九七六平方海里の全海域のうち改称した三十三の珊瑚礁、暗礁、島などの発見、占有および領有権を通告した（一四二頁）。

浦野2015は、フィリピン外相ガルシアが一九五六年五月十九日、その先占行為を承認した。クロマは、関係各島にフィリピン国旗を掲げ、正式の領有であると宣言した（一〇一頁）、と述べている。しかし、キロス2010によれば、クロマが一九五六年七月七日にイツアバ島から持ち帰った中華民国国旗を中華民国大使館に引き渡したとき、フィリピン政府はクロマが地域の安定を脅かすと非難した（一四五頁）、という。

一九五六年七月六日、シツ島（中業島）にフリーダム・ランド政府が樹立された（浦野一〇二頁）。トーマス・クロマは一九五六年七月、スプラトリー群島のシツ島を首都に「フリーダム・ランド」を樹立した（浦野2015二〇四頁）。

中華民国海軍は、一九五六年六月から十月にかけて三回にわたり軍艦を南沙群島に派遣し、十月一日にフィレモン・クロマの訓練船PMI-Ⅳ号を止め、自衛用に携帯していた兵器、弾薬を没収した（キロス 2010 一四二頁）。

「人道王国」（一九五六年六月~七月）　マニラ在住の米軍退役曹長モートン・F・ミードは、一九四六年に南シナ海の海域でいくつかの島嶼を発見し、一九五六年六月~七月に告示し、「人道王国」（Kingdom of Humanity）の成立を宣言した（キロス 2010 二〇六頁）。

フィリピン在住のアメリカ退役軍人は、一九五五年六~七月にスプラトリー群島（南沙群島）の一部に上陸し、「人道王国」樹立を宣言した（浦野 2015 一〇一頁）。（浦野 2015 が、トーマス・クロマは一九五五年六月~七月、スプラトリー群島に上陸し、「人道王国」を宣言し、フィリピンがこれを支持した（一六六頁）としているのは、「フリーダム・ランド」と混同したものと見られる。）

フィリピン大統領ラモン・マグサイサイは、特使を「ミード島」（イツアバ島）に派遣したが、その王国を見つけることはできなかった（浦野 1997 四一二頁、キロス 2010 二〇六頁）。

南ベトナム海軍は一九五六年八月二十二日、南沙群島に上陸を実施し、ベトナム共和国国旗を掲揚した（浦野 1997 四二〇頁）。

「ガルシア宣言」（一九五六年十二月）　フィリピン外相マルケスは、一九五六年十二月にクロマ宛に書簡を送り、「フリーダム・ランド」の主権についてフィリピン政府として返答し、翌一九五七年二月十五日にこの書簡を公表した。フィリピン政府はこの「ガルシア宣言」で、①フィリピン政府は「フリーダム・ランド」に直接関与しないが、民間人による開発、居住を支持する、②「無主の地」としての「フリーダム・ランド」は戦後の連合国による事実上の信託統治下に置かれた七島からなる南沙群島（スプラトリー群島）とは異なる、と述べた（キロス2010一四五～一四六頁）。

4‐2．「中華民国外交部檔案」中のクロマ「自由国」運動関係

「中華民国外交部檔案」には、次のフィリピンのトーマス・クロマ「自由国」運動関係資料が収められている。

（1）「陳之邁一九五六年七月十八日発外交部収電第３６４０号」（タイプ印刷）

発信者：陳之邁　地点：マニラ
発電：45年7月18日3時16分
受信：45年7月18日17時16分

「台北外交部[31]今朝、NEBI大使[32]の密告では、彼はすでにフィリピン大統領に対する建議をするつもりであり、CLOMAの南沙に対する企図は純粋に商業普及的性質PROMOTION SOHEME[33]であり、フィリピン政府は支持すべきではないと考えています。この建議は、フィリピン内閣の決定を待って、外交ルートでわが方に通知されます。その他は続報します。陳之邁印」

（2）「駐フィリピン大使館一九五六年七月十九日発外交部収電第３６５９号」（タイプ印刷）

発信者：大使館　地点：マニラ
発電：45年〔一九五六年〕7月19日10時28分
受信：45年7月19日15時30分

「台北外交部八一七号電拝受しました。（一）フィリピンの閣議は、南沙に関する声明の討論に及びませんでし

た。(二) わが軍は南沙に進駐し、フィリピンの在外居留民は大変興奮しており、政府に対する信頼は大いに増しています。これは、南沙問題の意外な収穫と言えます。(三) フィリピン在居同胞は自発的に南沙駐留軍に寄付し慰労しており、十二日からすでにフィリピン通貨で千六百余元民に達しており、各方面は引き続き呼応しているとのことです。寄付金は現在、大中華日報社に保管されています。いかに支出するかご指示ください。駐フィリピン大使館 印

註:八一七号来電——南沙に関する件」

(3)「クロマは秘かに南威島に赴いた」 央秘参(45)第761号〔ペン書き〕

「(中央社マニラ二十一日合衆電) フィリピンの弁護士兼商人クロマは本日の報道でこう言っている。:南海中で紛争となっている南威島に対する中華民国の主権要求は、明らかにすでにその武力政策を□受けている。彼はまたこう言っている。:これは、感服に値する態度だ。

中華民国、中共、南ベトナムおよびフランスと競って南威島に対する主権要求をしているクロマは、先週、中華民国が軍を同地に派遣し、中国の主権を確保したとの報道を入手した□〔後? のち〕、秘かに紛争中の同群島に赴いた。彼の秘書は本日午後、クロマの電報を受け取った。同電報は、彼が改めて自由国と命名した領土には、中国国軍の形跡はないと言っている。彼はこう言っている。:彼はマニラに帰る道すがら実に愉快であった。

四五、七、二十一」

「自由国」/カラヤン群島　この記事では、クロマによる南シナ海諸島の命名は「自由国」となっている。ヘイトン2014によれば、クロマによる南シナ海諸島の命名は「自由国の自由領域」だった(一〇一頁)。マルコス大統領はフリーダムランドをカラヤン群島と改名し、一九七八年六月、大統領令一五九六でパラワン州の自治体として編入し

た。「カラヤン」は、タガログ語で「自由」の意である。

（4）「クロマの野心は生きている

依然南沙活動を継続し拡大しようとしている」 央秘参（45）第769号〔ペン書き〕

「（中央社マニラ二十五日合衆電）フィリピン商人クロマは本日、合衆社記者に次のように語った。‥彼は、彼が争っている南威島あるいは南沙群島の活動を継続し拡大しようとすでに決めた。また、中華民国が「われわれに干渉しない」ことを希望すると表明した。クロマは、フィリピン政府に対して同群島——彼が称するところの「自由国」——を支持しておらず、主張するところの所有権要求の一事実は別に意に介していないようだ。彼は語った。‥「わたしは、単独でこの事に従事している。わたしは引き続き独自にこの事を進めるつもりだ。」中華民国、中共、南ベトナムおよびフランスは、いずれも同群島に対する所有権を主張しているが、今に至るまでクロマの同地における活動に反対しているのは、中華民国がもっとも激しい。クロマは現在、二十二人で同群島で漁業に従事している。彼らの指導者は、クロマの弟、フィレモンで、彼はクロマが任命した「自由国」の「行政官」である。クロマは、聞くところの中華民国が彼を「自由国」から放逐しようとしているとのニュースにはとりあっていない。彼は語った。‥「わたしは、彼らはわれわれに干渉しないだろうと思う。」彼は語った。‥彼の人員は今まで「自由国」で中華民国のいかなる部隊にも遭遇しておらず、最近、同島に赴いたのち、帰ってきたクロマは言っている。彼が知るところでは、中華民国は同島にいかなる駐留軍も派遣していない。彼は、中国人が最近、同群島の中で最大の島嶼、太平島に至り、「国旗一本を掲揚したのち、直ちに立ち去った」。

四五、七、二十五」

この記事が正しければ、フィリピン政府は一九五六年七月現在、トーマス・クロマの自由国にまだ関わっていなかったことになる。

(5)「中央社電　クロマ、日本でドタバタ劇」　央秘参(45)第745号〔ペン書き〕

「(中央社東京九日専電)フィリピン商人で新聞記者と自称しているクロマは、現在すでに日本に来ており、彼の主張する南沙群島に対する主権という『しろもの』を販売している。

クロマは、南海島嶼の大統領と自称しており、彼は九日午後、彼のために挙行された記者招待会でこう語った。彼が日本に来た任務は「わたしは自由国(すなわち南沙群島を指す)の刻苦奮闘を継続し、国際問題とさせる」ことである。彼は、こう語った。彼は香港に行き、サイゴン、その他東南アジアの国家およびその他の国家と『彼の領土権利に対する保障』を求めるつもりだ。

クロマは、事前に準備した声明の中でこう言っている。彼は、すでに日本情報□〔省?〕次官担当および現在、東洋貿易会社総裁である奥村を自由国駐日総代表として派遣した。

このフィリピン人は、こう言っている。彼は『自由国が日本商人、実業界および漁民と平和共存することを主張し、かつ歓迎する。』

記者招待会でクロマは若干の地図および印刷物の文献を提示し、その中に「自由国」の地位の宣言および『自由国政府』の成立公告などがある。

クロマは、こう語った。:『自由国政府』一九五六年七月六日、成立を宣言し、すでにフィリピン政府の『承認』を獲得した。

四五、八、十」

（6）「中央社電　クロマ、東京から香港に到着」　央秘参（45）第803号〔タイプ印刷〕

「（中央社香港十四日合衆電）「自由国大統領」と自称しているフィリピン人クロマは本日、東京から当地に到着し、彼の島国のために当地で代表一名を探している。

彼は、記者招待会で次のように語った。：『わたしが調査によって得られたところを観察したところでは、中華民国がとっている立場は世界でいかなる良好な反応あるいは公共関係を生み出し得ない。』

彼は、こう語った。：『中華民国はもっと大きな島嶼でその解放を待っているとき、われわれが無用だと思っている一群の島嶼のために、少数の個人と敵対するのは実に無意味だ。』

彼の意見によれば、彼はこの一群の『無用』な島嶼を入手することは商業面でそれを用いて海産品を発展させて初めて真に使い道があると考えている。

彼は、こう語った。：当面、彼は正にその仲間が同地で捕獲される漁獲産品を別の場所に運んで販売し利益を得ている。

彼は、こう語った。：彼は、『この一群の島嶼は確かに良好な投資の場所であり』、それを獲得した。なぜなら、彼は当地に商業的価値があると思っているからである。

四五、八、十五」

（7）「中央社電　クロマが事もあろうに港で記者を招待した」　央秘参（45）第805号〔ペン書き〕

「（中央社香港十四日電）『自由国大統領』と自称しているフィリピン人クロマは本日、記者招待会で次のように語った。：『もし中華民国が彼らがつとに南沙群島を占領したと証明できるなら、わたしはわたしの同群島に対する権利の主張を放棄するつもりだ。』

クロマは、紛争が起こっているあの群島について、彼が現在□している立場をこう語った。:『わたしは、中華民国およびその他四つの同群島に対して提出した(34)（ことのある）〔のと?〕同様に権利を主張している国家が参加する会議でこの問題を解決することとした』と宣言した。

「（中央社香港十四日電）『フィリピン探検家』および『自由国』発見者とみずから宣言している本日、中華民国に個人旅行するつもりだが、『台北がわたしを招待するのを待ってそこへ行く』ことにしたいと表明した。

クロマは、奥村という名の日本商人と知りあい、自分の東京の代表としたのち、本日、東京から当地に空路帰ってきた。彼は、こう語った。:彼は、当地に滞在するこの三日間に香港に居留する一人の代表を□□したい。彼は、当地よりサイゴンに飛び、その後、□オーストラリアに向かうだろう。

四五、八、十五」

（8）「中央社電　クロマ、南沙移民を妄想」　央秘参（45）第835号〔ペン書き〕

「（中央社マニラ一日専電）南沙群島に対する主権をでたらめにも主張していたフィリピン人クロマは本日、次のように述べた。:彼は、某□〔国?〕難民と接触を組織し、その「自由国」を収め、国際移民地に改変しようとした。

クロマは昨夜、香港から帰ってきた。彼は、こう語った。:移民は二カ月以内に南沙に到着し始める。彼は、こう語った。:彼がフィリピン政府に□〔一字文字が抹消されている〕求めているのは、その諒解を求めていることだけである。

四五、八、二十七」

（9）「中央社電　クロマ、アメリカに赴き国連にでたらめな要求を提出しようとしている」　央秘参（45）第93 2号〔ペン書き。近代史研檔案〕

「（中央社マニラ一日専電）南沙群島に対する主権を主張していたフィリピン人クロマは本日、次のように述べた。：彼は国連に彼の要求を提出しようとしている。

クロマは本日、飛行機で香港に飛び、乗りかえてアメリカに赴いた。彼は語った。：彼は記録フィルムを一本携帯している。そのフィルムの名称は、『自由国』で、彼が南沙群島を発見した各種の活動を記録している。クロマは、南沙群島を『自由国』と命名した。

四五、十、二」

（10）「駐フィリピン大使館一九五六年十月三日発外交部収電第5506号」〔タイプ印刷〕

発信者：大使館　地点：マニラ

発電：45年10月3日1時25分

受信：45年10月4日8時50分

「台北外交部御中：フィリピン人 COLOMA《ママ》は、このほど港へ飛び、乗りかえてニューヨークへ向かいました。彼は、この旅行では南沙で実地に撮影したフィルムを携帯しており、国連およびその他世界的組織で上映するつもりであり、これは弁護士に□〔助？依頼して〕、それを『自由地区』とし、国連檔案処〔資料館〕に登記し、RKO 映画会社と交渉し、上述のフィルムを同社に売却して世界各地で上映するつもりとのことです。謹んでご報告申し上げます。駐フィリピン大使館印」

この電文では、クロマによる南シナ海諸島の命名は「自由地区」となっている。

(11)「駐フィリピン大使館一九五六年十月四日発外交部収電第5516号」〔タイプ印刷〕

発信者：大使館　地点：マニラ
発電：45年〔一九五六年〕10月4日16時1分
受信：45年10月4日17時5分

「台北外交部御中：四日ロイター社ニュース：わが軍艦は先日、フィリピン人CLOMAの漁船一艘を捕獲したとのことである。事実かどうか、フィリピン紙の者が問い合わせてきましたが、いかが回答すべきでしょうか。速やかにご指示ください。

駐フィリピン大使館」

(12)「中央社電　フィリピン外務省一法律顧問、南威島主権を語る」央秘参(45)第978号〔活字印刷〕

「（中央社マニラ九日合衆電）フィリピン外務省の一官僚は本日、次のように語った。：フィリピン政府は、中華民国海軍部隊が紛争を発生させている南中国海島嶼でフィリピン人を拘留し彼らの武装を解除した件に対し直ちに『抗議』を提出すべきである。フィリピン外務省法律顧問の阿利格莱度は次のように語った。：中華民国は、国際法上の法律的基礎をもって南威島に権力を行使しているのではない。もし同島が彼の専有財産同様であるなら、第二次大戦中の同盟国だけが南威島の処置に権利を有するのだ。阿利格莱度は次のように強調した。：前回の大戦以前には日本が有効に同群島を占有していた。しかし、日本が同盟国に敗戦したのちは、日本は同群島を戦勝国に割譲せざるをえない。彼は、こう語った。：上述の土地の〔領有権の〕移転はサンフランシスコ平和条約中でこのように規定された。阿利格莱度は次のように語った。：中華民国は、わずかに若干、同群島に対してその所有権を主張する者の一つであるにすぎない。そのほか、さらに中共、ベトナム、フランスおよびフィリピン海事学校校長クロマがあり、クロマは南威島に対してその所有権を主張し、中華民国は同島は南沙群島の一部分に属すると声明している。阿利格莱度は、こう語った。:「これらの互いに衝突する主張があるので、所有権問題は同盟国および国連に提起して最後の決定を行なうべきである。〔一〕(35) 阿利格莱度は、こう語った。:最後の決定を行なう前に、中華民国はいかなる同盟国の人民が南沙群島の天然資源を開発することに対して威嚇あるいは阻止するいかなる権利も持たない。

四五〔一九五六年〕、十、九」

この「中央社電」記事によれば、フィリピン外務省法律顧問の阿利格莱度は、サンフランシスコ平和条約を根拠とし、「戦勝国」の一員として中華民国、中共〔中華人民共和国〕、ベトナム、フランスとともにフィリピンは南威島に対する領有権を主張しうる立場にあることを表明したのであった。また、彼は、日本が「同群島」を占有していたと述べることによって日本が占有していたのは南威島一島にとどまらず、「同群島」すなわち南沙群島に及んでいたとの認識を示したわけである。彼は、この発言で「同群島」の範囲には触れていないが、日本の言う新南群島が南沙群島を含むとの認識でもあることを意味する。

(13)「中央社電　クロマ竜頭蛇尾、国連に南沙問題提出を放棄」　央秘参(45)第1030号〔ペン書き〕

「(中央社ニューヨーク国連本部十八日合衆電)南沙群島に対する主権を主張していたフィリピン人クロマは本日、次のように述べた。:彼は、南中国海で紛争が発生している島嶼について国連が早期に行動を採用するようにとの希望をすでに放棄した。

しかし、彼は慌ただしく□〔フィリピン?〕政府がこの問題に対する□興味を引き起こすよう□力を尽くしている。彼は、この事は必ずやいつの日か国連を悩ませることだろうと信じている。

クロマは、数日前にニューヨークに到着し、国連にこの問題を提出した。彼は、その気持を語ったときから、彼が彼の国連の職権に対する理想が高すぎたことをすでに知っていたことを承認した。

彼は、フィリピン駐国連首席代表賽□諾のやめるようにとの忠告を受けた。賽□諾は、次のように説明した。‥会員国政府だけが国連総会にこの問題を研究するよう要求することができる□〔夠?‥〕。フィリピン政府は、クロマを激励したことはあるが、この事を国連に提出したいと表明したことはない。

クロマは、彼が当地でなしうる事は地図、写真およびその他の資料を国連の図書館管理員に渡すことだとすでに確信している。

彼が届けたいと思っている収声〔録音テープであろう〕は、こう言っている。‥『われわれは、新しい領土の□要求は将来の某□〔時?‥〕に国連秘書処あるいは□□〔収蔵?‥〕が必要と思ったら、〔□〔如?‥〕もしも□〔菲?‥〕フィリピンが必要な場合〕、この土地に関係する背景資料の記録を参考にするものと十分かつ誠実に確信している。』

クロマは、次のように言っている。‥同群島が共産党の手中に陥る可能性は、数カ国の政府に警戒心を保持させなければならない。

彼は、言っている。‥『わたしは、それらの民主国家、特にフィリピンにとっての重要性を理解している。』『わたしは、フィリピン政府がわたしを支□〔援?‥〕するか、あるいは同群島に対する権利を主張する一方がこの事を国連に提出するかすることを□□、同時に、わたしは大衆の興味を引き起こし、国連に注意を促すよう希望する。』

四十五年〔一九五六年〕十月十九日」

(14)「中央社電　小クロマは中国海軍が彼らが建てた家屋を焼却したと言っている」央秘参(45)第1013号

四十五年〔一九五六年〕十一月十六日〔ペン書き〕

「(中央社マニラ十五日専電) 小クロマ(クロマの弟で、最近わが兵艦によって南沙群島で拘留された漁船の船長)は十五日にこう言っている。‥中国部隊は彼ら一行が南沙群島で建造した三棟の家屋を焼却した。

小クロマは昨日午後、記者招待会でこう言った。‥彼は次の内容の署名を強要され、□□〔略〕こう述べた。彼は中国の領土に侵入しないだろう。しかし、彼はこう言った。彼はクロマが改めて「自由國」と命名した南沙群島が中国領土の一部分であることを承認しない。

四五〔一九五六年〕十、十六」

(15)「中央社電　国連に南威島の委託管理を要求するようクロマがフィリピン政府に促した」央秘参(45)第1111号

四十五年〔一九五六年〕十一月二十七日〔ペン書き。「中華民国外交部檔案」〕

「(中央社マニラ二十五日合衆電) フィリピンの南威群島主権を要求するクロマは昨日、次のように語った。‥彼は国連が□中国の南海群島を委託管理し中共が手を出すのを防ぐよう止式《ママ》〔正式?〕に要求した。

クロマは、語った。‥彼は、報道で共党〔共産党〕の潜水艦が同群島に出現したと聴いたのち、この決定を行なった。同群島はフィリピンとベトナムの中途付近に位置する。

クロマは、語った。‥『わたしは、この種の発展〔共産党の潜水艦の出現〕を予見する。もし中華民国が武力でこの島嶼に迫るのならば、わたしは中共がやって来るものと予見する。』中華民国が現在□軍事単位を派遣して同群島に赴くのに続いて、クロマのフィリピン人を駆逐するだろう。

クロマは、語った。‥彼はフィリピン外交協会の委員に同行してもらい、二十七日に副大統領兼外務大臣加西亜にお会いする。彼は、語った。：彼らは極力正式な政府としての行動を採用するだろう。

フィリピン政府はつとにクロマの権利の主張を表明しているが、政府としての立場を採用することを拒絶している。本日、クロマはおそらく政府が彼の立場を裁可することをかちとるだろう。アメリカ第七艦隊は常に定期的に同群島を巡邏している。

四十五年十一月二十五日」

発信者：田万城　地点：恵□頓
発電：46年〔一九五七年〕2月9日14時45分
受信：46年2月9日15時0分

⑯「外交部収電第〇八七一号」〔タイプ印刷〕

「台北外交部御中：第一七二号電を拝受しました。クロマがニューヨーク〔ニュージーランドか？〕で燐鉱を販売することを協議した件、先に外務省助理次長皮瑞と協議しました。彼は、フィリピン人が同群島に対する所有権を宣告したのはでたらめで滑稽だと思っています。了解を得て明らかになりましたら改めてご報告します。今はまた亜洲司長を尋ね、昨年クロマを代理し、このために紐外交部の書簡を送りました。国務総理の訓示を奉じ、昨年七月また紐政府に同所有権について決して承認を与えないと告げた云々とのことです。燐鉱の件については、紐国のこの事業の経営者がきわめて多く、勢いいちいち質問しにくい。しかし、過去の経験に基づき、紐の商人はこれまできわめて慎重であり、この項目の貿易に類似するものはいずれもまず外務省の意見をきくが、今まで質問する者はなかった。この鉱産物は時たまわずかな輸入があるのを除いて、大部分は屋崙イギリス鉱産管理処が統一的に処理している。同司長は特に考慮すべきものはないが、随時注意すべきと考える云々とのこと

です。田万城印

付注：一七二号去電―フィリピン人クロマと紐〔ニュージーランドか？〕商人が南沙の燐の販売を協議した件。」

(17)「外交部収電第1073号」〔タイプ印刷〕

発信者：大使館　地点：マニラ
四十六年〔一九五七年〕二月十九日
発信：46年2月19日4時10分
受信：46年2月19日17時0分

「(急)台北外交部御中：四二七号電を拝受しました。
(一)ご命令に従い声明を発表しました。
(二)□〔職？　わたくし〕は、今朝フィリピン副大統領兼外務大臣を訪問し、抗議を提出し、あわせて重ねてわが国の立場を述べました。
それに対する回答は、次の通り。：彼がクロマに与えた書簡で述べていることは、フィリピン外務省が昨年六月フィリピン大統領に上程した意見書のことにすぎず、つとにわが方に告知している。彼は、繰り返し同書簡の内容はフィリピン政府の政策を代表しておらず、当該政策はフィリピン大統領の決定を待っている。これは、昨年六月以来の状況であり、変更はない。
□〔「職」？　わたくし〕が言ったことは：今回の兼外務大臣のフィリピン大統領を代表しての答弁であり、それゆえ同じではない。

彼の答えは：事柄はそのようであるとはいえ、決して大統領の意見を代表してはいない。

□〔「職」？　わたくし〕はさらにこう言いました：中国は現在、南沙に部隊を駐留させている。クロマが人を派遣して〔南沙に〕行くなら、流血事件が起こり、中国、フィリピン国交関係に影響する恐れがある。

彼の答えは：この類の事件は、極力避けるべきである。それゆえ、□クロマの意見を尋ねてみる。わが方の以前の建議を援用し、わが国と合作して南沙の資源を採掘するかどうか。もしクロマにはたしてこの考えがあるなら、さらにわが方に通知されたい。共同して中国、フィリピン両国の□〔法？〕律に符合する具体的方法を検討する。

（三）フィリピン大統領の態度は、非公式の問い合わせであったため、まだ変更のあとは見られませんが、謹んでご報告申し上げます。陳之邁

註：四二七号去電―南沙群島事案」

(18)「外交部収電第3168号」〔タイプ印刷〕

発信者：大使館　地点：マニラ　四十六年〔一九五七年〕五月十五日

発信：46年5月15日17時54分

受信：46年5月16日8時30分

「（急電）台北外交部御中：六二二号電拝受しました。（一）合衆社〔UPI通信社であろう〕マニラ記者に査□〔「査□」は「問い合わせたところ」か〕、13日、クロマの人員が行□　の□　訊、完全に□□□〔トーマス・〕クロマが語ったところによっており、このほかに傍証はありません。（二）また、二つの異なる方面の情報によれば：クロマの一部の人員が南沙の某島に行ったことがあり、島でアメリカの軍事要員に出会い、路上にレーダ

ー・ステーションが一つ設置されていました。一度の衝突□ののち、クロマの人員は直ちに退却しました。（三）米レーダー、ステーションの一点に関しては、ある人がアメリカ駐フィリピン軍事参謀団に問い合わせたところ、軍事参謀団は否定しませんでした。（四）クロマ本人は、このためアメリカ駐フィリピン大使館を訪れましたが、状況は不明でした。ただクロマは、中国政府と論争するのは面倒だと語ったことがあります。それに加えて、アメリカ側はさらに形《ママ》複雑です。（五）合衆社電では、クロマの人員が上陸した地点はIRINEA ISLANDであり、貴電の言う南子礁とは異なります。（六）クロマは誇張が好きで、今回言っているところは確実性に疑問なしとしません。わが駐軍およびその他の方面が実証したのち、□〔勤？　謹んで〕ご命令に従い、フィリピン外務省に照会し、余□上程します。駐フィリピン大使館印」

（19）「外交部収電第３１７５号」〔タイプ印刷〕

発信者：陳之邁　地点：マニラ　四十六年〔一九五七年〕五月十六日

「台北外交部御中：三〇五号電計□。□今朝アメリカ駐フィリピン代理を訪問し、南沙問題に言及しました。及しました。密告によれば、クロマの人員は確かにNORTH DANGER島に行っており、アメリカ測量隊十二人と遭遇し、直ちに退却し、アメリカは同島を測量したが、まだレーダーステーションは設置しておらず、アメリカは南沙各島を測量しており、またフィリピン外務省に通知したとのことです。クロマの人員が南沙に行ったことは、すでに証明されており、直ちに六二二貴電に基づきフィリピン外務省に照会いたしましょうか。あるいは直接フィリピン大統領を訪問し面談いたしましょうか。ご指示ください。陳之邁」

これに対し、中華民国外交部は次の（20）の電文を送った。

（20）「外交部四十六年〔一九五七年〕五月十六日駐フィリピン大使館あて電文写し」〔タイプ印刷〕

「駐フィリピン大使館御中：会密〔「会密」は削除されている〕。第三〇五および三〇六号電受領しました。（一）Irinea島は、クロマが南子礁を変更した名称である。同島は双子礁（North Danger）の一部である。同館の昨年五月二十八日第一二九二八号代電付属文書を確かめられたい。（二）アメリカ軍事要員が南沙群島で地形の測量を行なっていることは、昨年末わが方に通知があり、別に代電で詳らかにする。（三）クロマの人員が不法に南沙群島に上陸しようとしたことは、すでに証明されており、直ちに六二二号電の指示に照らし各点を斟酌してフィリピン外務省に提出されたい。また、処理の状況を外交部に打電されたい。外交部（東）」(36)

(21)「外交部収電第33315号」〔タイプ印刷〕

発信者：大使館　地点：マニラ　四十六年〔一九五七年〕五月二十二日

「台北外交部御中：六二八号電拝受しました。ご指示に従いフィリピン外務省に照会いたしましたので、副本を航空便で上程します。また、AP通信社二十一日台北電によれば、わが国防部スポークスマンはわが方はフィリピン人の一隊が南沙に上陸したのは確かだという報告を受けていないとのことです。クロマの人員が確かに南子礁に上陸を企てたことがあるので、これがフィリピン外務省に照会した根拠です。もしわが方が上陸のことを否認すれば、立場はなくなり、かつはクロマの分不相応な心を引き起こすことがおもんばかられるところです。謹んでご報告し、ご検討をお願いいたします。駐フィリピン大使館

付注：東六二八号去電――クロマ事案」

「中華民国外交部檔案」は、ここまでで終わっている。

4−3．フィリピン（一九五七年～現在）

トーマス・クロマは一九五七年五月、スプラトリー群島のサウスウェスト・ケイ（南小島／南子礁）に上陸した（浦野 2015 一〇四頁）。

フィリピンは一九六八年、スプラトリー群島のロイアタ島（南鑰《やく》島[37]、チツ島（中業島）、ノースイースト・ケイ（北小島）の三島を占領し、一九七〇年にナンシャン島（馬歓島）を併合し、さらに一九七一年にロイアタ島を併合し、シツ島をも併合した（浦野 2015 一〇六～一〇七頁）。

シツ島、ナンシャン島、フラット島、ノース・デンジャー礁占拠　フィリピンは、一九七一年七月以前に「シツ島」（フィリピン語でパグアサ島。安原訳では「シツ」だが、浦野訳では「チツ」）、ナンシャン島（フィリピン語でラワック島）、フラット島（フィリピン語でパタグ島）、ノース・デンジャー礁を占拠している（ヘイトン 2014 一四六頁）。

フィリピン政府、「フリーダム・ランド」承認　フィリピン大統領フェルディナンド・E・マルコスは一九七一年七月、国家安全保障会議を招集し、フィリピン政府は一九四七年前後のクロマによる「フリーダム・ランド」の発見、占有およびクロマによる一九五六年の三十三の島、珊瑚礁の領有権の主張を認めた（キロス 2010 一四六頁）。

フィリピン、カラヤーン群島をパラワン省に編入（一九七二年四月）　フィリピンは一九七二年四月、カラヤーン群島をパラワン省に編入し、一九七八年六月、正式宣言した（浦野 2015 一〇四頁）。

フィリピンは一九七三年一月、カラヤーン群島を歴史的水域として確認した（浦野 2015 一〇四頁）。

フィリピン政府、「フリーダム・ランド」吸収（一九七四年十二月）　フィリピン政府は、「フリーダム・ランド」政府を保護し、一九七四年にクロマの逮捕を命じ、一九七四年十二月七日、クロマに「フリーダム・ランド」の領有権の放棄と譲渡の証書に署名させた（キロス 2010 一四六頁）。

フィリピン海軍は、一九七八年二月下旬、カラヤーン群島のパガサ島［中業島］、パローア島［北子島］、コタ島［南鑰島］、リカス島［司令島］、ラワァク島［馬歓島］、パダグ島［費信島］という六つの守備を強化し、兵力は千名前後と言われた（浦野 1997 五六四～五六五頁）。

フィリピン政府は、一九七八年六月十一日大統領命令一五九六号でカラヤーン群島という島嶼、海域の主権を主張した（浦野 1997 五六九～五七七頁。キロス 2010 一四〇頁）。

双子島《レ・デュズイル》（ノースイースト島、サウスウェスト島）占領　フィリピンは一九七五年、盛り上がった二つの部分がある双子島《レ・デュズイル》〈全長二キロメートルのノースイースト島〈フィリピン語でパロラ島〉と全長六五〇メートルのサウスウェスト島〈フィリピン語でプガド島〉〉を占領した（ヘイトン 2014 一四七頁）。レ・デュズイル（双子島）は、「島」と言えるようである。

フィリピンは一九七六年一月十七日、スプラトリー群島のリード礁（礼楽島）探査秘密協定に調印した（浦野 2015 一二一頁）。フィリピンは一九七六年三月、七つの島嶼の占領を公表し、リード礁（礼楽島）で石油探査を行ない、一九七九年二月に生産を開始した（浦野二〇四頁）。（浦野 2015 の記述（一二一頁）では、フィリピンとどことの「秘密協定」なのか不明である。）

パナト島　フィリピンは一九七八年三月三日、カラヤーン群島のコタ島に近い双黄沙洲（英名なし）を占領、パナト島と改称し、駐留、四日、パナト島を占領（これで、フィリピンの占領支配下にあるカラヤーン群島は七つの島嶼となった。）（浦野 2015 一二一頁）。

フィリピン軍は一九七八年三月、南沙群島の太平島周辺の七つの島嶼を占領した（浦野二〇五頁）。

フィリピン、カラヤーン群島をパラワン省に編入（一九七八年六月）　フィリピンは、一九七八年六月十一日のカラヤーン群島宣言でカラヤーンをパラワン省に編入し、二百海里水域を宣言した。フィリピンは同年十二月二日、パラワン島一帯で飛行場を建設した（浦野2015 一二一頁）。フィリピンは一九七八年六月、カラヤーン群島の主権を宣言し、二百海里経済水域を宣言した（浦野2015 二〇四頁）。（浦野2015の記述では、カラヤーン群島のパラワン省編入は「一九七二年四月」（二〇四頁）なのか、「一九七八年六月」（一二一頁）なのか不明である。）フィリピンは一九七八年六月、カラヤーン群島主権宣言を発し、カラヤーン群島のパラワン島で飛行場建設が進められた（浦野二〇二頁）。

浦野2015の「カラヤーン群島宣言」（一二一頁）というのは、「カラヤーン群島主権宣言」（浦野二〇二頁）と同一と理解される。

キロス2010は、カラヤーン群島の位置についてフィリピン政府一九七八年六月十一日の発表により、北緯一二度、東経一一八度、北緯一〇度、東経一一八度、北緯七度四〇分、東経一一六度、北緯七度四〇分、東経一一二度一〇分、北緯九度、東経一一二度一〇分、北緯一二度、東経一一四度三〇分としている（一四三頁）。クロマのフリーダムランドとはやや位置のずれがある。

フィリピンは、一九七八年八月、一時マレーシアが占拠していたリスカ島に再上陸した（浦野2015 一二一頁）。

浦野2015は、フィリピンのマルコス大統領が一九七九年二月十九日、カラヤーン群島の主権を宣言し、大統領令第一五九六号を発し、この島嶼をパラワン州に併合し、これに従う二百海里経済水域宣言を発した（浦野二〇五頁）。この宣言によれば、カラヤーン群島は「北緯七度四〇分、東経一一六度〇〇分の地点から南に北緯七度四〇分の緯度線に沿って、東経一一六度〇〇分の起点を結ぶ範囲」で「今やフィリピンの主権下」にあるとされている（二〇六頁)、とも述べている。

カラヤーン群島主権宣言も、「一九七八年六月」(浦野二〇二頁)、「一九七九年二月」(浦野二〇五頁)と混乱しているが、「一九七九年二月」が正しいものと見られる。


マレーシア、フィリピン対立　フィリピン外務省は一九八〇年五月三十日、マレーシアがフィリピン南西部パラワン州カラヤーン群島の一部であるリカスに海軍監視所を建設したことに抗議した(浦野1997六九一頁)。

フィリピン首相兼財務省セサル・ビラタと天然資源相テオドル・ペニアは一九八二年四月二十五日、パラワン島から四八六キロメートルに位置する一、五〇〇メートルの滑走路を備えたカラヤーン群島中最大の島パガサ島[中業島](海抜六メートル、〇・九平方キロメートル)を視察した(浦野1997六九二頁)。

マレーシア軍は一九八三年六月、スプラトリー[南沙]群島のツルンブ・ラヤンラヤン島[弾丸礁]を占領した(浦野1997七六三頁)。

フィリピンでは、一九八七年十一月十九日大統領緊急法案としてフィリピン群島領域境界線法案がシャハニ外交委員長の手で上院に提出され、カラヤーン群島はフィリピン領土である旨を確認した。イングレス外務次官は十一月二十四日、同群島の五十三の島嶼のうち七つを実効的に支配していると述べた(浦野1997七六四頁)。

一九八九年三月フィリピン下院南シナ海決議は、南シナ海の中間線が設定されるべきとの立場を採択した(浦野2015三一五頁)、と述べた。

フィリピン米軍基地撤去　フィリピン、ピナツボ火山が一九九一年六月十五日、噴火し、何千トンもの火山灰が降ったため、クラーク空軍基地は閉鎖された。一九九一年九月、フィリピン上院の投票により、二カ所の巨大な軍事施設から米軍を退去させることが決まった。一九九二年十一月二十四日、スービックベイ海軍基地で星条旗降納が行なわれた（ヘイトン 2014 一二四頁）。

ミスチーフ礁（フィリピン名：パンガニン）、中国軍が占拠　一九九五年一月十日、漁に出たフィリピンの漁船アナリータ号は満潮時には海面下に没する馬蹄形の岩礁が中華人民共和国軍に占拠されているのを発見した。ミスチーフ礁（フィリピン名：パンガニン）だった。（ヘイトン 2014 一二五頁）。

スカボロー礁（中華人民共和国名：黄岩島）にフィリピン旗　フィリピン海軍は一九九七年四月三十日、「マックレ《ママ》スフィールド堆」（中沙群島、マックルズフィールド礁）のスカボロー礁（中華民国名：民主礁／中華人民共和国名：黄岩島／フィリピン名：パナタグ島）で中国船が中国旗を掲揚していたことを発見し、フィリピン海軍は中国旗を撤去し、フィリピン旗を掲揚した（浦野 2015 一三二頁、一三五頁）。（ここでも表記上、「礁」と「島」の混乱がある。浦野 2015 一三五頁がスカボロー礁を「岩礁」としているのは正しい。「中国船が中国旗を掲揚」とは、「中国船乗員が同島（礁）に上陸して中国旗を掲揚」の意であろう。）

フィリピンは一九九九年六月二十二日、スプラトリー群島のインベスティゲーター瀬（楡亜暗沙）でマレーシアが建造物を建設していると指摘し、二十四日抗議した（浦野 2015 一三五頁）。

フィリピンは二〇〇九年、「スカボロー礁を自国領土にする『領海基線法』を国会で成立させ」た（三船 2016 二〇一）。

米軍と軍事協力関係復活　フィリピンは二〇一一年八月、米海軍と空軍に対してパラワン島でのフィリピン空軍基地の使用を認めた（浦野 2015 一七六頁）。

フィリピンは二〇一四年、アメリカとの間に軍事基地協定を結んだ（浦野二七八頁、二〇一六年三月二十日『朝日新聞』）。フィリピン、アメリカ両政府は二〇一六年三月十八日、パラワン島アントニオ・バウティスタ空軍基地、北部ルソン島のバサ基地、フォート・マグサイサイ基地などフィリピン国内の五基地を共同使用することで合意した（二〇一六年三月二十日『朝日新聞』）。

これによって、フィリピンは一九九二年以来の米軍締め出し政策を転換し、強大な中華人民共和国の軍事力に対抗することにしたのである。

シツ島（中国名：中業島、フィリピン名：パグアサ島）　フィリピンが占拠している最大の島はシツ島で、タガログ語で「希望」という意味のパグアサ島と改名された（ヘイトン2014一〇六頁）。二〇一一年の人口調査によれば、シツ島（フィリピン名：パグアサ島）の公式の人口は二百二十二人となっているが、現実には六十人程度であるシツ島（ヘイトン2014一五一頁）。シツ島には、市役所がある（ヘイトン2014一五二頁）。

フィリピン占有島嶼数　フィリピンが占有している南シナ海諸島は、一九九三年現在九島、二〇〇九年現在九島、占有している南沙海諸島は二〇一三年現在十～四十二島である（浦野一七六頁）。浦野一七八頁は、フィリピンは十一島嶼を支配としている。

楊中美2013によれば、現在、南沙群島二百三十五の島、礁、沙、灘中のうち、フィリピンが占拠しているのは十個である（楊中美2013一一二頁、『尖閣問題総論』九八頁）。

ヘイトン2014執筆中、フィリピン軍は九つの島と岩礁を占拠しているという。

二〇一六年一月二十日テレビ報道によれば、フィリピンはクアテロン礁、パナタ島および中華人民共和国が人工島化したスービ礁から二十五キロメートルの距離にあるパグアサ島（八十人居住）を実効支配しているという。

フィリピンでは、南シナ海問題についてハーグ国際仲裁裁判所に裁定を要請し、国際仲裁裁判所は二〇一六年七月、中華人民共和国の九段線主張には根拠がないと結論した。二〇一六年七月、ドゥテルテが大統領に選出され、反米を鮮明にし、アメリカとの断絶、ハーグ国際仲裁裁判所による裁定にもかかわらず、中華人民共和国との話し合いによる南シナ海問題の解決を唱えるようになっており、今後の成り行きが注目されるに至っている。

5．ベトナム民主共和国（北ベトナム）／ベトナム社会主義共和国

5―1．ベトナム民主共和国（北ベトナム／一九四五年～一九七五年）

ホー・チミンは一九四五年、ベトナム民主共和国（北ベトナム）政府を樹立した。ベトナム地域は、北ベトナム支配地域とフランスに支えられたベトナム国（南ベトナム）が対峙する状況となった。フランスは一九五四年、ディエンビエンフー会戦で北ベトナム軍に敗北し、撤退した。その後、アメリカが南ベトナム政府を支援して米軍が介入し、南ベトナム解放民族戦線とそれを支援する北ベトナムとの間でベトナム戦争が戦われ、これは第二次インドネシア戦争と呼ばれた。

北ベトナムは西沙群島を中国の領土と認めていたか　キロス 2010 は、南ベトナム政権とは対照的に、「一九四九年から中華人民共和国との同盟関係にあったホー・チミンのハノイ政権は、二つの群島〔西沙群島、南沙群島〕の権利を要求せず、一九五八年に北京政府の主張を認めていた」（二一七頁）、と述べている。

浦野 2015 も、ベトナム民主共和国（北ベトナム）は、一九五六年五月～六月の領土帰属論争で中国を支持し、南ベトナムと対決した（一六七頁）と述べている。

ベトナム民主共和国政府が一九六五年五月九日、ジョンソン米大統領は「中華人民共和国の西沙群島の一部の領海を米武装勢力の作戦区域と決めた」と非難した、と「一九八〇年中国外交部文書」は述べている（浦野 2015 三一一頁）。

ベトナムの一九六九年五月十三日付け『ニャンザン』は「五月十日、米軍機が中国広東省西沙群島の永興島と東島領空を侵犯した」と報道した、と「一九八〇年中国外交部文書」は述べている（浦野2015一二一頁）。

これは、①北ベトナムが言っているように事実ではないのか、②北ベトナムの統一までは西沙群島、南沙群島の領有権は中国の主張を支持していたのか、③北ベトナムは、西沙群島、南沙群島はベトナムのものだと思ってはいたが、ベトナム革命の支援者としての中国共産党の顔を立てていたのか、④あるいは当初は西沙群島、南沙群島の領有権問題は重視していなかったが、ベトナムの統一実現を目前にして領有権問題重視に転換したか、のいずれかであろうが、事実確認を行なう必要があろう。

北ベトナム、スプラトリー諸島中六島奪取（一九七五年四月）　北ベトナムは一九七五年四月、サイゴン陥落の三週間前、南ベトナムからスプラトリー諸島中の六島を奪った。中国の手に落ちるのを防ぐためだった（ヘイトン2014一一七頁）。ベトナム戦争の勝利を目前にして、北ベトナムは南シナ海の島・礁の領有に向けて動き始めていたわけである。

北ベトナム、サウスウェスト島占拠（一九七五年四月）　北ベトナムは一九七五年四月十三日、ベトナム戦争終結間際に南ベトナム軍と銃撃戦によりサウスウェスト島（フィリピン語でプガド島）を占拠した。住民は、ソントゥタイ島と呼んでいる（ヘイトン2014一四七～一四八頁）。

なお、ヘイトン2014では、フィレモン・クロマが一九五六年十月に台湾海軍に追い払われたという一四七頁の記述と、南ベトナム軍がフィリピン守備隊のすきをついてサウスウェスト島を占拠したという一四七頁の記述とのつながりが不明である。南ベトナム軍が台湾海軍をいつ追い払ったかが書かれていないためである。

南ベトナム崩壊（一九七五年四月）　ベトナム戦争の結果、南ベトナム政府は一九七五年四月三十日に崩壊した。

統一ベトナムはその後、一九七五年五月以降、直ちに南シナ海諸島に対する主権の主張を開始する。北ベトナムがベトナム戦争中、西沙群島、南沙群島が中国に属すると表明していたかどうかは確認の必要があるが、もしそうだとすれば、ベトナムはベトナム戦争の終結後、態度を修正し、西沙群島、南沙群島はベトナム領であることを主張するに至ったわけである。(なお、浦野2015は「一九七四年四月南ベトナムが崩壊し」、北ベトナムは、南ベトナムの先占と歴史的支配を根拠にして、その主権支配の継承を確認して、チュオンサ群島を接収した(一六七頁)と書いているが、「南ベトナム崩壊」は「一九七四年四月」ではなく、一九七五年四月の誤記である。)

ベトナム人民解放軍機関紙『クアンドイ・ニャンザン』は一九七五年五月十五日、チュオンサ群島の接収を確認した(浦野2015一一一頁)。一九七五年五月十五日『人民日報』記事「西沙群島と南沙群島の争いの由来」は、ベトナムが兵を繰り出して南沙群島の六つの島を侵略、占領している、と報道した(浦野2015二九一頁)。南ベトナム共和臨時革命政府武装勢力は一九七五年五月、チュオンサ群島の一部の島を解放した、と「一九七九年ベトナム文書」は述べている(浦野2015三〇五頁)。

5-2. ベトナム社会主義共和国成立(一九七五年六月~現在)

一九七五年六月十六日、統一ベトナムとしてベトナム社会主義共和国(以下、ベトナムとする)が成立した。ベトナム副首相兼国防相ボー・グエンザップは同年八月五日、ホアンサ群島とチュオンサ群島の主権を護持すると表明した(浦野2015一一一頁)。『クアンドイ・ニャンザン』は一九七五年一一月二日、ベトナム全土の地図「大南一統図」を掲載し、「黄沙」(西沙群島)と「万里長沙」(南沙群島)を記載した(浦野2015一一二頁)。

中国は一九七五年十二月、ベトナム無償援助を停止した(浦野1997九九一頁)。

ベトナム、チュオンサ群島をドンナイ省に編入（一九七六年三月）　ベトナムは一九七六年三月八日、チュオンサ群島をドンナイ省に編入した（浦野2015 一一二頁、一九四頁）。

『クアンドイ・ニャンザン』は一九七六年四月二十五日、統一ベトナムの地図を掲載し、ホアンサ群島とチュオンサ群島を「初めて」記載した（浦野2015 一一二頁）。

ベトナムは一九七七年三月、チュオンサ群島（西沙群島）をドンナイ省に編入した（浦野2015 一六九頁）。

ベトナムは一九七七年五月十二日、領海、接続水域、大陸棚を声明した（浦野2015 一一二頁、一九四頁）。

ベトナム（統一ベトナムのベトナム社会主義共和国）は一九七七年五月、二百海里排他的経済水域、大陸棚宣言を公布した（浦野2015 一六七〜一六八頁）。

ベトナム社会主義共和国外務省スポークスマンは一九七八年十二月三十日、チュオンサ群島問題に関する中華人民共和国外交部スポークスマンの同年同月二十九日声明に反論し、ホアンサ、チュオンサ両群島に対する主権を確認した、と一九七九年ベトナム文書は述べている（浦野2015 三〇五頁）。

（なお、チュオンサ群島は、浦野2015 一〇二頁、一〇三頁などでは「（南沙群島）」、浦野2015 一〇七頁、一六七頁などでは「（東沙群島）」となっており、混乱している。「チュオンサ群島」は、「南沙群島」であろう。）

中越戦争（一九七九年二月〜三月）　ベトナムは、カンボジアのポル・ポト政権を倒すため、カンボジアのヘン・サムリン軍を支援し、カンボジア領内に軍を派遣した。これに対し、中華人民共和国はベトナムを懲罰するとして一九七九年二月〜三月、ベトナム領内に侵入し（中越戦争）、両国関係は決定的に悪化した。

ベトナムは一九七九年二月、「ホアンサ・チュオンサ群島の主権ベトナム覚書」を公表した（浦野2015 一九四頁）。

ベトナムは一九七九年、「ホアンサ群島とチュオンサ群島に関するベトナム社会主義共和国外務省の声明」を発表した、と一九七九年ベトナム文書は述べている。それによれば、①ベトナム封建国家はホアンサ群島とチュオンサ群島を占有し、［行政区画を］組織し、支配し、開発を行なった。②中国がベトナム民主共和国首相の一九五八年九月十四日の覚書をベトナムがこの両群島に対する中国の主権を認めたとしているのは歪曲で、この覚書は中国の領海が十二海里だということを認める限りのものだ。③ベトナム戦争中の一九六五年五月九日の声明は抗米救国という歴史的環境の中でのみ意義を持つ。④ベトナム人民が完全勝利をかちとる直前、中国はホアンサ群島を侵略し占拠した。⑤一九七五年九月二十四日、鄧小平副総理は両群島が係争中であることを認めた。⑥中国政府担当者はベトナム再侵略の陰謀を放棄していない（浦野2015二九五～三〇六頁）。

ベトナム外務省は一九七九年八月七日、中国は一九五八年九月付け北ベトナム首相覚書がホアンサ群島およびチュオンサ群島に対する中国の主権を認めたと主張しているが、それは中国の十二海里を認めたにすぎない、との主権声明を行なった（浦野2015一七一頁）。

一九七九年ベトナム文書は、①中国は一九七四年一月、南ベトナムが支配していたホアンサ群島を占領したと非難した、②ホアンサ群島およびチュオンサ群島に対するベトナムの主権は、黎貴惇『撫辺雑録』（一七二六～一七八四）、『大南寔録　正編』、『大南一統志』（一八六五～一九一〇）その他で明らかである、と述べていた（浦野2015一七一頁、一九四頁）。

ベトナムは一九七九年十月一日、外交白書「ホアンサ群島及びチュオンサ群島に対するベトナムの主権」を発表した（浦野2015一一四頁、一九六頁）。

「九月二八日」（浦野2015一七一頁、一九四頁）と「一〇月一日」（浦野2015一一四頁、一九六頁）のベトナム外交白書は、同じものと見られ、浦野2015の記述上の混乱と見られる。

ベトナムは一九八二年一月十八日、外務省白書でホアンサ群島及びチュオンサ群島に対するベトナム領有権を確認した（浦野 2015 一一五頁、一七〇頁）。

ベトナムの一九八二年八月の基線声明は、一九七七年五月の領海宣言の南海基線に従うとしている（浦野 2015 一九六頁）。

ベトナムは一九八二年十一月十二日、「領海基線に関する声明」を発表した（浦野 2015 一一五頁、一九四頁）。「一九八二年八月」と「一九八二年十一月」の違いは、不明である。

ベトナム、アム・ボイ島、滑走路建設（一九八四年六月）　ベトナムは一九八四年六月までに、アム・ボイ島（安波沙洲／安邦島）に滑走路を建設した（浦野 2015 一一八頁）。

ベトナム、シンカウ島に守備隊（一九八八年）　中華人民共和国によるクアテロン礁占領（後述）にこりたベトナムは一九八八年三月、ユニオン堆のまだ占拠していない部分の確保に動いた。ユニオン堆は巨大な海中の山で、面積四七〇平方キロメートル、珊瑚礁に覆われており、海面に突き出ている珊瑚礁が三十一カ所ある。ユニオン堆で唯一、島と呼べるのはシンカウ島で、ベトナムは一九八八年、守備隊を置いた（ヘイトン 2014 一二二頁）。シンカウ島は、「島」と言ってよいようだ。これによれば、シンカウ島は「島」である。

一九七五年五月十五日『人民日報』記事「西沙群島と南沙群島の争いの由来」は、一九六〇年ベトナム人民解放軍総参謀部地図処作成の『世界地図』が西沙群島（中国）、南沙群島（中国）とベトナム語で表記した、と報道した（浦野 2015 二九〇～二九一頁、三一一頁）。

一九七五年五月十五日『人民日報』記事「西沙群島と南沙群島の争いの由来」（浦野二八九～二九二頁）は、ベトナム外務次官が一九五六年六月十五日、中国側に「歴史的にみて、これらの島嶼は中国の領土に属する」と表明している、と報道した（浦野2015二九〇頁）。

浦野2015によれば、ベトナム民主共和国（北ベトナム）は、ベトナム戦争段階では西沙群島、南沙群島に対する「中国の主権を認めていた」（一一一頁）。

北ベトナム首相「ファム・ヴァン・ドン」は一九五八年、中華人民共和国首相に「ベトナム民主共和国政府は、中国の領海に関してなされた決定について、中華人民共和国政府が行なった一九五八年九月四日の宣言を認め、同意する」と伝えている（ヘイトン2014一四〇頁）。

「ファン・バン・ドン」北ベトナム首相は一九五八年九月十四日付け周恩来総理あて書簡の中で「ベトナム民主共和国政府は、中華人民共和国政府の一九五八年九月四日の中国領海に関する声明を承認し、これに賛同する」と述べた、と一九七五年五月十五日『人民日報』記事「西沙群島と南沙群島の争いの由来」は報道した（浦野2015二九〇頁）。

なお、これについては一九七九年の「ホアンサ群島とチュオンサ群島に関するベトナム社会主義共和国外務省の声明」（後出）が「歪曲」と反論しており、事実関係を確認したい。

一九七五年五月十五日『人民日報』記事「西沙群島と南沙群島の争いの由来」は、ベトナム民主共和国政府が一九六五年五月九日、「中華人民共和国西沙群島の領海の一部」と述べている、と報道した（浦野2015二九〇頁）。

ベトナム教育出版社の一九七四年出版普通学校九年生用「地理」教科書が「南沙、西沙各島から……舟山群島へと……これらの島嶼は……中国大陸を防衛する『長城』を形成している」と記述している、と一九八〇年中国外交部文書は述べている（浦野2015三一一頁）。

「ベトナム民主共和国政府が西沙群島、南沙群島は中国領と認めていた」というのが事実とすれば、ベトナム戦争が第一義的な課題であるときにベトナムを支援してくれた中華人民共和国に対する遠慮から主権主張を控えていたものと推測される。

しかしヘイトン2014によれば、これは国際法の慣例から言えばヨーロッパ民法の重要な概念であるところの言うこととやることが食い違ってはいけないという意味の「禁反言」にあたる可能性がある（二四〇頁）、という。ベトナムとしては、国際法の諸規定を詳しく知らなかったことが、領土主張の弱点となってしまったということになるようである。

現ベトナムは南ベトナムの正統な継承者なのか　ベトナム民主共和国（北ベトナム）、ベトナム社会主義共和国は、フランス統治領、南ベトナム統治領の継承者であるとの立場である。

しかし、ヘイトン2014は「現在のベトナム社会主義共和国はベトナム共和国（南ベトナム）の正統な継承者なのか」ということが法的には「議論になるかもしれない」（一四一頁）と指摘している。ベトナム国／ベトナム共和国（南ベトナム）が領有を主張したのは一九五〇年以降だが、一九七五年に崩壊し、成立直後のベトナム社会主義共和国が一九七五年以降に領有を主張している。現ベトナム（ベトナム社会主義共和国）の南シナ海に対する領有権の主張は、グエン王朝、フランス、南ベトナムによる領有権の継承を主張しているが、その正統性は問われるのだろうか。これは、中華人民共和国の主張の評価に関連してくる。

チュオンサ群島の八つの島嶼を占領しているベトナムは、一九八四年四月～六月に軽戦車二台を配備し、占領中の全島に分遣隊を配備し、南端の島、アンバン島（前出アム・ボイ島に同じか）［安邦島］に六〇〇メートルの仮設滑走路を建設した（浦野1997 七六七頁）。

ジョンソン礁海戦（一九八八年）　一九八八年、ジョンソン礁海戦（スプラトリー諸島海戦）が行なわれた（へイトン 2014 一四五頁）。

ベトナム軍、コリンズ礁、ランズダウン礁確保（一九八八年三月）　ジョンソン礁の二キロメートル足らず北にはコリンズ礁（ジョンソン北礁とも言う）があり、そのまた一五キロメートル東北にはランズダウン礁があるが、満潮時にはほとんど水没する。ベトナム軍は一九八八年三月十四日、この二島を確保し、現在に至っている（ヘイトン 2014 一二二頁）。「コリンズ礁、ランズダウン礁」は、「島」ではない。

ベトナム、チュオンサ群島をフーカイン省に編入（一九八九年六月）　ベトナムは一九八九年六月十九日〜三十日、チュオンサ群島（東沙群島）をフーカイン省に編入した（浦野 1997 八一九頁）。

ベトナム、チュオン・タン・サン群島をフーカイン省に編入（一九八九年六月）　ベトナムは一九八九年六月三十日、チュオン・タン・サン群島（東沙群島）をフーカイン省に編入した（浦野 2015 一一八頁）。

ベトナム、スプラトリー島滑走路再建（二〇〇四年）　ヘイトン 2014 によれば、リチャード・スプラトリーの「砂地の小島」を最近では住民は「チュオンサ・ロン」（大きなチュオンサ）と呼んでいる。ベトナムが実効支配している陸地の中で最大だが、もともとの最高地点は海抜二メートルで、砂浜は高いコンクリート塀で囲まれている（一四三〜一四四頁）。スプラトリー島のことで、南ベトナム軍が作った滑走路を現ベトナムが二〇〇四年に再建している。

ベトナム、海洋法制定（二〇一二年六月）　ベトナムは二〇一二年六月、スプラトリー群島とパラセル群島の領有権を定めた海洋法を制定した（浦野 2015 二六九頁）。

ベトナム外務省国境委員会『ホアンサ・チュオンサ主権』（二〇一二年十月出版）　ベトナム社会主義共和国は、Ministry of Foreign Affairs National Boundary Commission, Viet Nam's Sovereignty over Hoan Sa and Truong Sa Archipelagoes, National Political Publishing House, October 2012（外務省国境委員会『ベトナムのホアンサ・チュオ

ンサ群島に対する主権』国家政治出版部　二〇一二年十月。以下、略称『ホアンサ・チュオンサ主権』）を発表した。「ホアンサ」は黄沙（中国名：西沙）、「チュオンサ」は長沙（中国名：南沙）。

『ホアンサ・チュオンサ主権』は、「ベトナムは三〇〇〇以上の沿岸諸島と二つの沖合群島を持っている」とし、「ホアンサ群島のもっとも近い地点はクアンガイの東から百二十海里」で、「チュオンサ群島のもっとも近い地点はマムラン湾の東から二百五十海里」であるという。ベトナムも、「何百年にわたってベトナムの不可分の領土」だと言っているが、中国の主張とは違って、「大部分の海図はベトナムが命名した」とは言っておらず、「十六世紀から十八世紀にかけての西洋の航海者たちが作成した」といっており、ホアンサ群島、チュオンサ群島のパラセル（Paracel／Pracel）群島、スプラトリー（Spratley／Spratly）群島という群島名やその中の島々の島名はポルトガル、ドイツ、フランスの航海者たちが付けたものであることを認めている。これらの史料の確認は、今後の課題である。

ベトナム、ナムイット島、サンド砂洲、ペトリー礁実効支配　ベトナムは、ティザード堆でナムイット島、サンド砂州（ベトナム名：ソンカ島）、ペトリー礁（ベトナム名：ヌイティ島）を実効支配している（ヘイトン2014一五六頁）。

ベトナム、十拠点埋め立て（二〇一六年五月）　アメリカ、シンクタンク戦略国際問題研究所（CSIS）は、二〇一六年五月十六日までに人工衛星画像からベトナムが南シナ海の十拠点で約〇・四九平方キロメートルの埋め立て工事を実施したと公表した。

ベトナム占有島嶼数　ベトナムが占有している南シナ海諸島は、一九九三年現在二十四島、二〇〇九年現在二十島、二〇一三年現在占有している南沙群島は二十八〜三十一島である（浦野2015一七六頁）。

楊中美2013によれば、現在、南沙群島二百三十五の島、礁、沙、灘中のうち、ベトナムが占拠しているのは三十個である（楊中美2013 一一二頁、『尖閣問題総論』九八頁）。

6．中華人民共和国（一九四九年〜現在）

一九四九年十月一日、中華人民共和国が成立を宣言した。キロス2010によれば、人民解放軍は一九五〇年五月一日、海南島の占領を完了、楡《ゆ》林海軍基地を占領し、同時に西沙群島を占領した。しかし、海軍力欠如のためと思われるが、南沙群島には軍を派遣しなかった（一一五頁）、と述べている。

キロス2010は、中華人民共和国政府は資源（軍事力、財源）の欠如により西沙群島防衛の任務については中華民国軍より「相当程度不十分だった」、また、「政治的事件、予算の欠乏、科学技術的な後進性」、「戦後、中国の漁船の大部分は水産物を冷凍できない小規模なジャンクであった」、「海域の気流、海流のため、西沙群島への帆送は年一回に限られ」たなどの要因に制約されていた（一二七頁）、と指摘している。

中華人民共和国は清朝、「南部政権」、中華民国南京政府の正統な継承者なのか　中華人民共和国は、清朝、一九二一年「南部の政権」、一九二八年中華民国国民政府による領有権の継承者として振る舞っているが、現ベトナムによるグエン朝、フランス、南ベトナムの領有の継承はなり立たないとするのなら、中華人民共和国はマンジュ族王朝＝清朝領全体および一九二一年「南部の政権」による領有、そして北京政府を打倒して成立した一九二八年中華民国国民政府による領有の継承という中華人民共和国による主張も、中華人民共和国は清朝、一九二一年「南部の政権」、一九二八年中華民国国民政府の正統な継承者なのかが問われることになる。

中華人民共和国と中華民国の関係　中華人民共和国は一九四九年成立後、台湾の中華民国を国として承認していないが、中華人民共和国のスプラトリー諸島の領有権の主張は一九四六年に中華民国軍が初めてイツアバ島を占領したという事実に基づいている。中華人民共和国政府は、今では中華民国の太平号の遠征を支持し、全中国に代わって行なわれた領有権の主張であるとしているが、六十年前の第一次台湾海峡危機のさいには太平号をアメリカ帝国主義の象徴と見なし、一九五四年十一月十四日には大陳群島沖で撃沈している（ヘイトン2014　四二～一四三頁）。

中華人民共和国が一九四九年十月一日に中華民国の後継者になったのなら、それ以後の中華民国（台湾）の行動はすべて中華人民共和国の南シナ海の領有権の主張の根拠となりうるのか、例えばフィリピンのクロマ兄弟の遠征隊をイツアバ島およびノース・デンジャー礁から追い払ったのは台湾軍（中華民国軍）だったが、これを中華人民共和国の行為と見なせるのか、とヘイトン2014は問いかけている（一四三頁）。

日本外相岡崎勝男が一九五二年に署名し推薦した『標準世界地図集』第十五図「東南アジア図」は、西沙群島、南沙群島および東沙群島、中沙群島は中国に属すると表示している、と「一九八〇年中国外交部文書」は述べている（浦野2015　三一〇頁）。

中華人民共和国、南海諸島主権を声明（一九五〇年五月）　浦野2015によれば、中華人民共和国外交部は一九五〇年五月十五日、西沙群島の永興島（林島）に軍隊を派遣し、五月十七日、南海諸島に対する主権声明を行なった。中華人民共和国は一九五〇年五月、南海諸島の主権を声明した（一六六頁）。

周恩来、南シナ海諸島＝「中国領土」声明（一九五一年八月）　中華人民共和国首相兼外交部長周恩来は一九五一年八月十五日、「米英の対日和約草案およびサンフランシスコ会議に関する声明」で、西沙・南沙群島および東沙・中沙群島は同じく「一貫して中国領土」と表明した（『史料匯編』一二頁、キロス2010　一五八頁）。

中華人民共和国外交部は一九五一年、パラセル諸島の東半部（宣徳環礁）を占領した（三船2016　一九八頁）。

中華人民共和国外交部は一九五六年五月二十九日、「南沙群島の主権に関する声明」は「中国の南沙群島に対する合法的主権」を主張した(『史料匯編』一二頁)。

ベトナム外務省副大臣雍文謙は一九五六年六月十五日、中国駐ベトナム大使館臨時代辦李志民に対し、「ベトナム側の資料によれば、歴史的に見て西沙群島と南沙群島は中国領に属するべきである」と述べ、ベトナム外務省アジア司司長代理黎禄は「歴史的に見て西沙群島と南沙群島はつとに宋朝のときすでに中国に属していた」と述べた(『史料匯編』七頁)。

ベトナム外務次官ウン・バン・キエムが一九五六年六月十五日、「ベトナム側の資料によると、歴史的に見て西沙群島、南沙群島は中国領土に属すべきである」と言明し、同席していたベトナム外務省アジア局長代理イ・ロクは具体的にベトナム側の資料を紹介して「歴史的に見て、西沙群島と南沙群島は、宋代から中国に属している」と語った、と「一九八〇年中国外交部文書」は述べている(浦野2015三一〇頁)。

これらは、北ベトナムの表明と見なすべきものである。

中華人民共和国外交部は一九五九年二月二十七日、「西沙群島は中国の領土」と主張した(『史料匯編』一二頁)。中華人民共和国外交部は一九五九年四月五日、ベトナム、サイゴン政権が「西沙群島の琛航島」を侵犯したことに抗議した(『史料匯編』一二頁)。


「九段線」主張(一九五三年)　中華人民共和国は一九五三年、中華民国の南シナ海に対する「十一段線」主張を引き継ぎ、九段線主張を行なった。「断続線」とも言われる(浦野一七五頁)。『中華人民共和国分省地図集』(地図出版社　一九七四年十月)には、図のように示されている(**図12**『中華人民共和国分省地図集』)。九段線は、また「牛舌線」とも言われ、英語表記はNine-dotted LineあるいはNine Dashe Lineである。なお、九段線はベトナムとの関係を一部調整し十一段線を微調整しているとのことである。

図 12 『中華人民共和国分省地図集』南海諸島

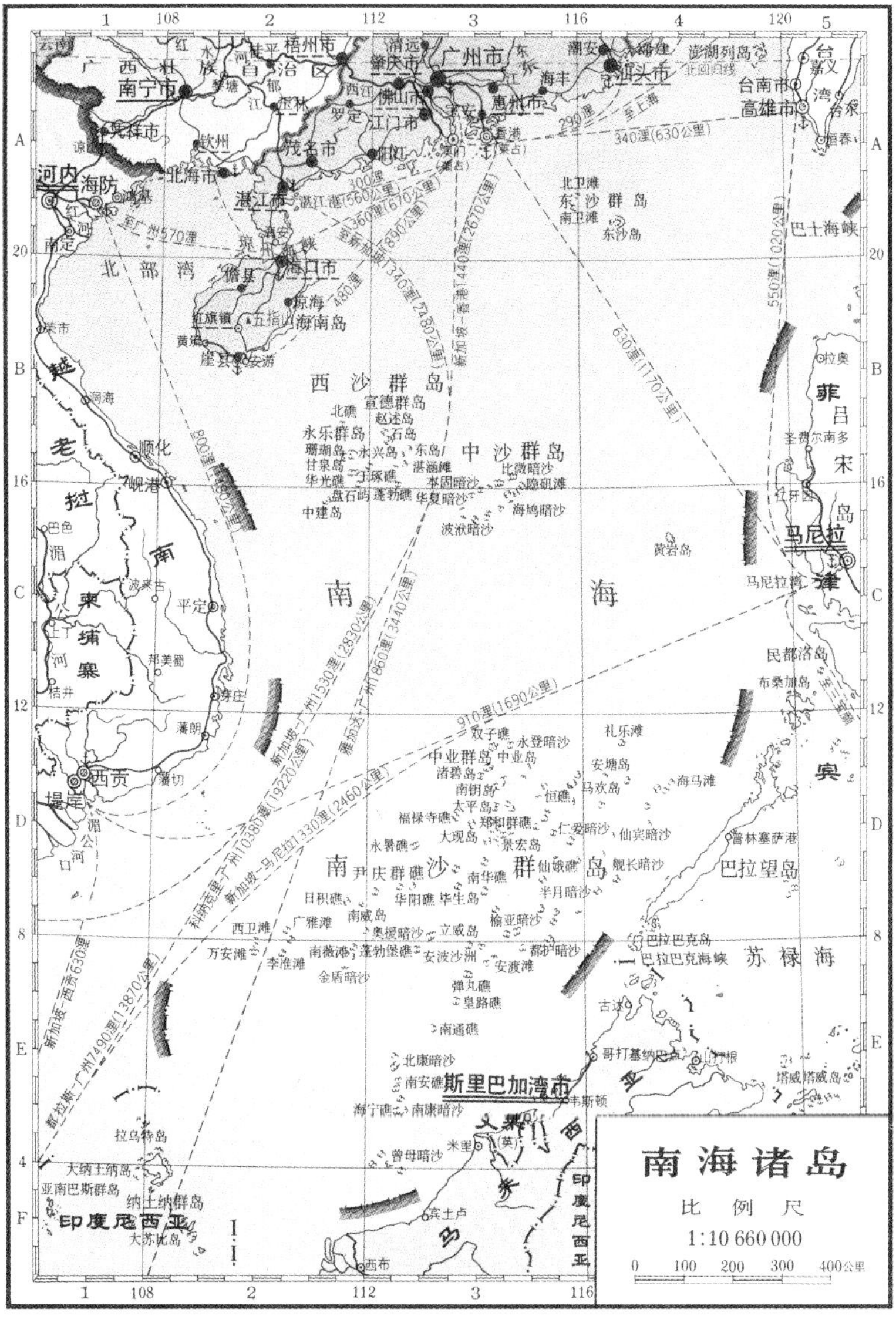

出典：地図出版社　1974 年　85 頁

中華人民共和国は、九段線内の島々については「領土」主張をしているが、「領海」主張はしていないとも言われるが、事実上の「領海」主張であることは明らかである。

しかし、中華人民共和国の九段線主張、およびそのもとになった中華民国の十一段線は、地図を見れば誰でも厚かましいと思うに違いないが、なぜこんな無茶な主張をするのだろうか。「南シナ海＝古来から中国の領土」と主張する「歴史的根拠」が皆無とすれば、どこにその主張の動機があるのだろうか。

「九段線」／「十一段線」発想の動機は何か

近代において「南シナ海」は米領フィリピン、蘭領インドネシア、仏領インドシナ、英領シンガポールなどに囲まれていた。日本は、東アジア太平洋戦争においてアメリカ、オランダ、フランス、イギリスなどによる帝国主義的東南アジア支配を打破し、それに取って代わるという意味を持っていたが、主としてアメリカ帝国主義との抗争に敗れて退去し、サンフランシスコ平和条約によってこれを放棄した。中華民国は、直ちにこれを継承する意思を持ち、周辺諸国（ベトナム、フィリピン、インドネシア、ブルネイなど）の沿岸部分を差し引いて残りすべては中華民国領として考案した、日本帝国主義を継承する帝国主義的領土構想であった。それが、中華民国の十一段線主張であり、中華民国の大陸支配を打破した中華人民共和国はこれを継承して九段線を主張することにしたのである。つまり、中華民国、中華人民共和国による「南シナ海＝古来から中国の領土」という主張は、この帝国主義的意図を隠蔽し、すりかえ、正当化するための口実だったのだと見られる。

中華人民共和国は一九五六年五月、南沙群島を含む南海諸島に対する主権を声明した（浦野 2015 一八二頁）。

中華人民共和国「十二海里領海」宣言（一九五八年九月）　中華人民共和国は一九五八年八月二十三日、金門島、馬祖島の国民党軍に砲撃を開始し、十一日後（九月三日となるが—筆者）、金門島、馬祖島を含む「十二海里領海」

宣言を行なった（ヘイトン2014一四〇〜一四一頁）。中華人民共和国は一九五八年九月四日、十二海里領海宣言を発した（浦野2015一〇四頁、一六七頁、一八二頁）。

一九五八年九月四日ファン・バン・ドン、中国の領海承認　中華人民共和国政府は一九五八年九月四日、「……東沙群島、西沙群島、中沙群島、南沙群島」は中華人民共和国の領土と指摘した、と一九七五年五月十五日『人民日報』記事「西沙群島と南沙群島の争いの由来」は報道した（2015浦野二九〇頁）。

「一九八八年五月十二日西沙群島および南沙群島問題に関する中国外交部覚書」は、「ベトナム政府のファン・バン・ドン首相は、周恩来中国総理宛覚書で、『ベトナム民主共和国政府は、一九五八年九月四日の中国の領海に関する中華人民共和国政府の宣言を承認しかつ支持する』ことを確認している」（浦野1997七九三〜七九七頁）、と述べている。

「広東省西沙群島・中沙群島・南沙群島辦事処」設置（一九五九年三月）　中華人民共和国海南行政区は一九五九年三月、西沙群島の永興島に「西・南・中沙群島辦事処」を設置した。同辦事処は一九六九年三月、「広東省西沙・中沙・南沙群島革命委員会」と改称し、西沙群島に人民武装部、公安派出所を設置した。文化大革命終結後、中華人民共和国は一九八一年十月二十二日、「広東省西沙群島・中沙群島・南沙群島辦事処」を設置し、海南行政公署の直接指導下に置いた（『史料匯編』一四頁）。

中華人民共和国、西沙群島制圧（一九七四年一月）　「一九七九年ベトナム文書」は、中華人民共和国が一九七四年一月十九日、海軍と空軍を動員し、ホアンサ群島に侵入し、これを占拠した（浦野2015二九五頁、三〇四頁）、と述べている。

中華人民共和国軍は一九七四年一月二十日、西沙群島の南ベトナム軍を壊滅させ、中国軍が西沙群島全域を支配した（浦野一〇九頁、一六九頁）。

「一九七九年ベトナム文書」は、中華人民共和国が一九七四年一月一九日、ホアンサ群島を占領した、と「一九七九年ベトナム文書」は述べている（浦野 2015 三〇四頁）。サイゴン政権外相が一九七四年一月二十日、中華人民共和国がベトナムのホアンサ群島を占領したことを審議する緊急安全保障理事会の開催を求めた緊急電を国連安全保障理事会に送った（浦野 2015 三〇四頁）、と述べている。

南ベトナムは一九七四年一月、西沙群島の支配を失った（浦野 2015 一四二頁）。

中華人民共和国の軍事行動により、南ベトナムはホアンサ群島（中沙群島）支配を失ったことが確認される。

中国軍と民兵は一九七四年一月、西沙群島に侵入したベトナム、サイゴン当局の軍隊を追い出して中国領土主権を守りぬいた（「一九八〇年中国外交部文書」。浦野 2015 三〇九頁）。

中華人民共和国は一九七四年一月、南ベトナムによるホアンサ群島（南沙群島）のフォクトゥイ省管轄を非難した（浦野一六八頁）。

中華人民共和国は一九七四年四月、西沙群島空域を飛行禁止区域とした（浦野一四二頁）。

中華人民共和国の鄧小平副総理は一九七五年九月二十四日、中国を訪問したベトナム党・政府代表団に対し、ホアンサ、チュオンサ両群島の問題をめぐって紛争中であることを認めた、と「一九七九年ベトナム文書」は述べている（浦野三〇五頁）。

南ベトナム政権は、一九七五年四月三十日に崩壊し、北ベトナムの支配が及ぶことになる。

中華人民共和国と北ベトナムは一九七五年十一～十二月、カオバン、ランソン国境地区で「軍事衝突」した。これは、中華人民共和国によるベトナム「制裁行動」であり、中国による「米中接近のシグナル」だった（浦野 2015 一一二頁）という。（「米中接近」は、遅くとも一九七一年のキッシンジャー訪中で始まっており、一九七五年の中華人民共和国の北ベトナムへの侵攻を「米中接近のシグナル」と呼ぶのは不適切だろう。）中国はベトナム戦争で北ベトナムを支援していたが、その一方で対立関係が進行していたことはすでに当時から知られていたものの、中国による国境地帯での対ベトナム軍事行動が一九七九年に先立って一九七五年に行なわれていたというのは知られておらず、確かめたい。

『光明日報』ベトナム批判（一九七五年十一月）　中華人民共和国と現ベトナムの島々をめぐる紛争は一九七五年十一月、初めて公的な場に持ちだされた。中華人民共和国の『光明日報』がベトナムの領有権主張を批判した（ヘイトン一一七頁）のは、ベトナム戦争終結後約半年であった。

中華人民共和国は一九七六年二月、西沙群島に海軍基地を建設した（浦野 2015 一八二頁）。

『史料匯編』には、中国漁民蒙全洲、符用杏、彭正楷、王安慶、柯家裕、蔡世福、黄徳平、梁安竜、符国和、林英、張開茂、黄徳茂などの口述資料があり、中国人の南シナ海での活動が収録されているが、いずれも一九七七年のものである。それによれば、中国漁民は西沙の永楽群島を「石塘」と呼んでいる（四〇三～四三五頁）。

中華人民共和国は一九七八年、パラセル諸島中のウッディ島（永興島）の港を拡張し、滑走路を建設した（ヘイトン一一七頁）。

一九七八年八月十二日、日中平和友好条約が締結された。

中華人民共和国は一九七八年十二月、南海諸島の主権を声明した（浦野 2015 一六九頁）。

中越戦争（一九七九年二月～三月）　中華人民共和国は一九七九年二月十七日～三月十六日、「自衛反撃」戦争と称し、中国人民解放軍が地続きのベトナム国境内に侵入した。これは、「自衛反撃」ではなく、中華人民共和国によるベトナムに対する侵略戦争だった。

中華人民共和国は一九七九年四月、西沙群島および南沙群島の主権を声明した（浦野2015 一六九頁）。

飛行禁止区域設定（一九七九年七月）　中華人民共和国は一九七九年七月二十三日、海南島東部地区および西沙群島に四つの飛行禁止区域を設定した（浦野2015 一一三頁、一四〇頁）。

中華人民共和国は一九七九年八月、西沙群島を飛行禁止区域に設定した（浦野一八二頁）。一九七四年四月は西沙群島空域に対する飛行禁止区域設定だったが、一九七九年七月は海南島東部地区および西沙群島に対する飛行禁止区域設定だった。

「中国政府一九七九年白書」　中華人民共和国は一九七九年十一月二十三日、白書「ベトナム政府が南沙群島を中国領として承認した二、三の文献的証拠」（浦野2015 三〇六〜三〇七頁）を公表した。

それによれば、①「一九五八年九月九日北ベトナム首相書簡」は東沙群島、西沙群島、南沙群島およびその他の島嶼を中国領土として認めている、②一九六五年五月九日北ベトナムは、米軍の作戦地域として中国の西沙群島の領海を指摘しており、一九六五年五月十日『ニャンザン』にその記事がある、③一九六九年五月十三日『ニャンザン』は米軍機の中国領空侵犯報告で「五月十日米軍機一機が中国広東省西沙群島永興島と東島の領空を侵犯した」と報じた（浦野1997 六二五〜六二六頁、浦野2015 一七三頁、三〇六〜三〇七頁）。

なお浦野1997 六二五〜六二八頁および浦野2015 三〇七頁では、①は「一九五八年九月一四日」、②「一九五八年九月六日」となっている。浦野2015 三〇七頁にはさらに、④⑤⑥がある。④「一九六九年五月十三日『ニャンザン』」は、米軍機が五月十日「中国広東省西沙群島永興島と東島の領空を侵犯した」と報じた。⑤「一九七二年ベトナム『世界地図集』」には「中国名称の西沙群島及び南沙群島が使用されて」いる。⑥「一九七四年普通学校九年生用地理教科書」は「西沙群島及び南沙群島を中国領土として認めていた」。

「一九八〇年中国外交部文書」　「一九八〇年一月三十日中国外交部文書」は、①西沙群島、南沙群島、東沙群島、中沙群島が「歴来、中国領土」であることは「世界の多くの国及び広範な国際世論の認めるところ」（浦野 2015 三〇八頁）であり、ベトナム当局はかつて西沙群島、南沙群島を中国領土と認めた立場を翻し、一九七五年に南沙群島のいくつかの島嶼を不法占領した、②西沙群島、南沙群島は「紀元前二世紀の漢の時代、中国人民」が、「発見」し、三国時代から中国が「開発経営」に取り組み、元代の『島夷志略』、明代の『東西洋考』、『順風相送』、清代の『指南正法』、『海国聞見録』および歴代漁民の『更路簿』が明らかにしている、③北宋時代、中国は西沙群島一帯に海軍の戦艦を繰り出して巡視した、清朝宣統元年（一九〇九年）には西沙群島の永興島に旗を掲げ、砲を打ち鳴らして主権の存在を明らかにした、④「中国」（中華民国である）は一九四六年に西沙群島、南沙群島を接収した、⑤一九七九年ベトナム白書はフランスおよび南ベトナムが侵犯した西沙群島、東沙群島の主権を持ち出しているにすぎない、⑥ベトナムの資料はホアンサ群島には百三十余の嶺があるとしているが、「西沙群島の島嶼は海抜わずか五、六メートル、最高のところでも一五、九メートル」、「すべての島、礁、タンを合わせても三十五にすぎず」、いわゆる「郡山」はそもそも存在しない、ベトナムの言う事実は的確でなく、統治もしていない、⑦フランスのブリアン首相兼外相は一九二一年八月二十二日、西沙群島は中国政府が一九〇九年に主権を確立したと述べた、インドシナ総督も一九二九年にパラセル群島（西沙群島）は中国に属すると認めた、と述べている（浦野 1997 六二九〜六四六頁、浦野 2015 一一四頁、一七三〜一七四頁、三〇八〜三〇九頁）。

これについては、次の問題がある。

南シナ海諸島が「歴来、中国領土」という中国の主張は、「国際世論の認めるところ」とは到底言えないようである。二〇一六年国際仲裁裁判所文書は、これを否定している。②については、中国が南シナ海諸島を「発見」したと言える根拠はない。中国が三国時代から「開発経営」に取り組んだというが、その中身は不明である。証拠とする書籍については、例えば『順風相送』は航海のルートを示したものであって領土、領海を示したものなどではない。確認は必要であるが、他の文献も同様と思われる。③北宋時代に中国海軍が西沙群島一帯を巡視したとしても、それは領有の根拠ではない。清朝宣統元年の項は、事実とすれば、永興島に対する領有意思の表明と見られるが、事実確認が必要である。④は事実だが、⑤は現ベトナムによるフランス、南シナ海の継承を否定するなら、中華人民共和国による清朝、中華民国の継承も否定されるのではないか、という問題が発生する。⑤のホアンサ群島には「郡山」は存在しないという批判には、ベトナムはどう答えるのか見たいが、「群島」とまでは言えないかもしれないが、中国資料の西沙群島（ホアンサ群島）は「南海諸島礁中外新旧名称対照表」で三十三あるのだから、まったく的外れとまでは言えないまでも、事実確認が必要である。⑦は、事実確認が必要である。

新華社一九八二年四月二十四日電は、南シナ海諸島、礁名を発表した（一九八三年四月二十五日『人民日報』。『史料匯編』四七二～四八三頁）。

中華人民共和国、ジェームズ礁遠洋航海訓練（一九八三年五月十六日～六月）人民解放軍海軍は一九八三年五月十六日～六月十四日、南沙群島の曽母暗沙（ジェームズ・ショール）海域まで拡大した遠洋航海訓練を実施した（浦野2015 一一八頁）。

ジェームズ礁は、海面下の珊瑚礁である（ヘイトン2014 一一九頁）ジェームズ礁の最高点は、海面下ゆうに二二メートルある。

ヘイトン2014は、中国政府がジェームズ礁を「中国領土最南端」としたのは、一九三五年に中国政府の委員会が英名を誤訳したせいだろう（一六五頁）、と解している。

なお、ジェームズ礁は「島」ではない。

国際海洋法条約とジェームズ礁、マックルズフィールド堆　国際海洋法条約のもとでは、中国はジェームズ礁、マックルズフィールド堆（中沙群島）に主権を主張する根拠はない（ヘイトン 2014 一六六頁）。

海南行政区西沙群島、南沙群島、中沙群島弁事所復活　中華人民共和国は「一九八三年」五月三十一日、海南行政区西沙群島、南沙群島、中沙群島弁事所を復活させた（浦野 2015 一一八頁）。

第六期全国人民代表大会第二回会議は「一九八四年」五月三十一日、海南行政区を設立し、海南行政区西沙群島、南沙群島、中沙群島弁事所が復活し、南海諸島は海南行政区の管轄下に移った（浦野 1997 七七一頁）。

中国共産党中央総書記胡耀邦は一九八五年十二月三十一日、西沙群島の珊瑚島に行き、翌年四月五日、永興島と珊瑚島にテレビ放送受信局を設置した（浦野 1997 七七五頁）。

「古代中国」海底村落発見　香港大学地理学部梁偉彤は一九八七年九月十五日、西沙群島で「古代中国」の海底村落を発見し、中国の主権が証明された（浦野 1997 七七五頁）、と発表した。

これは、唐突な話で、「古代」とはいつでどのような状況であったのかが明らかにされなければならない。

中華人民共和国は一九八七年四月、南海諸島の主権を声明した（浦野 2015 一七〇頁）。

浦野 2015 には、国家名称の「中国」と地理名称の「中国」（地域）の区別意識がないように見受ける。

中国、ファイアリー・クロス礁観測所建設許可（一九八七年十一月）　中華人民共和国指導部は一九八七年十一月六日、ファイアリー・クロス礁（中国名：永暑礁）に観測所の建設を許可した。ファイアリー・クロス礁は、満潮時にはほぼ完全に水没し、南西端の海面に岩が一メートルほど突き出しているだけで、その他は長さは二五キロメートル、幅七キロメートルの珊瑚礁である（ヘイトン 2014 一二〇頁）。中国海軍工兵隊は一九八八年一月二十一日、資材を搬入し、九日間でファイアリー・クロス礁の珊瑚を爆破し、珊瑚を横断する水路を掘り、さらに珊瑚の破片をかき集めて八、〇〇〇平方メートルの陸地を作り上げた（ヘイトン 2014 一二一頁）。ファイアリー・クロス礁は、明らかに「島」ではない。

二〇〇五年三月『解放日報』には、ファイアリー・クロス礁に駐屯する古参兵士の記事が掲載されている（ヘイトン 2014 一五三頁）。二〇一二年六月『解放日報』記事では、同島にはモンスーンの強風が吹き、台風の風速は時速二〇〇キロメートルに達し、波高は頭上を超えることもある（ヘイトン 2014 一五三〜一五四頁）という。これが事実なら、ファイアリー・クロス礁は人が住めるところではないということだ。

報道によれば、中華人民共和国外務省は二〇一六年一月二日、南沙群島（スプラトリー諸島）の永暑（ファイアリー・クロス）礁で人工島に三、〇〇〇メートル級の滑走路建設中と伝えられていたが、新しい飛行場が完成し航空機の試験飛行を実施した。

中国、クアテロン礁上陸（一九八八年二月）　中華人民共和国は一九八八年二月十八日、ロンドン群礁で唯一ベトナムが占拠していなかったクアテロン礁（中国名：華陽礁）に水兵を上陸させた。クアテロン礁は、豆のような形をした海抜一・五メートルほどの岩である（ヘイトン 2014 一二一頁）。クアテロン礁（中国名：華陽礁）も、「島」ではない。

マレーシア副外相ファジールは一九八八年二月二十四日、スプラトリー群島は一九七九年十二月発行の地図でマレーシア領土として記載されているとし、領有権があると主張した（浦野 1997 七八〇頁）。

中越交戦（一九八八年三月）　中越双方は一九八八年三月十四日、チュオンサ群島（南沙群島）のシントン島のガクマ珊瑚礁（赤瓜礁／ジョンソンリース）付近で相手側から発砲があり、交戦したと非難した（浦野1997七八二頁）。シンカウ島の南東一七キロメートルにジョンソン礁（中国名：赤瓜島、ベトナム名：ダガックマー）があり、ほとんど海中に没している。岩がいくつか顔を出しているが、もっとも高い部分で海面から一・五メートル強しかない。中越双方は一九八八年三月、戦闘に及び、中国軍がこれを制圧した（ヘイトン2014一二二頁）。ジョンソン礁も、中国名では「島」だが、実態は「島」ではない。

海南省設置（一九八八年四月）　中華人民共和国は一九八八年四月十三日、海南島を広東省から独立させ、海南省を設置し、南沙群島、西沙群島およびその周辺海域を編入した（浦野2015頁）。

中国、ケナン礁、スービ礁、ガヴェン礁占拠（一九八八年四月）　中国軍は一九八八年四月八日、ベトナムが支配しているシンカウ島から一九キロメートル東に位置するユニオン堆の一部のケナンもしくはマッケナン礁、フィリピンが支配するシツ島から一五キロメートルに位置するスービ礁およびティザード堆の一部であるガヴェン礁を占拠した。台湾がスプラトリー諸島中唯一支配するイツアバ島、およびベトナムが支配するナムイエット島もティザード堆の一部である（ヘイトン2014一二三頁）。

中国、永暑礁海洋観測所落成（一九八八年八月）　中国は一九八八年二月、十一隻からなる作業用大艦隊を永暑礁に派遣し、八、〇八〇平方メートルの人工陸地が造成され、八月二日、敷地一、〇〇〇平方メートル二階建ての海洋観測所が落成した（浦野1997七七七頁）。中国人民解放軍東海艦隊、南海艦隊は一九八八年一月一日～七日、西沙群島を訪問、海洋気象観測所を建設した（浦野2015一一八頁）。

中国、東沙群島各礁占領（一九八九年八月二日）　中華人民共和国は一九八九年八月二日、東沙群島の永暑礁（ファイアリー・クロス礁）、赤爪礁（ジョンソン礁）、華陽礁（クアテロン礁）、南薫礁（ガベン礁）および東門礁

（フーカス礁）に中国領と記した石碑を建立した（浦野 2015 一二〇頁）。

中国、「領海法」制定（一九九二年二月）　中華人民共和国はソ連崩壊約二年後の一九九二年二月二十五日、第七回全国人民代表大会常務委員会は「領海法」（「中華人民共和国領海および接続水域法」）を制定した。中国は、この領海法第二条において、「台湾およびそれが釣魚島〔日本領、沖縄県尖閣諸島〕を含む付属各島、澎湖列島、東沙群島、西沙群島、中沙群島、南沙群島およびその他一切の中華人民共和国に属する島嶼」は中国領と規定した。

中華人民共和国は一九九二年七月四日、南沙群島の南薫礁（ダラク礁／ガーベン礁）に兵士を上陸させ、領有権を示す標識を建てた（浦野 2015 一二八頁）。

「マニラ宣言」（一九九二年七月）　中華人民共和国、中華民国（台湾）、ベトナム、フィリピン、マレーシア、ブルネイの六カ国は一九九二年七月、「マニラ宣言」を発し、南沙群島の領土紛争を平和的に解決するということに同意した（キロス 2010 一三頁）。

中国、ミスチーフ礁人工島化（一九九五年一月）　一九九五年一月十日、フィリピンの漁船アナリータ号は満潮時には海面下に没するミスチーフ礁（フィリピン名：パンガニン）が中華人民共和国軍に占拠されているのを発見した（ヘイトン 2014 一二五頁）。フィリピン国防相レナト・デビリヤは一九九五年二月九日、フィリピンが実効支配しているカラヤーン群島のミスチーフ礁（中国名：美済礁）に中国が建造物を構築したと公開写真を公表した（浦野一三〇頁）。中華人民共和国は一九九五年二月、カラヤーン群島ミスチーフ礁に軍事施設を建設した（浦野二七〇頁）。中華人民共和国は一九九八年九月、ミスチーフ礁の建造物の拡張工事を行なった（浦野一三二頁）。一九九六年マニラ会議の二年後、中国海軍はミスチーフ礁の支柱上のプラットフォームをコンクリートの要塞に変え、船着場とヘリポートを建設している（ヘイトン 2014 一三〇〜一三一頁）。「人工島」には、国際法上「領海」は認められない。

中越、トンキン湾の領海画定に合意（一九九九年十二月）　中華人民共和国とベトナムは一九九九年十二月二十五日、トンキン湾の領海画定に合意した（浦野 2015 一三二頁）。

中華人民共和国は二〇〇二年六月十日、ベトナムがチュオンサ群島（南沙群島）のテネント（ティエ・ヌ／無乜礁）に櫓を建設したと抗議した（浦野 2015 一三六頁）。

中華人民共和国は二〇〇九年五月、U字型ラインの入った地図を国連大陸棚限界委員会（CLCS）への提出書類に添付したが、中華人民共和国が公式にこのラインを持ち出したのは「これが初めて」（ヘイトン 2014 九二頁）だったという。

「南シナ海における関係国の行動宣言」（二〇〇二年十一月）　中華人民共和国と東南アジアは二〇〇二年十一月五日、「南シナ海における関係国の行動宣言」に調印し、スプラトリー群島（南沙群島）の領有権について平和的解決を求めることに同意した（キロス 2010 一三頁）。

しかし、「マニラ宣言」、「南シナ海における関係国の行動宣言」の合意にもかかわらず、中華人民共和国は一方的に人工島の建設、滑走路建設、南シナ海の軍事化を進め、極端な二枚舌行為を続けている。「二枚舌」と言うよりも、中国は「軍事行動」を否定する「平和的交渉という言葉」を言うには言うが、実際の「行動」においては「平和的交渉」をまったく無視するという人格破綻行為を恥じないという現実を世界は目撃している。

海南省三沙市設置（二〇一二年七月）　二〇一二年七月、海南省三沙市が設置され、南シナ海をその管轄下におさめた。

中国、スカボロー礁奪取（二〇一二年四月）　中華人民共和国は二〇一二年四月、フィリピンからスカボロー礁（Scaborough Shoal。中国名：黄岩島）を奪取した（ヘイトン 2014 一六四頁）

中華人民共和国は二〇一二年、「スカボロー礁（黄岩島）事件」をめぐり「『武力』行使を主張する郭伯雄中央軍事委副主席（その後、汚職で失脚）、陳炳徳総参謀長（二〇一三年引退）らの『主戦派』と、外交的な解決を主張する徐才厚中央軍事委副主席（汚職で失脚、二〇一五年死去）、梁光烈国防相（二〇一三年引退）らの『ハト派に解放軍がわれた。』そこで、「国家副主席であった習近平を『組長』とする『国家海域工作領導小組』をつく」（三船 2016 二〇一頁）った。

これは、二〇一二年九月十四日に設置された「中国共産党中央海洋権益維持工作指導小組」と同一組織のことと見られる（『尖閣問題総論』九四頁）。

中華人民共和国が「黄岩島」と名づけているスカボロー礁は、中華民国は「民主礁」と「礁」を用いていたのだが、二〇一二年フィリピンから奪回したというスカボロー礁は中国中央テレビ（CCTV）が二〇一五年に放映した画像では、高さ約二メートル強、幅も同程度の岩の塊にすぎず、勝ち誇った中国人が二人写っていて、一人は海の中におり、一人は岩に張り付いていた。この岩礁を「島」と名づける中華人民共和国の厚顔無恥ぶりには唖然とした。スカボロー礁（中華人民共和国名：黄岩島）は、もちろん「島」ではない。

中華人民共和国は二〇一三年七月、西沙群島で観光事業を始めた（浦野 2015 二八六頁）。

八岩礁トーチカ建設ずみ　ヘイトン 2014 によれば、「これを書いているいま」、スプラトリー諸島の岩礁のうち、中華人民共和国がトーチカを建設済みなのは、クアテロン（華陽礁）、ファイアリー・クロス（永暑礁）、ガヴェンノース（永暑礁）、ガヴェンサウス（永暑礁）、ジョンソン南（赤瓜礁）、ケナン（西門礁）、ミスチーフ礁（美済礁）、スービ礁（渚碧礁）の「八つ」である（一五四頁）。

七岩礁人工島軍事化　浦野 2015 によれば、中華人民共和国は南沙群島の「七つ」の岩礁で埋め立て工事が行なわれ、人工島が出現している。永暑礁（ファイアリー・クロス礁）、渚碧礁（スービ礁）では、第四世代の携帯電話の時代に入った。二〇一三年三月以来、行政中心の永興島（ウッディ島）に三沙市が置かれ、テレビ放送も始まっている（浦野 2015 一八六頁）。

『中国新聞週間』電子版、二〇一四年十月十七日は、南沙群島の「七つ」の岩礁で、永暑礁、赤爪礁、南薫礁、華陽礁などにおいて人工島化が進行し、飛行場建設による要塞化を報じ、着々と軍事化が実現しつつあると伝えている」（浦野 2015 一八八頁）。

岩礁の軍事化は、浦野 2015 ではヘイトン 2014 より一個少ない。

ガヴェン礁、エルダド島実効支配　中華人民共和国は、ティザード堆では二つのガヴェン礁（南薫島と西南島）とエルダド島（安達島）を実効支配している（ヘイトン 2014 一五六頁）。

ノース島、ミドル島連結工事（二〇一六年三月）　オンライン雑誌『ディプロマット』は二〇一六年三月七日、中華人民共和国が南シナ海パラセル諸島（西沙諸島）のノース島とミドル島を連結する埋め立て工事を進めていると報じた。

埋め立ての急増　アメリカ国務省は二〇一六年五月十三日、年次報告書を発表し、二〇一五年の年次報告書では中華人民共和国による南シナ海の埋め立ては二平方キロメートルだったが、一年後の二〇一六年にはその六倍の一三平方キロメートルに達したという。報告書によれば、中華人民共和国は南シナ海のスプラトリー諸島の「七カ所」で岩礁の埋め立てを行ない、三、〇〇〇メートル級の滑走路、港湾、通信施設などの整備を進めている。

南シナ海問題に関する中国政府と国民の関係　ヘイトン 2014 は、中華人民共和国もベトナムも南シナ海問題については、大衆が政府をあと押しして対決に向かわせているのではなく、政府がナショナリズムを利用して自分の計画を推し進めているのだ（二四三頁）と指摘している。的確な観察である。もっと正確に言えば、「政府」というよりも「中国共産党中央委員会政治局常務委員会」と言うべきで、政府は党（政治局常務委）に従っているだけである。尖閣問題と同じなのである（『尖閣問題総論』三九三〜三九四頁参照）。

中華人民共和国は今日、太平洋を東西に二分し西太平洋を中国が管理すると称している。しかし、なぜ中国が西太平洋を管理する必要があるのか。中国の生存に必要な何らかのものがあるといえるだろうか。何もなさそうである。だとすれば、膨張主義、帝国主義的願望以外の何物でもなさそうである。

中華人民共和国占有島嶼数　中華人民共和国が占有している南シナ海諸島は、一九九三年現在七島、二〇〇九年現在七島、二〇一三年現在占有している南沙海諸島は七〜十五島である（浦野 2015 一七六頁）。

楊中美 2013 によれば、現在、南沙群島二百三十五の島、礁、沙、灘中のうち、「中国」が占拠しているのは九個である（楊中美 2013 一一二頁、『尖閣問題総論』九八頁）。このうち、「台湾地区」は二としているので、中華人民共和国は七となるが、この数に西沙群島、中沙群島、東沙群島は含まれていないことになる。

「一九八〇年中国外交部文書」によれば、西沙群島は島、礁、灘合計三十五である（浦野 2015 三一二頁）。

7. マレーシア

南シナ海に面しているマレーシアは、一八二六年のイギリス領海峡植民地下に置かれた時代、一九四二年からの日本統治時代、東アジア太平洋戦争集結後のイギリス植民地時代を経て、一九六三年七月、連邦国家として発足した。

マレーシアは一九六六年七月二十八日、大陸棚を設定し、その中に南沙群島の一部が含まれた（浦野 2015 一〇六頁、一九八頁）。

サウス・ルコニシア瀬等編入（一九六六年）　マレーシアは一九六六年、大陸棚で、南沙群島の八〇、〇〇〇平方キロメートルの地域、サウス・ルコニシア瀬（南康暗沙）、ヘラルド礁（海寧礁）、ノース・ルコニシア瀬（北康暗沙）、ジェームズ瀬（曽母暗沙）をマレーシア開発区に入れた（浦野2015一九九～二〇〇頁）。

一九六九年十月、インドネシアはマレーシア大陸棚協定に調印した（浦野一九八頁）。

ツルシブ・ラヤンラヤン（一九七四年十月）　マレーシアは一九七四年十月、東沙群島の一部を占領し、その支配を確立した（浦野一四二頁）。マレーシアは一九七四年十月、ツルンブ群島のツルシブ・ラヤンラヤン（弾丸礁）を占領し、一九七九年にマレーシア地図に明記した（浦野2015一九八頁、二〇〇頁）。

マレーシアは、一九七七年にはジェームズショール［曽母暗沙］以北のミントン・ガス田で年産五二〇万トンの液化天然ガスの生産に入り、日本へ輸出した（浦野1997五八三頁）。

マレーシアは一九七九年一月、ツルシブ群島（スプラトリー群島）の十二島嶼の主権を主張した（浦野2015一九八～一九九頁）。

マレーシア、スプラトリー群島南部の島嶼の領有確認　マレーシアは一九七九年十二月二十一日、ツルンブ・ラクサマナ［司令礁］、グロウターブレーカーズ［破浪礁］、ツルンブ・モンタナニ［南海礁］、ケシルアンボイナ・グラスゴーショール［南楽暗沙］、ノースイーストショール［校尉暗沙］を結ぶ一つの線以南のスプラトリー［南沙］群島をマレーシアの範囲内に含めたマレーシアを公式に発行し、翌一九八〇年二月二十九日、スプラトリー群島南部の島嶼の領有について確認した（浦野1997六八九頁）。

マレーシア法相代理は、一九八〇年四月二十八日の声明で排他的経済地帯について二百海里とした（浦野1997七二三～七二四頁）。

マレーシアは一九八三年六月、台湾、ベトナム、フィリピンの例にならって、礁を占拠するようになった（ヘイトン 2014 一一九～一二〇頁）。

マレーシアは一九八三年六月、ベトナム軍が駐留するツルンブ・ランヤン（安波沙礁／アンボン島）に軍を派遣し、その近くのツルンブ・ラヤンラヤン島（弾丸礁）を占領した（浦野 1997 七六三頁、浦野 2015 一二三頁）。「ツルンブ・ラヤンラヤン島」名では、「島」と「礁」の混乱がある。

マレーシアは一九八四年十二月、「排他的経済水域法」を公布した（浦野 2015 一九九頁）。

マレーシアは一九九一年五月、ツルンブ・ラヤンラヤン（弾丸礁）にリゾート施設を建設した（浦野 2015 一九九頁）。

マレーシアは一九九一年以降、ツルンブ、ラヤンラヤン（弾丸礁）の観光開発に着手し、一九九二年には滑走路を開設した（浦野 2015 一三〇頁）。

マレーシアは、スワロー礁（マレー語でラヤンラヤン）にホテルとプールのあるダイビング・リゾートをつくりあげた（ヘイトン 2014 一五九頁）。

マレーシアとタイは一九七九年十月、領海画定条約に調印した（浦野 2015 一九九頁）。

マレーシアは一九七九年十二月二十一日、ツルンブ・ラクサマナ（司令礁）などのスプラトリー群島の一部をマレーシア地図に掲載し、マレーシア政府は一九八〇年二月二十九日、この事実を確認した。さらにこの地図に関して、同年五月、この地図に書き入れられた経済水域の適用と表明した。これに対し、タイ、シンガポール、インドネシア、中国、ベトナムが抗議した（浦野 2015 一二二頁）。

マレーシアは一九八〇年四月二十五日、二百海里排他経済水域を宣言し、ツルンブ・ラクサマナ（司令礁／コマンドル礁）などのスプラトリー群島の一部に適用、ツルンブ・ラクサマナに海軍監視所を設置した（浦野2015一一二頁）。

一九八〇年四月二十八日付け「マレーシア法相代理のマレーシアの排他経済地帯に関する声明」は、マレーシアの排他経済水域が基線二百海里まで拡大すると述べた（浦野2015三一四頁）。

マレーシアは一九八〇年五月十二日、一九七七年に測量したアンボイナ・ケイ（安沙洲）がベトナム軍によって占領されていると非難した。アンボイナ・ケイは一九四七年と一九五〇年にトーマス・クロマが発見し、一九七九年六月十一日にフィリピンが大統領宣言で領有を確認していた（浦野2015一一五頁）。

マレーシアは一九七九年十二月二十一日、ツルンブ・ラクサマナ［司令礁］、グロスターブレーカーズ［波浪礁］、ツルンブ・モンタナニ［南海礁］、ケシルアンボイナ・グラスゴーショール［南楽暗沙］ノースイーストショール［校尉暗沙］を結ぶ一つの線以南のスプラトリー［南沙］群島をマレーシアの範囲内に含めたマレーシア地図を発行した（浦野1997六八九頁）。

これによって、アンボイナ・ケイはフィリピン、ベトナム、マレーシアおよび中華人民共和国の係争地となった。

マレーシア政府が、フィリピン南西部パラワン州カラワーン群島の一部であるリカスに海軍監視所を建設したことにフィリピン外務省は一九八〇年五月三十日、抗議した（浦野1997六九一頁）。

マレーシアとインドネシアは一九八二年二月、領海・領水相互利用協定に調印し、マレーシアは南シナ海を「平和、中立の海」（SOPAN）にと提唱した（浦野2015一九九頁）。

インドネシアは、マレーシアのコモド礁支配を支持した（浦野2015二〇〇頁）。

マレーシア占有島嶼数　マレーシアが占有している南シナ海諸島・礁は、一九九三年現在八島、二〇〇九年現在五島、二〇一三年現在占有している南沙海諸島は七～十島である（浦野2015 一七六頁）。浦野2015 一七八頁は、マレーシアは十二島、礁を支配、としている。

楊中美2013によれば、現在、南沙群島二百三十五の島、礁、沙、灘中のうち、マレーシアが占拠しているのは三個である（楊中美 一一二頁、『尖閣問題総論』九八頁）。

8．ブルネイ

ブルネイ、インドネシアは、マレーシアと同じく南シナ海に面している。

ブルネイがスプラトリー群島のルイサ礁（南通礁）および三万平方キロメートルの主権を主張している（浦野2015 一七九頁）。

浦野2015では、ブルネイは占領行動に出ていない（一七五頁）とする。

ブルネイ占有島数　楊中美2013によれば、現在、南沙群島二百三十五の島、礁、沙、灘中のうち、ブルネイが占拠しているのは一個である（一一二頁、『尖閣問題総論』九八頁）。

9．インドネシア

インドネシアは、オランダ領東インドとしてオランダ植民地となっていたが、東アジア太平洋戦争中は一九四二年三月以降、日本の軍政下におかれた。日本の敗戦後、オランダが帰ってきたが、インドネシア共和国軍が武装闘争を行ない、一九四九年、独立が達成された（『アジア史入門』三五四～三五五頁、四三一頁）。

インドネシアは一九五七年十二月、群島宣言、領海十二海里適用を発表した（浦野二一〇頁）。

インドネシアは一九六〇年二月、群島国家宣言、「群島水域法」制定を発表した（浦野 2015 二一〇頁）。

インドネシアは一九六九年十月、マレーシアと大陸棚画定協定に調印した（浦野 2015 二一〇頁）。

インドネシアは一九七三年六月、「大陸棚法」を制定した（浦野 2015 二一〇頁）。

インドネシアは一九七四年一月、西沙群島は中国領土と確認した（浦野 2015 一六九頁）。インドネシアは一九七四年の西沙事件で中国の南海諸島に対する主権的立場を公式に支持した（浦野 2015 二〇九頁）。

南沙群島領有権に関する関係七カ国のうち、インドネシアは占領行動にでていない（浦野 2015 一七五頁）。

インドネシアは一九八〇年三月二十一日、二百海里経済水域を宣言した（浦野 1997 六九二頁、浦野 2015 二一一頁）。

インドネシアは一九八二年二月、マレーシアと領海・領空協定に調印した（浦野 2015 二一一頁）。

インドネシアは一九八三年九月、「二百海里経済水域法」を制定した（浦野 2015 二一一頁）。

インドネシアの戦略国際研究センター研究員エバン・A・ラクスマナは二〇一一年二月、「インドネシアは領有権を主張する沿岸国ではない」と述べている（浦野 2015 二一二頁）。


インドネシア、ナトゥナ諸島排他的経済水域主張（一九九五年四月）　インドネシア政府は一九九五年四月、インドネシアが自国の排他的経済水域（EEZ）と主張する水域内にある「ナトゥナ（ナツナとも表記される）諸島」（Natuna Islands）周辺の海域を中華人民共和国が自国領と主張していると述べた（ヘイトン 2014 一一九頁）。

二〇一五年十二月の民放テレビ報道によれば、インドネシアは「ナトゥナ諸島」の領有を主張している。

インドネシア占有島数　楊中美 2013 によれば、現在、南沙群島二百三十五の島、礁、沙、灘中のうち、インドネシアが占拠しているのは二個である（楊中美 2013 一一二頁、『尖閣問題総論』九八頁）。

10. アメリカ

アメリカは一八九八年、米西戦争によってスペインからフィリピンを取得し、一九四五年さらに東アジア太平洋戦争で日本を撃破し、東アジアにおけるプレゼンスを確立した。

アメリカ海軍シー・フォックス号の海兵隊は、東アジア太平洋戦争終了後の一九四五年十一月、ウッディ島に上陸し、日本海軍の水兵を捕えた（キロス 2010 一一〇頁）、という。これは、太平洋戦争の延長線上の事件であろう。

アメリカ海軍軍艦は一九二六年五月、南沙群島の〝危険区地域〟（Dangerous Ground）に遠征して調査を行なった（キロス 2010 一〇〇頁）、という。しかし、キロスはアメリカによるフィリピン植民地支配の時代（一八九八年～一九四六年）全体を通じて、ワシントンは何ら島嶼の領有権を主張していなかった（一四〇頁）、とする。

米軍は一九五七年五月、スプラトリー諸島（南沙群島）の三島を占領し、レーダーを設置した（浦野 2015 一〇三頁）。アメリカは一九五七年五月、台湾の同意でレーダー基地を建設した（浦野 2015 一九〇頁）。

インドシナにおける米軍の戦闘行為は一九七三年六月、アメリカ議会の決定で完全に禁止された（ヘイトン 2014 一〇六頁）。

米軍偵察機は二〇〇一年四月一日、海南島近辺上空を飛行中、中国軍機が接近を試みてこれに接触し、墜落した。米軍偵察機は、海南島に不時着した。浦野 2015 は、米軍機が「中国領空に入り」（一四〇頁）としており、『尖閣問題総論』でも「中国領空を侵犯した米軍偵察機」（四〇〇頁）としたが、公海上であったとの説もある。

アメリカは二〇一三年五月以降、フィリピンのパラワン島軍事基地を共同使用することになった（浦野 2015 一三八頁）。

二〇一五年、オバマ米大統領は、中華人民共和国による南シナ海における人工島の建設は認められないとし、米第七艦隊に所属するイージス駆逐艦ラッセンがスプラトリー諸島内のスービ礁とミスチーフ礁で中華人民共和国が建設している人工島の「十二海里」内を航行した。スービ礁では、三、〇〇〇メートル級の滑走路が建設中であり、ミスチーフ礁でも滑走路が建設中だという。アメリカの行動は、国際法に照らして正当だが、遅きに失したとの批判もある。

アメリカ等の主張する公海における航行の自由は、当然、確保されなければならないが、この主張は南シナ海は中華人民共和国の領土、領海という主張と真っ向から対立している。

11. 第五章小結

第二次世界大戦の終結後、東アジア各国は独立への道を歩む。フランスの復帰と退却、北ベトナムの成立とインドシナ戦争の勝利、ベトナム戦争の勝利は、中越協力から中越対立へと向かい、フィリピン、マラヤ連邦、インドネシアの独立と領土要求へと進んだ。

一九四九年に成立した中華人民共和国は、当初は反米、ソ連一辺倒であったが、一九五〇年代末には反米反ソとなり、一九六〇年代には反ソ反米となり、一九七〇年代には反ソ親米に転化し、一九九〇年代のソ連消滅後は経済成長をうけて米中協力と対立を使い分けていった。こうして、尖閣諸島奪取と南シナ海の掌握が鍵として浮かび上がってくる。一九七四年一月の西沙群島占領はその画期となった。

終章

本書の作業で獲得できた「南シナ海」の手がかりおよび筆者の視点は、次のようにまとめられる。

(1) 海洋、島・礁の「認識」は「領有」の「証拠」ではない

中国側は前近代各王朝時代に今日の南シナ海に当たる「漲海」、東沙群島、西沙群島、中沙群島、南沙群島に当たる「千里長沙」「万里石塘」などを認識していたので、南シナ海は古来、中国の領土、領海だったと主張するが、論理の問題として中国人が「漲海」、「千里長沙」「万里石塘」を「認識」していたとしても、それは「領有の証拠」ではない。中国は南極を認識していても、南極を領有していることを意味しないのと同様である。中国は、秦、漢以来、南シナ海は中国の領土、領海であったと主張しているが、中国はそれを証明できていないのである。

(2) 中国の主張する「歴史的根拠」は存在するか

中国は、南シナ海が「中国の固有の領土、領海」と主張しているが、その主張を裏付ける大量の史料を吟味してみると(未見の史料もあるが)、海洋、島、礁を「認識」していたことは「領有」の証拠と短絡的に主張しているだけで、尖閣諸島問題で「中国領」論がまったく成立しなかったのと同じように前近代については中国の「歴史的根拠」は成り立たないと言わざるをえない。

(3) 南沙群島の大部分は砂洲や岩礁である

「西沙群島、東沙群島、中沙群島、南沙群島」という「西沙」「東沙」「中沙」「南沙」という中国名称からもわかる

ように、南シナ海諸島の大部分は砂洲や岩礁なのであり、前近代においては誰も領土意識、領有意識は持っていなかったのだろう。

（4）南シナ海島・礁の命名者は中国ではない

中国は、南シナ海の島・礁を「発見し、命名したのは中国だ」と主張するが、これも根拠はない。南シナ海諸島・礁の命名者はイギリスであり、南シナ海島・礁の中国名は英名がもとで、中国名は基本的にそれを漢字訳したものであり、一部はそれを改訂したものだった。

（5）十九世紀「近代国家」英、仏が登場した

南シナ海の島々に対して最初に領有権を主張した「近代国家」は、イギリスだったが、東アジア太平洋戦争終結後の南シナ海の領有権争いには介入していないかのように見える。また、フランスが南シナ海の島々に対して領有を主張したのは一九二五年以降だが、フランスは一九三八年、西沙群島の一部に対し、占領宣言を行なった。フランスは一九五六年にはインドシナから撤退し、その後、領有権の主張はしていないように見える。

ヘイトン2014によれば、フランスはイギリス同様、スプラトリー諸島の領有権をいまだに放棄していない。フランスは、スプラトリー諸島を自分のものとして領有を主張したのだ（一三八～一三九頁）という。一方、パラセル諸島（中国名：西沙群島、ベトナム名：ホアンサ群島）の場合は、フランスが表向き保護国アンナン（ベトナム）の代わりに領有権を主張するという形をとっていたため、その後、ベトナムに引き継がれたのだ（一三九頁）という。

（6）日本は一九三九年～一九五二年に南シナ海を領有した

日本人と南シナ海の関わりは、十七世紀以来であったが、日本人平田末治が西沙群島と新南群島を開発したのは一九一七年のことだった。日本政府が南シナ海に対する領有意思を表明したのは一九三七年以降であり、東アジア太平

洋戦争の過程で新南群島を占領したものの、敗戦により、サンフランシスコ平和条約で領有を放棄した。ベトナムも、十九世紀のグエン朝以来、南シナ海を領有していたと主張している。二十世紀ベトナム側資料には領有の歴史資料として一定の根拠があると見られるものがあるが、中国は激しく反論している。

(7) 四群島名はいつ付けられたのか

東沙群島、西沙群島、中沙群島、南沙群島という四群島名は、前近代からあったわけではなく、このうち「東沙」名のみは清朝後期に始まり、「西沙群島」は中華民国期の一九三五年に、「中沙群島、南沙群島」名は東アジア太平洋戦争終結後の一九四七年頃、中華民国政府内政部が確定したと推定される。

(8) 中華民国十一段線主張、中華人民共和国九段線主張は帝国主義的領土・領海構想である

中国は、近代以降、南シナ海の領有を主張している。しかし、中華人民共和国の九段線主張とそのもとになった中華民国の十一段線主張は、その前提として東アジア太平洋戦争中の日本による東南アジア、南シナ海の占拠、領有があり、日本の敗戦による南シナ海からの撤退後、周辺諸国（ベトナム、フィリピン、インドネシア、ブルネイなど）の沿岸部分を差し引いて残りすべては中華民国領だとして考案されたものと推定される。中華人民共和国の九段線はそれをもとにしたものであり、いずれも帝国主義的領土・領海構想なのであり、「歴史的根拠」とは関係がない。

(9) 戦後「近代国家」の国境線線引抗争だ

中国、日本、フランス、ベトナム、フィリピン、マレーシア、インドネシア、ブルネイ、シンガポールなどの領土主張は「歴史的根拠」に依拠するものではないようである。「近代国家」の成立は地球上を国境で分割したが、その波が二十世紀～二十一世紀になって南シナ海に押し寄せ、国境の線引きをめぐって争っている。一九四九年に成立した中華人民共和国は、中華民国の主張を引き継ぎ、中華人民共和国成立翌年の一九五〇年以降、領有を主張してい

る。各国が領有権を主張したのは、十九世紀に始まるが、二十世紀の一九二〇年代以降、特に東アジア太平洋戦争、第二次世界大戦以降のことであり、戦後次々に誕生した新興独立国間の争いとなり、とりわけ一九九〇年代以降の中華人民共和国の軍事的強大化に伴う南シナ海全体に対する領土・領海主張と軍事占領の拡大によって深刻化した。

要するに、国境による分割が行なわれていなかった地球上の最後の地域の一つとしての南シナ海諸島の分割をめぐる争いというのが、南シナ海問題の根本的性格なのである。

フィリピンが領有を主張したのは、アメリカからの独立直後の一九四六年以降である。フィリピンは、第二次世界大戦の終了後、独立し、その後、南シナ海諸島の一部に対する領有を主張し始めたが、当初は民間人トーマス・クロマが南シナ海諸島に「自由国」を樹立し、それをフィリピン政府が承認し、フィリピン国家としての主張として発展させたものであった。マレーシアの領有権主張も一九六三年の成立後間もない一九六六年以降であった。

(10) 中華人民共和国の軍事占領、人工島をどうするか

それゆえ、各島嶼の領有権の画定は慎重な配慮が必要であり、平和的な協議に委ねられなければならない。中華人民共和国政府は、しばしば「中国は、平和的交渉による問題解決を望んでいる」と語っている。ヘイトン2014は、ミスチーフ礁をめぐる動きを「中国は奪ってから交渉し、交渉してからもまた奪うのだ」(一三一頁)と述べているが、これは正しく、中国の領土奪取の常套手段である。パラセル群島(西沙群島)を軍事的に奪取した中華人民共和国の行為は、帝国主義のふるまいであり、軍事力による現状変更は平和的手法ではないことは言うまでもない。しかし、中華人民共和国が理性的に反省し、南シナ海に対する「領土主張」を放棄することは期待できない。かつて、文化大革命のとき、多用された「死んでも悔い改めない走資派(資本主義の道を歩む実権派)」のようである。

(11) 報道のあり方は事柄の本質をはずれている

日本のマスコミでは、中華人民共和国の南シナ海政策や尖閣諸島に対する行動は、中国共産党内の権力闘争と関係していると説明したり、党、政府と軍が対立していて、党、政府は軍をコントロールできておらず、軍が独走していると説明したり、国民のナショナリズムに配慮せざるをえないのだなどと説明する向きがあるが、ことの本質をあいまいにしている。「南シナ海」「尖閣諸島」を奪取するという政策では党、政府、軍は一致しているのであり、二〇一六年夏の尖閣周辺での行動は尖閣奪取に歩を一歩進めたのだということが指摘されなければならない。

(12) 平和的解決の方向とは

中国が語る「平和的交渉」に幻惑されず、確かな平和への道が追求されなければならない。

ミスチーフ礁、スービ礁などでの人工島という中華人民共和国の行為は中止し、現状に回復すべきである。

中国が厚かましくも占拠した島・礁は、いずれもすべて放棄されなければならない。

本来人が住めない礁、砂州などは、国連の管理に委ねることが望ましいかもしれないが、中華人民共和国は国連安保常任理事国であり、国連改革が実現しない限り、国連に期待することはできない。

（二〇一七年四月脱稿）

注

（1）一九三九年四月十八日『朝日新聞』記事の所在は、明治史研究者宮地正人氏のご教示を得た。記して謝意を表する。

（2）ウリセス・グラナドス・キロスの著書の存在は、中央大学教授土田哲夫氏にご教示頂いた。記して感謝する。

（3）「中国地域」という用語は、国家名称の「中国」と地理名称としての「中国」地域を区別するという意図によるものである（『アジア史入門』四六頁）。

（4）浦野 2015 の認識については後述する。関係国の主張なのか浦野の見解なのか判別がつきにくい記述もあるなどの問題もあるが、まず瑣末な問題を指摘する。同書中、「李鴻総理」（二頁、二六二頁）は「李鵬総理」、「精華大学」（六頁）は「清華大学」、「抗戦」（一〇八頁）は「交戦」、「実行」（一三〇頁）は「実効」、「高尾」（一八九頁）は「高雄」、「入」（二九七頁）は「人」などの誤植がある。また、「一九五〇年五月一五日中華人民共和国外交部声明」（九九頁）の「一五日」は「一七日」の誤りであろうし、「一九一三年三月海上法執行体制」（二八六頁）は「二〇一三年三月海上法執行体制」の誤りであろう。

（5）「二〇一六年七月中国国務院白書」の存在は、東京女子大学教授茂木敏夫氏にご教示頂いた。記して感謝する。

（6）「二十四史」は、拙著『アジア史入門』参照。

（7）中国語では外国地名、人名等はすべて漢字表記であり、漢字音が外国に十分対応できないこと、その発音も地域ごとに異なり、漢字音も歴史的に変化しているなどから正確な音写ができないため、不適切な言語なのである。また、地名も歴史的に変化しているものが少なくなく、漢字表記されたものがどの地名、人名等を指すのかを特定するのは泥沼のような作業で、専門家により諸説が提起されている。

「外国」次に見る史料では、東南アジア諸国、南アジア、西南アジアのうち、「外国」として位置づけられているのは次の通りである。

宋代の『嶺外代答』によれば、「外国門」に安南国（ベトナム）、海外黎蛮、海外諸蛮国、占城国（チャンパ）、真臘国《しんろう》（カンボジア）、蒲甘国（ビルマ）、三仏斉国（スマトラ西部）、闍婆国《じゃば》（ジャワ）、故臨国（クラム、現インド西南部キロン）、注輦国（南インド、チョーラ）、大秦国（ローマ帝国）、大食（ペルシア語でタージ）諸国（イスラーム諸国）、木蘭皮国（マグリブ）、西天諸国（インド諸国）、西天南尼華囉国、東南海上諸雑国、崑崙（コムル）層期国（現ザンジバル）、波斯国（ペルシア）、蜑《たん》蛮、三伏馱、瑶《よう》人、西南夷、通道外夷、航海外夷がある。

『宋史』四百八十九「列伝第二百四十八」によれば、「外国五」として「占城〔チャンパ〕、真臘〔カンボジア〕、蒲甘〔ビルマ〕、邈黎、三仏斉〔ジャワ島の一部〕、闍婆〔ジャワ島の一部〕、勃泥〔ブルネイ〕、注輦〔インドのチョーラ〕、丹頂流」をあげている。宋朝は、これらを「外国」と認識していたのである。

以下、主な漢字表記の国名、地名に関する記述を拾ってみる。なお、異なる地域、海域について、崑崙《こんろん》、波斯、大食、天竺、天方、ラサ、仏郎機、釣魚台などのように同一の漢字名が使用されていながら指している範囲が異なることもあるので、地域名、海域名を即断してはならないという点も要注意である。

[瓊州、環海]『明史』巻三百十九「列伝第二百七　広西土司三」によれば、「瓊州は環海の中にある。漢の武帝は南粤を平らげ、はじめて珠崖、儋耳二郡を置いた」とある。

[安南国／交趾]『元史』巻二百九「外夷二」によれば、「安南国は、いにしえの交趾である。秦は天下を併合すると、桂林、南海、象郡を置いた。秦が滅ぶと、南海の尉、趙佗はこれを攻撃し併合した。漢は九郡を置き、交趾はその一つとなった」と述べている。つまり、安南は漢代には漢朝領となったのであった。

[交阯]「交阯」は史料により「交趾」と表記される。『宋史』四百八十九「列伝第二百四十八、外国五」では、「交阯は、もと漢初の南越の地であり、漢の武帝は南越を平らげた」と述べている。

[占城]『元史』巻二百十「列伝第九十七」によれば、「占城は瓊州〔海南島〕に近く、順風で舟は一日でその国に到着できる」と記述している。『明史』巻三百二十四「列伝第二百十二　外国五」でも、「占城は南海の中にあり、瓊州から航海し、順風一昼夜で到達し、福州から西南に十昼夜で到達」すると述べている。

[林邑]『旧唐書』巻百九十六下「列伝百四十七　南蛮　西南蛮」によれば、「林邑国は漢の日南、象林の地で、交州の南千余里にある」とある。

【真臘国】『旧唐書』巻百九十七「列伝百四十七　南蛮　西南蛮」によれば、「真臘国は林邑の西北にあり、もとは扶南の属国で、『崑崙』の類である」としている。『宋史』四百八十九「列伝第二百四十八、外国五」は、「真臘国（カンボジア）はまたの名を占臘で、その国は占城（チャンパ）の南にあり、東は海に際し、西は蒲甘（ビルマ南部パガン）に接し、南は加羅希に接している」と述べている。『明史』巻三百二十四「列伝第二百十二　外国五」では、「真臘は占城の南にあり、順風三昼夜で到達する。」「宋は慶元年間に占城を滅ぼし、その地を併合し、それによって国名を改めて占臘とした。元の時、真臘と称した」としている。

【赤土国／扶南】『**北史**』によれば、「赤土国は扶南の別種である」、「真臘国は林邑の西南にあり、もと扶南の属国である」としている。また、『礼』に言う「南方に言う蛮は火食しない者である」としている。

【崑崙】『旧唐書』巻百九十六下「列伝百四十七　南蛮　西南蛮」によれば、「林邑より以南」は、「『崑崙』と通号す」としている。『旧唐書』巻百九十七「列伝百四十七　南蛮　西南蛮」も、「林邑より以南は皆髪を巻き、身体は黒く、共通して崑崙と号す」としている。同じく『旧唐書』巻百九十七「列伝百四十七　南蛮　西南蛮」でも、「真臘国は林邑の西北にあり、もとは扶南の属国で、『崑崙』の類である」としている。

『新唐書』巻二百二十二下「列伝第百四十七下　南蛮下」では、「崑崙」名は「盤盤」の「臣」の名として「崑崙帝也」、「崑崙勃和」、「崑崙勃諦索甘」などを記載している。『明史』巻三百二十四「列伝第二百十二　外国五」では、「崑崙山は節然と大海の中にあり、占城および東、西竺と鼎立してあい望まれる」としている。「崑崙」は、『旧唐書』、『明史』ではベトナム南部である。

『嶺外代答』では、「崑崙（コムル）層期国」は、現ザンジバルであった。

『海国図志』巻三十八が引く『澳門紀略』によれば、「明の洪武十四年、ジャワ国は黒奴三百人を貢いだ」、「唐のときには、これを崑崙奴と言った」という。

【勃泥、闍婆、三仏斉、占城】『宋史』四百八十九「列伝第二百四十八、外国五」は、「勃泥（ブルネイ）」は「闍婆から四十五日間、三仏斉から四十日間、占城（チャンパ）と摩逸から各三十日の日程で、すべて順風を基準としている」と距離関係を述べている。

【三仏斉】『明史』巻三百二十四「列伝第二百十二」によれば、「三仏斉は古名で干陀利」、「宋名、三仏斉」、「爪哇はすでに三仏斉を破り、その国に拠りその名を改め旧港と言い、三仏斉はついに滅んだ。」

【丁機宜】『明史』巻三百二十四「列伝第二百十二」によれば、「丁機宜は爪哇の属国である。」

【盤盤《ばんばん》、環王《かんおう》、狼牙脩】『新唐書』巻二百二十下「列伝第百四十七下　南蛮下」は、「環王はもと林邑であり、一に占不労と言い、また占婆と言う。」「盤盤は南海の曲にあり、北は環王から離れており」、「狼牙脩と接し、交州から海を通って四十日で到達する」とある。

『諸蕃志』では、「波斯」はペルシアではなく、スマトラ島の一部である。

【訶《か》陵】『旧唐書』巻百九十七「列伝百四十七　南蛮　西南蛮」によれば、「訶陵国は、南方海の中洲の上にあり、東は婆利〔バリ〕、西は堕婆登、北は真臘、南は大海に臨んでいる」としている。『新唐書』巻二百二十二下「列伝第百四十七下　南蛮下」によれば、「訶陵は、また社婆、闍婆〔ジャワ〕と言い、南海の中にある。東は婆利〔バリ〕から離れ、西は堕婆登、南は海に接し、北は真臘〔カンボジア〕である」とある。「訶陵」は、ジャワの一部である。

【天竺／身毒／摩伽陀／婆羅門】天竺は、①現インドを指すものと②現スリランカを指すものがある。
①『旧唐書』巻二百二十一上「西域上」は、「天竺国は漢の身毒国〔インド〕であり、あるいは摩伽陀〔マガダ〕と言い、婆羅門〔バラモン〕とも言う」としている。『宋史』四百九十「列伝第二百四十九、外国六」も、「天竺国は旧名身毒〔インド〕で、また摩伽陀〔マガダ〕と言い、また婆羅門〔バラモン〕とも言う」としている。
②しかし、『海国図志』巻三「五印度国旧図」では「天竺」はスリランカである。
【暹羅《せんら》】『明史』巻三百二十四「列伝第二百十二　外国五」によれば、「暹羅〔シャム／タイ〕は占城の西南にあり、順風十昼夜で到達し、隋、唐の赤土国である」としている。
【仏郎機】『明史』巻三百二十三「列伝第二百十一　外国四」によれば、呂宋〔ルソン〕についての記述の中で万暦四年（一五七六年）に「仏郎機《フランギ》は強く、呂宋と通商」、「呂宋を占拠し、名を呂宋としたが、実は仏郎機である」、さらに三十二年

（一六〇四年）、「時に仏郎機はすでに満剌加〔ムラカ〕を併合」と述べている。『明史』巻三百二十五「列伝第二百十三　外国六」は、「仏郎機は満剌加に近い」としている。『海国図志』巻四十の注によれば、この「仏郎機」は「ポルトガルあるいはスペインを指している。魏源はこの名はフランスを指すと見なしている」としている。この「仏郎機」は、スペインと見られる。なお、筆者は「仏郎機」を「フランキー」と表記したが、『海国図志』巻四十一の注によれば、「拂郎機」は「Frangi」としており、「フランギ」となる。『海国図志』巻四十一の注は、「拂郎機（Frangi）は、アラビア人およびその他の東方民族がヨーロッパ人に対する総称である」としている。

〔大食、波斯〕 大食は、イスラーム帝国（アラビア、アフガニスタン、エジプト、小アジア）を指す場合とスマトラを指す場合とがある。

①『旧唐書』巻百九十八「列伝第百四十八　西戎」では、「大食国は、もと波斯の西にあった」としている。『新唐書』巻二百二十一下「列伝第百四十六下」では「大食は、もと波斯の地である」と述べている。『新唐書』巻二百二十一下「列伝第百四十六下　西域下」では、「大食はもと波斯の地である。男子は鼻が高く、黒く髯が生えている」とある。『嶺外代答』巻三によれば、「大食は、諸国の総称であり、国は千余箇所ある」という。『宋史』四百九十「列伝第二百四十九、外国六」では、「大食国はもと波斯の別種である。」これには、「白衣大食」と「黒衣大食」があるとする。『新唐書』、『嶺外代答』、『宋史』の「大食」は、西南アジア、アラビア地域、「波斯」はペルシアを指すと見られる。

②『宋会要輯稿』では、「交趾、占城、大食、闍婆、三仏斉、丹流眉賓」と東南アジアの諸国の中に「大食」がある。『殊域周咨録』では、「蘇門答剌国（スマトラ）は、いにしえの大食《だいしょく》国である」としている。そうだとすれば、この「大食」はイスラーム帝国（アラビア、アフガニスタン、エジプト、小アジア）ではない。

〔波斯〕『旧唐書』巻百九十八「列伝第百四十八　西戎」では、「波斯国は京師の西一万五千三百里」とあり、この「波斯」は明らかにペルシアである。

（8）『嶺外代答』については、楊武泉校注『周去非〈嶺外代答〉校注』などにより、現地名を推定する。『嶺外代答』には、「地理門」に百粵故地、天涯海角瓊州兼広があり、「外国門」に安南国（ベトナム）、海外黎蛮、海外諸蛮国、占城国（チャンパ）、真臘《しんろう》国（カンボジア）、蒲甘国（ビルマ）、三仏斉国（スマトラ西部）、闍婆《じゃば》国（ジャワ）、故臨国（クラム、現インド西南部キロン）、注輦国（南インド、チョーラ）、大秦国（ローマ帝国）、大食（ペルシア語でタージ）諸国（イスラーム諸国）、木蘭皮国（マグリブ）、西天諸国（インド諸国）、西天南尼華囉国、東南海上諸雑国、崑崘（コムル）層期（現ザンジバル）国、波斯国（ペルシア）、蜑《たん》蛮、三伏駄、瑶《よう》人、西南夷、通道外夷、航海外夷がある。

『嶺外代答』中の「海外諸蛮国」には、三仏斉、闍婆、占城、真臘、大秦国、麻離抜、木蘭皮およびそのうちの西南海上諸国として交阯（ベトナム北部）、占城、大理、黒水、吐蕃（チベット）、細蘭（スリランカ）、故臨国、王舎城（インド、ビハールのパトナ南）、天竺国（インド）、大食諸国、木蘭皮国などがあり、地名の重複もある。

『嶺外代答』巻一「三合流」によれば、「海南四郡の西南の大海は交阯洋と言い、その中に三合流があり、波頭は湧き上がって三つに分流している」という。これが「三合流」であり、ベトナムよりの海域と見られる。

同じく『嶺外代答』巻一「三合流」によれば、「漢の武帝は南越を斬り、使いを派遣し、徐聞より海略の地を渡らせ、珠崖、儋耳二郡を置いた。今の雷州徐聞県遞角場からまっすぐ瓊管に向かって海を渡れば半日で到達できる。」「梁はまた、崖州を置いた」、「唐の貞観五年には瓊州を置いた」とあるので、「珠崖、儋耳二郡」とは現在の海南島を指している。

［三仏斉国、占城、真臘、闍婆《じゃば》］『嶺外代答』巻二によれば、「三仏斉国は、南海の中にあり、諸蕃水道の要衝である。東は闍婆諸国より、西は大食、故臨諸国より、その境に由《よ》らずして中国に入る者はない」としている。また、「故臨国は大食国に近く、広船四十日で藍里に達する」という。

『嶺外代答』巻二によれば、「三仏斉」は「諸蕃国」の「正南諸国」の「都会」であり、「闍婆」は「東南諸国」の「都会」である。「都会」とは中心地の意であろう。

「『宋史』四百八十九「列伝第二百四十八、外国五」では、「三仏斉国」は「占城〔チャンパ〕の隣で、真臘〔カンボジア〕、闍婆〔ジャワ〕の間にある」としていて、位置の記述が不正確と見られる。

（9）『諸蕃志』に収められている国名、地名は、以下の四十八国で、そのうち海上雑国には八国が含まれているので計五十五国である。『諸蕃志』については、石田幹之助『南海に関する支那史料』などによる推定を示す。

交趾国（ベトナム北部）、占城国（ベトナム中部）、賓瞳竜国（パンドゥランガ Panduranga）、真臘国（カンボジア）、登《と》流眉《りゅうび》国（マレー半島リゴル Ligor）、蒲甘国（ビルマ南部パガン）、三仏斉国（スマトラ島シュリーヴィジャヤ／パレンバン中心の地方）、単馬令《たんばれい》国（マレー半島クワンタン Kwantan 付近。テンベリン Tembeling の音訳か）、凌牙斯《りょうがし》国（マレー半島パタニ付近、レンガスカ Lengasuka）、仏囉安国（マレー半島セランゴレ州付近、ベラナング Beranang の音訳か）、新拖国（ジャワ西部スンダ）、監篦国（スマトラ西北岸カンペ Kampé）、藍無里国（スマトラ西端ランブリ Lambrimataha またはラムリ Lamuri）、闍婆《じゃば》国（ジャワ）、蘇吉丹（中央ジャワ、スキタン Sukitan の音訳か）、南毗国（インド、マラバル Malabar 海岸）、故臨国、胡茶辣国（インド、グゼラト Guzerat 地方）、麻囉華《まらか》国（インド西岸、ムンバイ付近一帯、マルワ Malwa）、注輦国（インド、コロマンデル海岸、チョア Cho'a 国。のちのマバル Ma'bar 国）、西天鵬茄囉国、西天南尼華囉国、大秦国（バグダード方面）、天竺国（インド）、大食《ター ジ・》国（イスラーム諸国）、麻嘉国（メッカ）、層拔《そうばつ》国（アフリカ東岸ザンジバル島）、弼琶囉国（アフリカ、ソマリランドのベルバラ Berbara）、勿拔国（不明。アラビア、ソファル Sofar 方面か）、中理国（不明。アフリカ、ソマリランドからソコトラ Socotra 島あたりまでか）、甕蛮国（オマン）、記施国（ペルシア湾内キシ Kish 島）、白達国（バグダード）、弼斯囉国（バスラ）、吉慈尼《きちじに》国（ガズニ）、勿廝離国（モスル）、蘆眉《ろび》国（小アジア、ルミ Rumi またはルム Rum）、木蘭皮国（イスパニア南東岸ムランビット Murambit）、勿斯里国（エジプト、ムシル Msir）、遏根陀国（イスカンデリア Iskanderiah すなわちアレクサンドリア）、海上雑国（①晏陀蠻国（アンダマン Andaman 諸島）、②崑崙層期国（アフリカ東岸モザンビーク付近）、③沙華公国（ジャワ付近の海賊国）、④女人国（ジャワ東方にあったと信じられている伝説的な一国）、⑤波斯《はし》国（スマトラ内にあったと思われる一国、ペルシアではない）、⑥茶弼沙国（アラビア人の伝説に見える日没の国、ドゥジャブルサ Djabulsa またはドゥジャバルサ Djabarsa）、⑦斯加里野《しかりの》国（シチリア Sicilia、「加」は「知」の誤りか）、⑧默伽猟《もくかりょう》国（モロッコ方面、モグレブの音訳か）、渤泥《ぼつでい》国（ブルネイ）、麻逸（マイト Mait／現フィリピン、ミンドロ島説）、三嶼（フィリピン群島の一部。ルソン島のある部分とパラワン島の一部だろう）、流求国（台湾説、沖縄説）、毗舍耶（フィリピン群島のヴィサヤ諸島）、新羅《しらぎ》国、倭国（日本）。

『新唐書』巻二百二十一上「列伝第百四十六」では、「天竺国は、漢の身毒国で、あるいは摩伽陀と言い、婆羅門と言う」

と述べている。

『宋史』四百八十九「列伝第二百四十八、外国五」は、「大食国はもと「波斯〔ペルシア〕の別種」としている。

『明史』巻三百二十四「列伝第二百十二　外国五」では、「賓童竜国は占城と境を接している」としている。

(10)『島夷志略』に収められている国名、地名、港名は、以下の九十九である。

蘇継廎校釈『島夷志略校釈』、藤田豊八『島夷志略校注』、石田幹之助『南海に関する支那史料』などによる推定を記載する。

『晋書』巻九十七「列六十七　四　夷」によれば、「大秦国は一名犂（革＋建）、西海の西、その地は東西南北各数千里」という。ローマ帝国と見られている。

彭湖（澎湖）、琉球（台湾を指すとされる）、三島（フィリピン、マニラ港内のカマヤ港 Balawan、バラヤンギット港 Balayangit 説）、麻逸《まいつ》（マイト Mait／現フィリピン、ミンドロ島説）、無枝抜《むしばつ》（現南インド、ムタパリ Mutapalli 説、マレー半島マラッカ説）、竜涎嶼（インドネシア、スマトラ島のアチェ付近ランブリ Lambri 説）、交趾（ベトナム北部トンキン地方）、占城（ベトナム中部チャンパ）、民多朗（ベトナムのパンラン説）、賓瞳竜《ひんどうりゅう》（チャンパ所属、現パンラン説）、真臘《しんろう》（カンボジア）、丹馬令（スマトラ島タナ・マラユ Tana Malayu 説／マレー半島タンブラリンガ Tanbralinga 説）、日麗（ベトナムのピンディン／スマトラ島ディリ?説）、麻里魯（マニラ説）、遐来勿（ジャワ海中のカリムン／ジャワ島説）、彭坑（マレー半島南部東岸パハン Pahang、現パタニ説）、吉蘭丹（マレー半島ケランタン Kelantan）、丁家盧（フィリピン、マルコ群島内ティドレ島東南港のトンガオイ Tongaoi 説／マレー半島トレンガヌ Trengganu 説）、戎（マレー半島クラ地峡付近のチュンフォルン説）、羅衛《らえい》（カンボジア陸真臘の南、水真臘、ラジャブリ説／マレー半島南部説）、羅斛（タイ、メナム川下流ロフリ Lophuri 説）、東冲古剌（インドネシア、カリマンタン西岸タンジョンプラ Tanjongpura 説／シンゴラ Singora 説）、蘇洛《そらく》鬲（マレー半島スコラム説／スロカン Srokan ＝コダ Kodah の古名説）、針路（マレー半島北部西岸メルグイ Mergui またはメルゲー Mergee 説／スル諸島の一つかマルディヴ Mardive 群島の一つ説）、八都馬《はちとば》（マレー半島南部東岸海中のティオマン Tioman 説／マルタバン Martaban 説）、淡邈（ジャワの東、タヴォイ Tavoi または Tavai タヴァイ説）、尖山（インドネシア、ナトゥナ島説／Sembilan セムビラン説）、八節那間（ジャワのカリ・マス右岸説／Pachekan ジャワ、パチェカン?説）、三仏斉（スマトラ島シュリーヴィジャヤ説／パレンバン説／Jambi ジャンビ説）、嘯噴（スマトラ島の Tanjong Bajau タンジョン・バジャウと Tanjong Kampi タンジョン・カンピ説）、浡泥《ほっでい》（カリマンタン島ブルネイ）、明家羅（マラバル海岸のバカノル説／スリランカ西岸ピアガラ説）、暹《せん》（タイ）、爪哇（ジャワ、マジャパヒト）、重迦羅《から》（ジャワ島スンバワ説／スラバヤ説／ジャワ Jangala ジャンガラ説）、都督岸《ととくがん》（ジャワ島一海岸説／カリマンタン島サラワク河口 Tanjong Datu 説）、文誕《ぶんたん》（西ジャワの Bantam バンタム説／バンダ Banda 説）、蘇禄《そろく》（Sulu スル諸島）、竜牙犀角（マレー半島 Langkawi ランカウィ説／Patani パタニ説）、蘇門傍《そもんぼう》（タイ、メノム川現スファン説／東ジャワの Madura マドゥラ島説）、旧港（スマトラ島　ジャワ Palembang パレンバン、都城名説。『東西洋考』では「一名、順塔、唐は闍婆と称し、南海中のものである。一名、訶陵、または社婆と言い、元は爪哇ジャワと称した」）、竜牙菩提（マレー半島西岸 Langkawi ランカウィ島説）、毗舎那（ルソン島の Visayans ヴィサヤンス説／Visaya ヴィサヤ説）、班卒（スマトラ島東岸の Panchor パンチョル／現 Rangsang ランサン説／スマトラ島西岸 Pansur パンスル説）、蒲奔（カリマンタン南部 Pembuang ペンブアン説）、仮里馬説打《かりませつだ》（カリマンタン島西南の Karimata カリマタ島説）、文老古（スマトラ島 Maluku マルク説／モルッカ諸島説）、古里地悶《こりちもん》（Tximor ティモール説／Timor ギリ、ティモール説）、竜牙門（シンガポール海峡のシンガポール島南岸偏西の Selt Panikam セラト・パニカム／現 Keppel Harbour ケッペル・ハーバー説）、崑崙《こんろん》（ベトナム南部海中の崑崙島 / Pulau Kundor プラウ・クンドル／Pulo Condore プロ・コンドーレ）、霊山（チャンパの港 Binh Thuan ビン・トアン説 / 帰仁 Qui-nhon クイニョン以北のランソン Lang-Song 港説）、東西竺《じく》（マレー半島ジョホール東岸海中の Pulau Aur プラウ・アウル島説／Pedro Branca ペドロ・ブランカ説）、急水湾（スマトラ島西北角アチェ角沿海スラト Surat Passage 海峡または Lampujang Strait ランプジャン海峡説／スマトラ島 Perak ペラク付近説）、花面（スマトラ島の Battak バタク説 / Nagore ナゴール説／スマトラ島西部 Natur ナトゥール説）、淡洋（スマトラ島東岸 Tamiang タミアン説／スマトラ島アル Aru か。Tamiyang タミヤンの訳音説）、須文答《すぶんとう》剌（スマトラ島の Samudra サムドゥラ村説／スマトラ島西北岸 Sumudra スムドラ付近 Pa□ei パ□エイ説）、僧加剌（スリランカ＝シンハラドヴィパ）、勾欄山（カリマンタン島西南岸の属島ゲラム Gelam 島説）、特番里《とくばんり》（マラバル海岸トラヴァンコール説／エジプト、ナイル川の Dimiath ディミアスまたは Damietta ダミエッタ説／インド Kerala ケララ南部説）、班達里《はんたつり》（クロマンドル海岸 Pondicherry ポンディチェリー説／ペルシア説／スマトラ島北岸 Pedir ペディール説）、曼陀郎（インド Gujarat グジャラト、現 Kutch または Cutch クッチ説）、喃啞哩（スマトラ島西北角 Atje アチェ説／スマトラ島西端マルディヴ諸島説）、北溜（インド洋マルディヴ北 Maldive 諸島説）、下里（インド西岸 Calicut カリカット説）、高郎歩（スリランカ島西岸 Colombo コロンボ説）、沙里八丹（インド西部 Solipatam ソリパタム説）、金塔（スリランカ島南岸 Dondra Head ドンドゥラ・ヘッド説）、東淡邈（ジャワあるいはその近辺説）、大八丹（インド、マラバル海岸港口 Dahfattan ダファッタン説）、加里那（ペルシア Fars ファルス海岸説）、土塔（インド西岸 China Pagoda チャイナ・パゴダ説／Megapatam メガパタム説）、第三港（インド西南 Punnei-Kayal プンネイ・カヤル説／Putlan プトラン?説）、華羅（インド Gujarat state グジャラト説／インド西北部 Nahrwara ナールワラ説）、麻那里（アラビア半島南岸または東アフリカの Malindi マリンディ説）、加将門里（東アフリカ Quélimané ケリマネ説）、波斯離（ペルシア Basra バスラ説）、撻吉那（ペルシア、Tahiri タヒリ説）、千里馬（スリランカ、タミール族区内説）、大仏山（スリランカ島西岸 Adam's Peak アダムズ・ピーク説）、須文那（インド、ムンバイ北、Sopāra ソパーラ説／Sumnath スムナス説）、万里石塘（石田幹之助はマックルズフィールド・バンクとする）、小唄喃（インド、マラバル海岸 Fandaraina ファンダライナ説／キロン Quilon の西、Fandaraina ファンダライナ説）、古里仏（インド、マラバル海岸 Mariamma マリアンマ説）、朋加剌（ガンジス川下流 Bengal ベンガル説／Bengala ベンガラまたは Bengal ベンガル説）、巴南巴西（インド西岸 Banavasi バナヴァシ説）、放拝（インド西岸 Mumbai ムンバイ説）、大烏爹（インド Oudh ウド説／Udeyapur ウデヤプル説）、万年港《まんねんこう》（Brunei ブルネイ説）、馬八児嶼（スリランカとインドの間、マバイ説／Ma'bar マバル説）、阿思里（エジプト紅海西岸 Qusseir クセイル説）、哩伽塔（アラビア半島 Aden アデン説／アフリカ西北端 Magreb マグレブ説）、天堂（アラビア半島メッカ Mecca）、天竺（パキスタン Sind シンド説）、層揺羅（東アフリカ Zanzibar ザンジバル説）、馬魯澗（イル汗国 Soltania ソルタニア説）、甘埋里（ペルシア湾フルムズ説／ペルシア湾 Kerman ケルマン説）、麻呵斯離《まかしり》（メソポタミア、モスル説）、羅《ら》婆斯《ばし》（アンダマン海 Nicobar ニコバル群島説）、烏爹《う》（ビルマ、モン族国 Uda 説／Udra ウドゥラまたは Orissa オリッサ説）

である。

『諸蕃志』の「賓瞳竜国」と『島夷志略』の「賓瞳竜」、『諸蕃志』の「単馬令国」と『島夷志略』の「丹馬令」は同一の地名と思われる。

(11) 『瀛涯勝覧』が収めている国名、地名、港名は、次の通りである。小川博編『中国人の南方見聞録 瀛涯勝覧』および『星槎勝覧』、馮承鈞校注本『瀛涯勝覧校注』(台湾商務印書館 一九七〇年)などによって国名、地名の推定を行なう。

占城国(Campa《ママ》 チャンパ。福建五虎門から順風十日で着)、爪哇国(Java ジャワ)、旧港国(Palembang パレンバン)、暹羅国(Siam シャム/タイ。占城より順風七昼夜で着)、満剌加国(Malaka マラッカ/ムラカ。占城より順風十日で着)、啞魯国(アルー Aru。スマトラ西岸メダン北方。満剌加より順風四昼夜で着。)、蘇門荅剌国(Smatra スマトラ。満剌加より順風五昼夜で着)、那孤児国(Nakur、Nagur ナクール。スマトラの西)、黎代国(Lidé リディ。スマトラの那孤児の西)、南浡里国(Lambri ランブリ。スマトラの真西、順風三昼夜で着)、錫蘭《せきらん》国(Ceylan スリランカ/セイロン)裸形国(Nikobar ニコバル・アンダマン)、小葛蘭国(Kulam クラム、Quilon キロン。錫蘭国の港の別羅里より順風六昼夜で着)、柯枝国(Cochin コーチン。インド西岸マラバール地方の海港都市)、古里国(Calicut カリカット。現コージコート。柯枝国より順風三日で着)、溜山国(Maldives モルディヴ。スマトラより順風十日で着)、祖法児国(Zufar ズファール。古里国より順風十昼夜で着)、阿丹国(Aden アデン。アラビア半島南西部の海港。古里国より順風一カ月で着)、榜葛剌国(Bengal ベンガル)、忽魯謨廝国(Ormuz オルムズ/ホルムズ。古里国より順風二十五日で着)、天方国(Mecca メッカ/マッカ。古里国より順風三カ月で着)。

(12) 明朝の費信『星槎勝覧』が収めている国名、地名、港名は、次の通りである。同様に地名の推定を行なうが、他説もあるときは付記する。

占城国(Campa《ママ》 チャンパ、Annan アンナン。福建、五虎から順風十昼夜で着)、賓瞳竜(Panduranga パンドゥランガ、Pannran/チャンパ所属、現パンラン説)、霊山(カプ・ヴァレラ Cap Varella、チャンパの港ビン・トアン Binh Thuan 説)、崑崙《こんろん》山(Pulo Condore プロ・コンードレ、ベトナム南部海中の崑崙島/Pulau Kundor プラウ・クンドル説)、交欄山(Gelam isゲラム。占城霊山から順風十昼夜で着）、暹羅国（Siam シアム／タイ。占城より順風十昼夜で着）、爪哇国（Java ジャワ。占城より順風二十昼夜で着）、旧港（Palembang パレンバン）、満剌加国（Malaka ムラカ／マラッカ。旧港より順風八昼夜で着）、九洲山（Pulo Sembilan プロ・セムビラン）、蘇門荅剌国（Samudra サムドゥラ）、花面国（スマトラ島の Battak バタク、Nagore ナゴール説／スマトラ島西部 Natur ナトゥール説）、竜牙犀角（マレー半島の Lerkasuka レンカスカ、マレー半島 Langkawi ランカウィ説／Patani パタニ説）、竜涎嶼（Brasis ブラス、インドネシア、スマトラ島のアチェ付近 Lambri ランブリ説）、翠藍嶼（Nicobar ニコバル）、錫蘭山国（Silan スリランカ／シラン／セイロン Ceylan）、小唄喃国（Kulam クラム、Quilion クリオン）、柯枝国（コチ Koci、コチン Cochin）、古里国（カリクト、Calicut カリカッタ。錫蘭山より順風十昼夜で着）、忽魯謨斯国（Ormuz／オルムズ。ホルムズであろう）、剌撒国（al-Ahsā? アル・アーサ）、榜葛剌国（Bangala バンガラ、Bengal ベンガル）、真臘国（Kamboja カンボジア）、東西竺（Pulo Aor マレー半島ジョホール東岸海中の Pulau Aur プラウ・アウル島説／Pedro Branca ペドロ・ブランカ説）、淡洋（スマトラ島東岸 Tamiang タミアン、スマトラ島 Aru アルか。Tamiyang タミヤンの訳音説）、竜牙門（Govermador str. ゴヴェルマドール）、竜牙善提（Langkawi ランカウィ）、吉里地悶（Gili Timor ギリ・ティモール）、彭坑国（Pahang パハン）、琉球国、三島（フィリピン、マニラ港内の Balawan カマヤ港、Balayangit バラヤンギット港説）、麻逸国（Mait マイト／現フィリピン、ミンドロ島説）、仮里馬打国（Krimata）、重迦羅（ジャワ島スンバワ説／スラバヤ説／ジャワ Jangala ジャンガラ説）、渤泥国、蘇禄国（Solot、Subu）、大唄喃国、阿丹国（Aden アデン）、佐法児国（古里国より順風二十昼夜で着）、竹歩国（Jubb、Job）、木骨都東国（Mogadiso、Mogedoxu）、溜洋国、卜剌哇国（Brawa）、天方国（ホルムズより順風四十日で着）、阿《あ》魯《ろ》国（Haruwa。スマトラより順風二十昼夜で着）。

（13）『珠域周咨録』は、一巻「朝鮮」、二巻、三巻「日本」、三巻「琉球」、五巻、六巻「安南」、七巻「占城〔チャンパ〕」、八巻「真臘〔カンボジア〕」、暹羅〔シャム〕、満剌加〔ムラカ〕、爪哇〔ジャワ〕、三仏斉、渤泥、瑣里古里」、九巻「蘇門答剌〔スマトラ〕、錫蘭、蘇禄〔スル〕、麻剌、忽魯謨斯、仏郎機、雲南百夷」、十巻「吐蕃」、十一巻「拂菻、榜葛剌〔バングラ〕、默徳那、天方国〔アラビア半島〕」、十二巻「哈密〔ハミ〕」、十三巻「土魯番〔トルファン〕」、十四巻「赤斤蒙古、安定阿端、曲先、罕東、火州」、十五巻「撒馬児罕〔サマルカンド〕」、十六巻、十七巻、十八巻、十九巻、二十巻、二十一巻、二十二巻「韃靼」、二十三巻「兀良哈」、二十四巻「女直」である。以上が、「殊域」の指すところである。

(14)『東西洋考』の構成は、次の通りである。

巻一「西洋列国考」交阯。巻二「西洋列国考」占城、暹羅。巻三「西洋列国考」下港（「一名、順塔、唐は闍婆《じゃば》国と称し、南にあるものなり。一名、訶陵《かりょう》、または社婆と言い、元は爪哇《ジャワ》と称す」）、柬埔寨（カンボジア）、柬埔寨、大泥。巻四「西洋列国考」麻六甲、彭亨、柔仏、丁機宜（「爪哇の属国」）、思吉港（「蘇吉丹の誤りで、爪哇の属国」）、文郎馬神(Banjermassin カリマンタン)。

巻五「東洋列国」呂宋、蘇禄、猫里務、沙瑶吶嗶嘽、美洛居、文莱、鶏籠淡水（台湾北部）。

巻六「外紀考」日本、紅毛番（「自称和蘭（オランダと仏郎機〔ポルトガル、スペイン〕」）。巻七「餉税（給与、税）」、「水餉」、「陸餉」、「督餉職官」、「公署」、巻八「税璫」。巻九「舟師考」、「内考水程」、「西洋針路」、「東洋針路」、「祭祀」、「占験」、「水醒水忌」「遂月定日悪風」、「潮汐」。

巻十「芸文考」交阯、宋降交州制、宋賜黎桓詔、宋授黎桓制、宋報交州詔、御製論安南国王詔、「御製論安南陳叔明詔、御製論安南陪臣謝師言等帰（勅）、開設交阯衙門詔、為丁璿上宋太宗表、平南献俘露布、征南碑。

巻十一「芸文考」占城　劉宋剋林邑與将帥詔、南斉報林邑詔、梁答林邑詔、明報占城国王詔、明賜占城王璽書、遣祭占城等国山川碑記、入貢表（宋占城王陽陁排）、入貢表（宋占城王）、暹羅　御製諭暹国王詔、明礼部移暹羅国王檄、爪哇　明賜爪哇国王璽書、奉劉宋太祖表、大泥　宋入貢表（勃泥国王）、旧港　宋賜三仏斉国使者詔、奉梁武帝表、麻六甲　労満刺加国王勅、啞斉　上宋太宗表、呂宋　折呂宋採金議、日本付　魏報倭女王詔、元與日本書、御製諭日本国王詔、上宋順帝表、上宋太宗表（僧奝然）、諸計処倭酋疏。

巻十二「逸事考」。

なお、『旧唐書』巻百九十七「列伝第百四十七」では、「訶陵国は、南方海中の洲上にあり、東は婆利益〔バリ〕、西は堕婆登、北は真臘と接し、南は南海に望んでいる」と記述している。

（15）『順風相送』が記述している航路の国名、地名、港名は、次の通りである。

霊山→爪蛙（ジャワ）、爪蛙→霊山、新村爪蛙→䗼喇咖（ムラカ／マラッカ）、彭坑山、福建（五虎門）→交趾《こうし》、柬埔寨（いにしえの真臘国。カンボジア）、福建（五虎門）→暹羅《せんら》（シャム／タイ）、浯嶼（明代には福建金門島、のち厦門アモイ湾内。ここでは金門島）→大泥《だいでい》（Patani）、吉蘭丹（Kelantan）、大泥から帰る、広東（南亭門）→磨六甲（ムラカ）、満喇咖〔ムラカ〕→広東（浯嶼）、苧盤《ちょばん》→旧港（Palembang パレンバン）、順塔、順塔→旧港、苧盤、福建（浯嶼）→爪蛙、赤坎《せきかん》（ベトナム帰仁〔クイニョン〕港外）→柬埔寨（カンボジア）、柬埔寨→毛蟹洲、赤坎→彭亨《ぼうきょう》（マレー半島東岸 Pahang）、柬埔寨→大泥、暹羅→大泥、彭亨、磨六甲、磨六甲→暹羅、羅湾頭→六甲〔ムラカ〕、苧盤《ちょばん》→丁機宜（『東西洋考』では「丁機宜は爪哇ジャワの属国」。Trengganu。マレー半島東岸の彭亨 Pahang 北）、赤坎→旧港、順塔、順塔外峡、万丹→池汶（Gili Timor。吉里地悶、現「帝汶」チモール）、精妙、順塔→遮里問（Cheribon）、淡目（Demak）、万丹（ジャワの Bantan）→馬神（文郎馬神 Banjermassin。カリマンタン東南部）、旧港→杜蛮（「杜板」ジャワの Tuban か?）、大泥→池汶、浯嶼→杜蛮、饒潼、猪蛮饒潼から帰る、浯嶼→諸葛担籃［茗］維、馬神→高兜令銀、阿斉（アチェ）→万丹、猫律《びょうりつ》（ジャワの Bantan 付近）→古里（カリカット）、古里→忽魯謨斯（ホルムズ）、古里→阿丹（アラビア半島アデン）、古里→祖法児（ズファール）、柬埔寨南港→筆架（暹羅シャム港外の筆架山）、彭坊西、柬埔寨→烏丁礁林（『東西洋考』では柔仏ジョホール。柔仏は一名、丁礁林）、柬埔寨→暹羅、暹羅→馬軍、苧盤→文萊（ブルネイ）、䗼喇咖（ムラカ）→旧港、澎湖へ行く、萊嶼《らいしょ》（『海国聞見録』では「湄州以南」）に帰る、前沙に帰る、太武→呂宋（ルソン）、呂宋→文萊、文萊から呂宋に帰る、松浦（日本、平戸島）→呂宋、呂宋から松浦に帰る、（福建の）泉州→勃泥すなわち文萊、浯嶼→麻里呂、泉州→彭家施闌（Panggasinan。ルソン以北）、泉州→杉木《さんばく》（蘇禄 Sulu スル群島内だが、現在のどこにあたるか不詳）、杉木から浯嶼に帰る、福建（太武）→琉球、琉球→日本、兵庫港（『日本一鑑』によれば「摂津」）から琉球に帰る、琉球から福建（定海千戸所）に帰る。

ここでついでに触れておくと、「尖閣諸島（釣魚島）＝中国領」論者は『順風相送』は「一四〇三年」に出版されたと主張するが、いしゐのぞむ『尖閣反駁マニュアル百題』（集広舎　二〇一四年六月）が述べている「一五七三年以降」の説が正しいと思われる。

(16)「大明地理之図」および後出「中国鉄路現勢地図」、『中国分省新図』は、地理学者（東京教育大学教授）故青野壽郎氏のご子息、中央大学教授（当時）青野壽夫氏より頂いた。記して感謝する。

(17)『指南正法』が記述している航路、地名は、次の通りである。

犯七娘子（これは地名ではないが、中に地名を含む）、天徳方、東洋、双口《そうこう》（ルソン港／現マニラ）、双口→悪党（ルソン一部）、戠東、北太武（金門島上）→広東、広東寧登洋→高州、泉州→邦仔系蘭（Pangasinnan ルソン内）、三岳貌《ぼう》山（フィリピン）、双口→宿露（Cebu セブ）、宿露→双口、網巾《もうきん》礁荖（ミンダナオ）、（万荖膏《こう》（モルッカ群島）、汶来《ぶんらい》（ブルネイ）、浯嶼（明代には福建金門島、のちアモイ湾内。ここでは金門島）→双口、浯嶼に帰る、長岐《ちょうき》（日本、長崎）→双口、長岐に帰る、大担（厦門アモイ南）→交趾、福州（梅花）→琉球（濠灞港）、琉球→福州（定海千戸所）、寧波《ニンポー》→日本、寧波に帰る、温州→日本、日本→寧波、大担→東埔寨（カンボジア）、大担に帰る、双口→東埔寨、唐針、浯嶼→咬𠺕吧（ジャカルタ）、咬𠺕吧→暹羅《せんら》（シャム／タイ）、暹羅→日本、鳳尾→長岐、普陀《ふだ》→長岐、沙埕→長岐、尽山→長岐、戠東、烏坵→澎湖、僚羅→澎湖、普陀→長岐、広東→長崎（日本の長崎）、長崎→広南（ベトナムのクアンナム?）、アモイ→長崎、暹羅→長崎、日進、咬𠺕吧→長崎、日進、長崎→咬𠺕吧、日進、咬𠺕吧→台湾、大泥→長崎、日進、長崎、寧波→東京《とうけい》（現ベトナム、ハノイ）、太武→長崎、日進、太武→大泥、大泥→浯嶼、浯嶼→麻六甲、麻六甲→浯嶼、太武→彭亨、彭亨→太武、太武→咬𠺕吧、咬𠺕吧→太武、太武、澳→唐

「網巾《もうきん》礁荖膏《こう》」は、『指南正法』注では網巾《もうきん》礁荖（ミンダナオ）、（万荖膏《こう》（モルッカ群島））となっており、『指南正法』本文「網巾《もうきん》礁荖膏《こう》」には脱落があったのだろうか。

「東洋」の項には、「琉球仔」があり、現在の「琉球嶼」または「小琉球」で、台湾の南端西である。

「長岐」は、福建閩江口《びんこう》の長岐である場合と日本の長崎である場合とがある。

(18)『海録』は、「西南海」、「南海」、「西北海」を取り上げている。

「西南海」：越南すなわち安南（ベトナム）、本底、暹羅（タイ）、宋卡、太呢、咭囒丹、丁咖囉（一名は噠拉岸、丁機宜では

ないか）、邦項（彭亨とも）、旧柔仏、麻六呷（ムラカ／マラッカ）、沙喇我、新埠（一名、布路檳榔士）、吉徳（またの名は計噠烏土）、徹第缸、明呀喇、曼噠喇、笨呢里、呢咕叭当、西嶺《せいれい》、打冷莽柯、亜英咖、固貞、隔瀝骨底、馬英、嗎喇他、小西洋（ゴア）、孟婆囉、麻倫呢、盎几哩、孟買（ムンバイ）、蘇蕀、淡項、唧肚、柔仏（ジョホール）。

「南海」：霤哩、大亜斉（アチェならん）、支咕吧拉、小亜斉（一名、孫支）、蘇蘇、叭当、呢是（またの名、哇徳）、茫咕嚕、旧港（またの名、三仏斉。パレンバン）、竜牙、噶喇叭、万丹、咕噠（瓜哇（ジャワ）ではないか。所轄三あり。（晝息邦、烏落、新泥黎の各地）、吧薩、崑甸《こんでん》（俗名、金山）、万喇、戴燕、卸敖、新当、馬神、蔣哩悶、三巴郎、麻黎、茫咖薩、細利窪、唵悶、唵門、地問、文来（ブルネイ）、蘇禄（スル）、小呂宋（またの名、蠻哩喇）、妙哩士。

なお、『殊域咨録』では「蘇禄（スル）国は浡泥（ブルネイ）、瑣里と近い」とある。

「西北海」：大西洋（またの名、布路叽士）、大呂宋（またの名、意細班惹呢）、仏郎機（またの名、仏嘣西。フランス）、荷嘣（オランダ）、伊宣、盈蘭你是、亜哩披跛華、淫哩輦、殺古、双鷹、単鷹、埔嚕寫（またの名、嗎西噶比）、暎咭利（またの名、紅毛。イギリス）、綏亦咕、盈黎嗎禄咖、咩哩干（すなわち咪唎㗥、またの名は花旗。アメリカ）、西咩哩隔、鬃毛烏鬼、哇夫鳥、哇希鳥、匪支鳥、唵你鳥、干你鳥、驀格是、哪章吧、亜哆歪、開於。

大呂宋の「呂宋」は、ふつう現フィリピンを指すが、ここでは違う地名を表わしている。

「オランダはフランスの西北」という認識である。「伊宣国」は、「オランダの北七、八日のところ」とされている。

『海録』所収地名は大部分、現在のどこであるか不明であるが、「南シナ海諸島」が含まれていないことは明らかである。

（19）『道光万州志』巻四「辺海外国」の「西海」で、安南国、占城国、真臘、爪哇、三仏斉、暹羅、渤泥、満剌加国を取り上げており、原文にはなかったが注釈で「東洋」の文字が補われた。「東洋」は蘇門答剌国、錫蘭山国、仏朗機国、柯枝国、溜山洋国、大小葛蘭国、木骨都東国、古里国、小剌哇国、忽魯謨斯国、剌撒国、阿丹国、天方国、琉球国、日本国、黄支国、韓国となっている。

このうち、注目されるのは「仏朗機国は爪哇（ジャワ）の南にある」としている点である。

（20）拙稿「序論　民国前期中国と東アジアの変動」（中央大学人文科学研究所編『民国前期中国と東アジアの変動』所収　中

央大学出版部　一九九九年三月）、拙稿「辛亥革命から建国軍へ」（『中央大学論集』第三〇号所収　二〇〇九年三月）、拙稿「序論　民国後期中国における国民党政権の鳥瞰図」（中央大学人文科学研究所編『民国後期中国国民党政権の研究』所収　中央大学出版部　二〇〇五年三月）参照。

(21)　『海国図志』の構成は、巻一〜二、籌海篇、巻三、海国沿革各図、巻四利未亜州各国図、欧羅巴（ヨーロッパ）各国図、亜墨利加州（アメリカ）各国図、巻五〜十八、東南洋、巻十九〜三十二、西南洋、巻三十三〜三十六、小西洋、巻三十七〜五十三、大西洋、巻五十四〜五十七、北洋、巻五十八、大西洋、巻五十九〜七十、外大西洋、巻七十一〜七十三、表一〜三、巻七十四〜七十六、国地総論、巻七十七〜八十、籌海総論、巻八十一〜八十三、夷情備采、巻八十四、彷彷造戦船議、巻八十五、彷彷鋳洋炮議、巻八十六、鋳炮鉄模図記、巻八十七、彷彷鋳洋炮議、巻八十八〜八十九、西洋用炮測量論、巻九十、西洋炮台記、巻九十一、西洋自来火銃法、巻九十二〜九十三、攻船水雷図記、巻九十四、西洋技芸雑述、巻九十五、西洋遠鏡作法、巻九十六〜百、地球天文合論、付録、というもので、巻八十一以降は地理とは直接関係がない。

このうち、巻三、海国沿革各図、巻一〜二籌海篇、巻四利未亜州各国図、欧羅巴（ヨーロッパ）各国図、亜墨利加（アメリカ）各国図、巻五〜十八、東南洋、巻十九〜三十二、西南洋、巻三十三〜三十六、小西洋、巻三十七〜五十三、大西洋、巻五十四〜五十七、北洋、巻五十八、大西洋、巻五十九〜七十、外大西洋、巻七十一〜七十三、表一〜三、巻七十四〜七十六、国地総論、巻七十七〜八十、籌海総論などがある。

340

作法、巻九十六～百、地球天文合論、付録、というもので、巻八十一以降は地理とは直接関係がない。

このうち、巻三、海国沿革各図、巻一～二籌海篇、巻三海国沿革各図、巻五～十八、東南洋、巻十九～三十二、西南洋、巻三十三～三十六、小西洋、巻一～二、籌海篇、巻四利未亜州各国図、欧羅巴（ヨーロッパ）各国図、亜墨利加（アメリカ）州各国図、巻五～十八、東南洋、巻十九～三十二、西南洋、巻三十三～三十六、小西洋、巻三十七～五十三、大西洋、巻五十四～五十七、北洋、巻五十八、大西洋、巻五十九～七十、外大西洋、巻七十一～七十三、表一～三、巻七十四～七十六、国地総論、巻七十七～八十、籌海総論などがある。

（22）拙稿「序論　民国前期中国と東アジアの変動」（中央大学人文科学研究所編『民国前期中国と東アジアの変動』所収　中央大学出版部　一九九九年三月）および拙稿「序論　民国後期中国における国民党政権の鳥瞰図」（中央大学人文科学研究所編『民国後期中国国民党政権の研究』所収　中央大学出版部　二〇〇五年三月）参照。

（23）石島紀之『中国民衆にとっての日中戦争　飢え、社会改革、ナショナリズム』（研文出版　二〇一四年六月）は、この『中国分省新図』を表紙見開きに掲載している。すでにお気づきのことと思うが、発行年を「一九九三年」としているのは「一九三九年」の誤りだろう。

（24）「院令」とは、「行政院命令」の意である。

（25）一字空きは、原文「奉　行政院令飭」による。

（26）「交趾半島」とは、現ベトナム南部コーチシナを指す。

（27）一字分欠字は、「栽培」の意と見られる。

（28）一字分欠字。

（29）「御中：」の省略か？

（30）「三保太監が西洋に下る」は、鄭和の大航海を指す。鄭和の本名は「馬三保（宝）」、「太監」は宦官の官位、「西洋」は東南アジアからインド洋、アフリカ沿岸にかけての海域を指す。

（31）「御中：」の省略か？

(32)「NEBI 大使」は不明だが、フィリピン側の官吏を指すと見られる。
(33)「SOHEME」は不明。
(34)「）」の前の「（」が欠けている。
(35)「（」のあとの「）」が欠けている。
(36)「東」は「一日」を表わす電報用表記。
(37)「南鑰島」（浦野一〇六頁）は、「南鑰《やく》島」の誤字であろう。

付記

本書は、次の初出論文に大幅に手を加えたものである。

「南シナ海をめぐる領有権対立の歴史」（『人文研紀要』第八十五号　中央大学出版部　二〇一六年九月）

「南シナ海問題と中華民国外交部檔案」（『中央大学経済研究所年報』第四十八号　中央大学出版部　二〇一六年九月）

「日本による南シナ海諸島・礁の領有」（『人文研紀要』第八十八号　中央大学出版部　二〇一七年九月）

「前近代南シナ海問題」（谷口洋志編著『中国政治経済の構造的転換』所収　中央大学出版部　二〇一七年十月）

惜しむらくは、地図数点が技術的理由により掲載できなかったことであった。

参考文献

【地図】

「大明地理之図」　馬杉玄鶴文竜　文化七年（一八一〇年）

「大清万年一統天下全図」　アメリカ議会図書館のインターネット画像

丁文江、翁文灝、曽世英編纂『中国分省新図』　上海申報館　中華民国二十八年（一九三九年）八月十日四版

『中華人民共和国分省地図集』　地図出版社　一九七四年十月

THE TIMES CONCISE ATLAS OF THE WORLD　TIMES BOOKS　一九七二年

【中国史料】

司馬遷『史記』　中華書局　一九五九年九月

班彪、班固、班昭『漢書』　中華書局　一九六二年六月

范曄『後漢書』　中華書局　一九六五年五月

房玄齢等『普書』　中華書局　一九七四年十一月

『宋書』　中華書局　一九七四年十月

『南斉書』　中華書局　一九七二年一月

『梁書』　中華書局　一九七三年五月

魏収『魏書』　中華書局　一九七四年六月

薛居正『旧五代史』　中華書局　一九七六年五月

魏徴『隋書』　中華書局　発行年月未記載

劉昫等『旧唐書』　中華書局　一九七五年十一月

欧陽修、宋祁『新唐書』　中華書局　一九七五年二月
脱脱『宋史』　中華書局　一九七七年十一月
宋濂等『元史』　中華書局　発行年月未記載
柯劭忞『新元史』　開明書局　一九三五年
張廷玉等『明史』　中華書局　一九七四年四月
楊武泉『嶺外代答校注』　中華書局　一九九九年九月
李勇先『《輿地紀勝》研究』　巴蜀書社　一九九八年五月
藤田豊八『島夷志略校注』　北平隆福寺街　文殿閣書荘
蘇継庼注釈『島夷志略校注』　中華書局　一九八一年五月
陳大震纂修『大徳南海志』（中華書局編輯部編『宋元方志叢刊』第八冊所収）　中華書局　一九九〇年
張燮『東西洋考』　正中書局　中華民国五十一年（一九六二年）九月
海軍海洋測絵研究所、大連海運学院航海史研究室編制『新編鄭和航海図集』　人民交通出版社　一九八八年十一月
馮承鈞校注『星槎勝覧校注』　中華書局　一九五四年十二月
『臨海異物志』　中華書局　一九九一年
小川博編『中国人の南方見聞録　瀛涯勝覧』　吉川弘文館　一九九八年九月
向達校注『両種海道針経』　中華書局　一九六一年九月
『大清一統輿図』　全国図書館文献縮微復制中心　二〇〇三年十月
楊炳南撰『海録』『海録及其他三種』所収　上海商務印書館　一九三六年十二月
魏源『海国図志　一～四』　岳麓書社　二〇一一年二月
『欽定四庫全書』　上海古籍出版社　一九八七年六月
林金枝・呉凤斌编著《我国南海诸島史料汇编》　東方出版社　一九八八年七月

【ベトナム史料】

『撫辺雑録』　出版社、出版年未記載。ウィキペディアによれば、初版は一七七六年（サイゴン考古学研究所にアーカイブ保管）

『大南寔録』　慶應義塾大学語学研究所　一九六一年三月

【関連資料】

「中華民国外交部檔案」

一九七九年九月二十八日付けベトナム社会主義共和国文書「ホワンサ群島及びチュオンサ群島に対するベトナムの主権」

Ministry of Foreign Affairs National Boundary Commission Viet Nam's Sovereignty over Hoan Sa and Truong Sa Archipelagoes. National Political Publishing House. October 2012 外務省国境委員会『ベトナムのホアンサ・チュオンサ群島に対する主権』　国家政治出版部　二〇一二年十月

一九八〇年一月三十日付け中華人民共和国外交部文書

「中国の西沙群島及び南沙群島に対する主権は議論の余地がない」

浦野起央『南海諸島国際紛争史　研究、資料、年表』　刀水書房　一九九七年九月

浦野起央『南シナ海の領土問題【分析、資料、文献】』　三和書籍　二〇一五年六月

斎藤道彦『アジア史入門　日本人の常識』　白帝社　二〇一〇年十一月

楊中美『中国新軍国主義崛起　中国即将開戦』　時報出版　二〇一三年二月

齋藤道彦『尖閣問題総論』　創英社／三省堂書店　二〇一四年四月

いしゐのぞむ『尖閣反駁マニュアル百題』　集広舎　二〇一四年六月

Bill Hayton. The South China Sea：The Struggle for Power in Asia.　Yale University Press　二〇一四年

安原和見訳ビル・ヘイトン『南シナ海――アジアの覇権をめぐる闘争史』　河出書房新社　二〇一四年

【付録】南シナ海仲裁裁判所判決（要旨）

毎日新聞二〇一六年七月十五日　東京朝刊

歴史的権利　国連海洋法条約が定める排他的経済水域（ＥＥＺ）の創設を巡る交渉過程では、資源（特に漁業資源）に関し各国が以前から持つ権利について慎重に検討された。いくつかの国は、新たに作る経済水域において歴史的な漁業の権利の保持を望んだが、これは拒絶され、条約では沿岸国以外の国に対しＥＥＺ内では限定的な漁業権のみ与えられた。

中国の資源についての歴史的権利の主張は、条約における権利や海域の詳細な割り当てと相いれないものである。裁判所は、南シナ海の資源について中国に歴史的権利があった場合でも、条約による仕組み（ＥＥＺ）と相いれない部分は条約の発効で権利が消滅したと結論づけた。

中国の航海者や漁民が他国の漁民らと同様、歴史的に南シナ海の島しょを利用していた証拠は存在する。だが、領海の先の南シナ海は、いかなる国の船でも自由な航行や漁業が可能な公海であった。南シナ海における中国による歴史的な航行と漁業は、歴史的権利というよりは、公海上の自由の行使を示すものであり、中国が南シナ海で歴史的に独占的な管理を行使した証拠はない。裁判所は、フィリピンと中国との間で、九段線の範囲内の海域で、条約によって与えられた権利を超えた資源への歴史的権利を中国が主張することに関し、法的な根拠はないと結論づけた。

法的位置づけ　裁判所は、スカボロー礁▽ジョンソン南礁▽クアルテロン礁▽ファイアリクロス礁――が高潮時に水面上にあること、また、スービ礁▽ヒューズ礁▽ミスチーフ礁▽セカンドトーマス礁――が高潮時に水没するというフィリピンの申し立てに同意する。しかし、ガベン礁（北）とケナン礁についてはフィリピンの申し立てには同意せず、高潮時に水面上にあるものだと結論づけた。

条約では、島はＥＥＺと大陸棚を設定できるが、人の居住や経済活動が行なえない岩はＥＥＺと大陸棚を持たないとしている。

南沙諸島の地形の多くは現在、施設を建設し、人を駐留させている沿岸国によって管理されている。裁判所は、こうした現状は外部の資源や支援に依存していると見なした。さらに多くの地形が、埋め立てやインフラ建設などを通じて居住性を向上させるために改変されたと判断した。裁判所は、これら多くの地形にいま当局者が存在していたとしても、自然な状態では（「島」の要件の）人間のコミュニティー（集団）を維持する能力があると立証していないと結論づけた。

歴史的に検証すると、南沙諸島は中国や他国の漁民などにより利用されてきた。漁民らの一時的な地形の使用は安定した集団による居住を意味してはいない。南沙諸島で高潮時に水面上にある地形はすべて法的に、ＥＥＺを生じない「岩」であるとの結論に達した。

中国の活動　裁判所は、ミスチーフ礁、セカンドトーマス礁などは高潮時に水没し、フィリピンのＥＥＺや大陸棚の一部を構成し、中国のいかなる権利とも重ならないと判断した。そして、中国は（１）リード礁でのフィリピンの石油探査に干渉し（２）フィリピンのＥＥＺ内で同国船による漁業活動を禁止すると主張し（３）ミスチーフ礁やセカンドトーマス礁のフィリピンのＥＥＺ内で中国漁民が漁をするのを阻止せず（４）フィリピンの承諾なしにミスチーフ礁に施設や人工島を建設した――と認定した。これにより、フィリピンのＥＥＺと大陸棚における主権的権利を中国が侵害したと結論づけた。

スカボロー礁では、フィリピンの漁民が、中国やほかの国の漁民と同様に古くから漁をしており、伝統的な漁業権がある。同礁は高潮時に水面上にあるため領海の権利は発生するが、周辺海域はＥＥＺを形成しない。ただ、伝統的な漁業権は国連海洋法条約によって消滅はしない。裁判所は中国が二〇一二年五月以降、フィリピンの漁民をスカボロー礁に近づけさせないことで彼らの伝統的な漁業権を尊重すべき義務に違反したと判断した。この判断は、中国の漁民が持つ伝統的な漁業権についても同様のことが言える。

中国の活動による海洋環境への影響も検討した。裁判所は中国が南沙諸島の七つの地形で大規模な埋め立てと人工島の建設を行なったことがサンゴ礁環境に深刻な被害を与え、国連海洋法条約一九二条と一九四条の義務に違反したと判断した。

裁判所は、二〇一二年四月と五月に中国の公船がフィリピン船のスカボロー礁への接近を妨害したことについて、中国の公船が高速でフィリピン船に接近し、至近距離で前方を横切る行為を繰り返したため、深刻な衝突の危険が生じ、フィリピン船や乗員を危険にさらしたと判断した。これは国連海洋法条約94条などの義務に違反している。

紛争の悪化　裁判所は、仲裁手続きが始まって以降、中国が南沙諸島で埋め立てと人工島の建設を進めたことが、紛争を悪化させたかについて検討した。中国は（1）フィリピンのＥＥＺにあるミスチーフ礁で巨大な人工島を建設し（2）サンゴ礁の生態系に恒久的で再生不可能な被害を与え（3）地形の原状に関する証拠を恒久的に破壊した。仲裁手続きに関わる国には紛争の悪化や拡大を控えるべき義務があるが、中国はこの義務に違反した。

索　引

ア　行

アンボイナ岩礁　102, 121, 196, 202, 232
インドネシア　1, 5, 8, 10, 97, 178, 217, 235, 282, 296, 311-315, 317, 321, 331, 335
永興島　105, 138, 199, 204, 212-213, 217-218, 223, 242, 247, 249, 283, 293, 297, 299, 300-303, 309

カ　行

『海国聞見録』　11, 20, 39, 81-83, 91, 95, 134, 301, 337
『官報』第3683号　8, 181-182
クロマ「自由国」運動関係　260
群島名、海洋名表　206-207
『更路簿』　20-21, 136-137, 301

サ　行

サンフランシスコ平和条約　11, 161, 185-187, 234, 238-239, 267-296, 321
『指南正法』　11, 20, 78-79, 96, 301, 338
『順風相送』　11, 20, 71-74, 78, 301-302, 337
『史料匯編』の逆立ち論法　97
新南群島　8, 120, 123-124, 155, 161, 168, 170-187, 198, 200, 204, 210, 219, 221-223, 234, 256, 268, 320-321
「新南群島」各島日本名称　178-179
ストーム島　→スプラトリー島
スプラトリー群島（南沙群島、チュオンサ群島）　1, 5, 7, 9, 17, 20, 23-24, 34, 39, 42, 50-51, 54-57, 60, 67-69, 72, 79, 83, 85-86, 90-91, 93, 98-99, 101-103, 105-107, 110-111, 113-114, 119-120, 122, 124-126, 137-140, 142, 148-149, 154-156, 158-159, 166, 170-173, 175, 178, 180, 186-187, 189-190, 193-194, 197-198, 200, 204-210, 212, 216-219, 221-224, 229-242, 245-260, 262-266, 268, 270, 273, 275-277, 280-294, 296-298, 300-316, 319, 321, 346
スプラトリー島（南威島、ストーム島）　102, 115, 121-122, 201, 212, 215, 221, 227, 232, 234-236, 242, 250, 252, 258, 261-262, 267-268, 270, 290
西沙島　140-144, 146-147, 164-165, 234
石塘　→万里石塘
前近代　8, 12, 14, 19, 44, 93, 97-99, 101-102, 111, 127, 148, 206, 319-321, 343
千里長沙　32, 35-42, 44, 52, 60, 64-65, 67-68, 75, 77-79, 81-82, 84, 86, 88-90, 92, 100, 129, 134, 319

タ　行

大漲海　→漲海
太平島　122, 183, 185, 201, 204, 212, 214, 221, 224, 227, 229-230, 242, 249, 258, 262, 277
『大明地理之図』　74-76, 338, 344
台湾総督府「告示第122号」　176

団沙群島　*154-156, 190, 194, 198, 200, 219, 221-223*
チツ島　*102, 121, 276*
中越戦争　*102, 285, 299*
中華人民共和国九段線主張　*281, 296, 321*
中華民国十一段線主張　*296, 321*
中華民国「南部の政権」　*151*
中華民国による南シナ海諸島行政区画　*226*
チュオンサ群島　→スプラトリー群島
漲海　*22-28, 30, 37, 46, 62, 99, 129, 134, 207, 319*
ツルシブ・ラヤンラヤン　*311*
ディスカバリー岩礁　*102*
『鄭和航海図』　*56-57, 72, 90-91, 94, 207, 345*
『島夷志略』　*10, 20, 39, 49-52, 57, 72, 91, 93-94, 207, 301, 331, 334, 345*
『東西洋考』　*10, 20, 51, 70-71, 73, 78, 81, 91, 94, 100, 106, 135, 301, 332, 336-337, 345*
「東洋」、「西洋」の区分　*92*

ナ　行

南威島　→スプラトリー島
南海諸島訳名表　*190-191, 198, 205*
南沙群島　→スプラトリー群島
ノースデインジャー岩礁　*102*

ハ　行

八岩礁トーチカ建設　*308*
パラセル群島　*51, 72, 109, 117, 124, 126, 141, 168, 190, 206-208, 236-237, 239, 251, 290, 301, 322*
万里石塘　*31-32, 35-37, 39, 41-42, 44, 46-47, 51-57, 60, 64-73, 75, 77-78, 81, 86, 88, 90-91, 95, 98-100, 111, 129, 206-207, 319, 333*
万里長沙　→千里長沙
平田群島　→ホアンサ群島
『扶南伝』　*20-21, 24*
プラタス群島　*72, 154, 205-208*
プラタス島　*144-145, 148, 162-163, 166*
フリーダム・ランド　*256-259, 276*
ベトナム戦争　*235, 250, 253, 282-284, 286, 288, 299, 317*
ホアンサ群島（西沙群島、平田群島）　*1, 109-111, 116-118, 124-126, 167-170, 175, 206-208, 234, 239, 249-253, 284-288, 291, 297-298, 301-302, 320*

マ　行

マックレスフィールド
　→マックルズフィールド
マックルズフィールド（マックレスフィールド）　*51, 72, 101, 206-209, 280, 303, 333*
『夢梁録』　*20*

ラ　行

『嶺外代答』　*10, 20, 38-39, 54, 324, 326, 328-329, 345*
ロアイタ諸礁　*102*

著者紹介

齋 藤 道 彦（さいとう・みちひこ）

1943年東京生。1972年、東京大学大学院人文科学研究科中国語中国文学博士課程、単位取得の上、退学。1972年、桜美林大学文学部専任講師。1975年、中央大学経済学部専任講師。その後、助教授・教授。単著に『五・四運動の虚像と実像―― 1919年5月4日　北京』（中央大学出版部 1992年）、『暮らしてみた中国　日常生活・大学・知識人』（田畑書店 1993年）、『中国の政治・行政システムと地方「自治」』（東京都議会議会局調査部国際課 1999年）、『アジア史入門　日本人の常識』（白帝社 2010年）、『尖閣問題総論』（創英社 2014年）。2014年、中央大学名誉教授。

南シナ海問題総論　　中央大学学術図書（97）

2019年1月23日　初版第1刷発行

著　者　齋 藤 道 彦
発行者　間 島 進 吾

発行所　中 央 大 学 出 版 部
〒192-0393
東京都八王子市東中野742-1
電話 042(674)2351　FAX 042(674)2354
http://www2.chuo-u.ac.jp/up/

印刷　㈱千秋社

ISBN 987-4-8057-1158-3
本書の出版は中央大学学術図書出版助成規程による。